Wolfgang Klippert

Praxisbuch Gottesdienstleitung

R. BROCKHAUS VERLAG WUPPERTAL

Bibelzitate nach der Elberfelder Bibel (revidierte Fassung)

2. Auflage 2004

Umschlag und Text-Symbole: Dietmar Reichert, Dormagen
Gesamtherstellung: Breklumer Druckerei Manfred Siegel KG
ISBN 3-417-24340-8
Bestell-Nr. 224 340

Meinen Eltern,
die mir das Studium der Theologie unter
vielen Entbehrungen ermöglicht haben,
in Liebe gewidmet.

INHALT

Zur Einführung

In den letzten Jahren ist viel über den Gottesdienst nachgedacht worden. Zahlreiche Neuerscheinungen auf dem Büchermarkt sind ein beredtes Zeugnis dafür. Sie beschäftigen sich vornehmlich mit der Frage, wie der Gottesdienst durch veränderte Formen und Inhalte belebt werden und für Kirchen- und Glaubensfremde an Attraktivität gewinnen kann. Ich begrüße diese Entwicklung sehr und glaube, dass das neuerliche Interesse am Gottesdienst die Gemeinde wieder auf eines ihrer Kernanliegen zurückführt, sich nämlich im Namen ihres Herrn zu versammeln, um ihn zu loben und anzubeten, dabei Gemeinschaft zu erleben und gleichzeitig auf glaubenslose Zeitgenossen anziehend zu wirken. Wir können nicht genug Kraft und Energie darauf verwenden, dieses wichtige Anliegen immer wieder neu zu überdenken.

Was mir in all den vielen praktischen Überlegungen, wie Gottesdienste attraktiver gestaltet werden können, unter anderem fehlt, ist eine solide Beschäftigung mit den Grundlagen der Leitungsaufgabe für einen ganz »normalen« Gottesdienst. Sonntag für Sonntag mühen sich Hunderte von Gottesdienstleitern in unserem Land, ihre Gemeinde gut durch die gemeinsame Zeit zu führen, ohne dass sie jemals richtig darauf vorbereitet worden sind: »Wie wär's, könntest Du nicht auch einmal einen Gottesdienst leiten? Ich hatte an nächsten Sonntag gedacht.« Sehr viel mehr als diese Frage wird den meisten nicht mit auf den Weg gegeben. Jeder muss sich irgendwie zurechtfinden und sich beim anderen abschauen, wie es gehen könnte. Und es geht – irgendwie!

Vieles aber bleibt unbeholfen. Nicht die »dicken Hunde«, sondern die »kleinen Füchse« verderben bekanntlich den Weinberg (Hoheslied 2,15). So reihen sich im Laufe eines Gottesdienstes zahlreiche Ungeschicklichkeiten aneinander und beeinträchtigen den Gesamteindruck. Wenn mehr »normale« Gottesdienstleiter besser auf ihre Aufgabe in einem »normalen« Gottesdienst vorbereitet wären, wären viele »normale« Gottesdienste sehr viel ansprechender.

Mit diesem Buch möchte ich die Lücke, die ich empfinde, schließen helfen. Ich möchte einem »normalen« Gottesdienstleiter Handreichungen geben, einen gewöhnlichen Sonntagsgottesdienst ansprechend zu planen und durchzuführen. Von den Grundlagen über die Aufbauelemente des Gottesdienstes bis hin zu Fragen der Rhetorik und Organisation finden Sie in diesem Buch alles, was zum Handwerkszeug eines Gottesdienstleiters gehört. Das meiste, was ich Ihnen dabei vorstelle, können Sie auch bei der Planung und Durchführung anderer Gemeindeveranstaltungen anwenden, egal ob es sich um ein Frauenfrühstück, einen Seniorennachmittag, ein adventliches Singen oder ein Jahresfest handelt. Auch bei diesen Veranstaltungen geht es darum, ein ansprechendes Programm aufzustellen und später hindurchzuführen.

Um Missverständnissen vorzubeugen: Dieses Buch entwickelt keine Theologie des Gottesdienstes; es ist an der Praxis interessiert. Es liefert keine Muster für völlig neue, kreative Gottesdienstformen; es hat den »gewöhnlichen« Gemeindegottesdienst im Blick. Es ist kein Wegweiser zu einem evangelistisch ausgerichteten Gottesdienst für Kirchendistanzierte, sondern beschäftigt sich mit der »normalen« Gemeinde, die natürlich offen ist für Gäste und sich in einem gewissen Umfang jeden Sonntag auf sie einstellt. Und ich greife keine Kasualanlässe wie Abendmahlsgottesdienste, Taufen, Beerdigungen und Hochzeiten auf, die wegen konfessioneller, theologischer und traditioneller Unterschiede sowieso nicht einheitlich zu beschreiben sind. Dieses Buch ist aber für alle diejenigen geschrieben, die Gottesdienste und andere gemeindliche Veranstaltungen zu leiten haben und sich dazu ein solides Grundwissen aneignen und viele Tipps und Denkanstöße bekommen möchten. Obwohl es in erster Linie aus den Erfahrungen mit freikirchlichen Gottesdiensten erwachsen ist, können sicher zahlreiche Beispiele und Anregungen auch über den freikirchlichen Rahmen hinaus Anwendung finden. Ich denke da besonders an die landeskirchlichen Gemeinschaften, die wie die meisten Freikirchen über keine feste Liturgie verfügen und deren Gottesdienste sehr oft von den sogenannten »Laien« geführt werden.

In der Regel ist ein Buch eine Einbahnstraße. Ich würde mich allerdings sehr freuen, wenn ich mit Ihnen ins Gespräch kommen könnte. Anregungen, Ergänzungen und Kritik sind durchaus erwünscht und werden, wenn dieses Buch eine zweite Auflage erreicht, soweit wie möglich berücksichtigt. Keiner weiß alles, keiner kann alles und keiner überblickt alles. Die Gemeinde Jesu lebt davon, dass sich ihre Glieder gegenseitig ergänzen. Deshalb darf auch dieses Buch durch Ihre Erfahrungen und Beiträge wachsen.

Ich würde mich freuen, wenn andere es unternähmen, eine an der Praxis orientierte Handreichung für Kasualanlässe herauszugeben, die speziell auf die freikirchliche Situation zugeschnitten und mit einer ausführlichen Materialsammlung versehen ist. Auch an dieser Stelle sehe ich einen großen Bedarf. Wir sollten weiterhin viel Zeit und Energie auf die Gestaltung unserer Gottesdienste verwenden - unsere Gemeinden werden zweifellos davon profitieren.

Wegeringhausen, im Februar 2000 Wolfgang Klippert

Grundlagen

Wesen und Ziel des Gottesdienstes

Der sonntägliche Gottesdienst gehört zum Kern des christlichen Gemeindelebens. An keinem Tag der Woche und an keiner anderen Stelle kommt die Gemeinde so vollständig zusammen wie am Sonntag. Sie versammelt sich am ersten Tag der Woche, weil Christus an ihm auferstanden ist. Diese Form der regelmäßigen Zusammenkunft wurde nicht durch ein unmittelbares Wort Jesu gestiftet. Sie ergab sich vielmehr aus der biblischen Ordnung der Sabbatruhe und der jüdischen Tradition des Synagogengottesdienstes, der sich die ersten Christen als Judenchristen verpflichtet wussten. Sie entsprang außerdem einem tiefen inneren Bedürfnis der Gläubigen, sich zu versammeln und gemeinsam vor Gott zu treten. Wie selbstverständlich kamen die ersten Christen deshalb nach der Pfingstpredigt des Petrus zusammen. Das, was sie gemeinsam erlebt hatten, verband sie so sehr, dass sie sich anfangs sogar täglich trafen und Gott lobten. Der Übergang zu einem wöchentlichen Gottesdienst ist zeitlich offen und wird an keiner Stelle der Apostelgeschichte oder des übrigen Neuen Testaments zum Thema erhoben. Dass sich die Gemeinde am ersten Tag der Woche versammelte, wird gleichsam beiläufig und wie selbstverständlich erwähnt (Apostelgeschichte 20,7). Ermahnt und ermutigt wird lediglich dazu, die Gottesdienste nicht zu versäumen und sich dadurch selbst im Glauben zu gefährden (Hebräer 10,25).

Über alle Jahrhunderte, in denen die Gemeinde Jesu besteht, hat sich an dieser Regelmäßigkeit der sonntäglichen Zusammenkünfte und ihrer zentralen Bedeutung nichts geändert. Das Gemeindeleben umfasst natürlich weit mehr als nur den Sonntagsgottesdienst. Gegenüber der Gesamtheit der Aktivitäten innerhalb der Woche mag er der Besucherzahl nach lediglich wie eine Veranstaltung neben vielen anderen erscheinen. Inhaltlich aber ist er die Schaltstelle für die gesamte Gemeindearbeit. Ein gesundes Gemeindeleben ohne regelmäßigen Gottesdienst ist unvorstellbar. Es ist deshalb mehr als verständlich, wenn wir uns um seine Gestaltung besonders bemühen.

1) Freiheit zur Vielfalt

Für die ersten Christen spielten die äußere Form der Gottesdienste und auch der Gottesdienstraum eine untergeordnete Rolle. An keiner Stelle des Neuen Testaments finden wir so etwas wie eine verbindliche Gottesdienstordnung, die Inhalte und Ablauf vorschreibt und zahlreiche äußere Details für alle Zeiten und Orte verpflichtend regelt. Es gab keine fest gefügten Liturgien, wohl aber liturgische Elemente. Es gab auch nicht das »Amt eines Gottesdienstleiters«. Die Ältesten der Gemeinde übernahmen als Hirten gemeinsam die Verantwortung für das, was geschah. Großer Wert wurde darauf gelegt, dass die Zusammenkünfte geordnet abliefen, den Glaubensinhalten angemessen und der Person Christi würdig waren und auf Nichtchristen nicht abstoßend, sondern einladend wirkten (1. Korinther 11,27.33-34; 14,40). Die Heilige Schrift legt sich nicht auf eine äußere Form für den Gottesdienst, die Taufe oder das Abendmahl fest. Es erstaunt mich immer wieder, wie viel Freiheit sie uns bei der Gestaltung so wichtiger Anlässe zubilligt. Entscheidend ist, dass die konkrete Ausgestaltung mit der inhaltlichen Aussage übereinstimmt und dass der ganze äußere Rahmen unserer Beziehung zum Herrn würdig und angemessen ist. Der Spielraum, der bleibt, passt genau zum Wesen des Evangeliums, das den Rahmen des Judentums überschreitet und allen Menschen in allen Ländern und allen Kulturen dieser Welt gilt. Entsprechend vielfältig sind die unterschiedlichen Formen, wie Christen heute weltweit ihre Gottesdienste feiern. Sicherlich stehen sie nicht alle völlig beliebig und »wertneutral« nebeneinander. Manche Arten der Gottesdienstgestaltung haben sich weit von dem entfernt, was den ersten Christen lieb und teuer war. Manche Formen werden dem Inhalt des Evangeliums und dem Wesen der Gemeinde, die ja der vielgestaltige Leib Christi ist, kaum noch gerecht. Trotzdem bleibt ein weites Spektrum an Möglichkeiten, den sonntäglichen Gottesdienst zu gestalten.

Zu den Freiheiten, die die Schrift uns gibt, gehört für mich auch die Frage, ob die Gemeinde aus praktischen Erwägungen heraus jemanden bittet, die gedankliche Vorplanung und die Leitung eines Gottesdienstes zu übernehmen. Wenn ich vorhin sagte, dass es kein biblisches Amt der Gottesdienstleitung gibt, ist das genauso richtig wie die Aussage, dass es kein biblisches Gebot gegen einen Gottesdienstleiter gibt. Solange er sich kein Monopol anmaßt, die Gemeinde nicht in die Passivität drängt und die Mannigfaltigkeit der Gaben nicht unterdrückt, kann es sehr sinnvoll sein, wenn eine Gemeinde einen begabten und geistlich reifen Menschen zu dieser Aufgabe bittet. Die meisten Gemeinden gehen diesen Weg, weil sie es als positiv erleben, dass jemand sich gründlich über den Gottesdienst Gedanken macht und die Summe der Vorbereitungen in die Hand nimmt.

2) Ein Gottesdienst - zwei Ziele

Wenn wir über die äußere Form des Gottesdienstes hinaus nach seinem inhaltlichen Kern fragen, finden wir die Antwort darauf auch schon in der Praxis der ersten Gemeinde in Jerusalem. Dort heißt es, dass sich die Christen zum Zweck der Lehre, der Gemeinschaft, des Brotbrechens und des Gebets trafen (Apostelgeschichte 2,42). Diese vier Gesichtspunkte bündeln sich wie in einer Ellipse in zwei Brennpunkten. Zum einen sammelt sich die Gemeinde, um sich auf Gott auszurichten. Dazu dienen die Lehre, das Abendmahl und das Gebet. Zum anderen sammelt sich die Gemeinde zur Gemeinschaft der Glaubenden untereinander. Diese wird wiederum gestärkt durch die verbindende biblische Lehre, die Gemeinschaft im Brotbrechen und das intensive gemeinsame Gebet. Ein Gottesdienst, der diese beiden Kernpunkte aufgreift, müsste die Gemeinde demnach in die Gemeinschaft mit Gott und in die Gemeinschaft der Glaubenden untereinander führen.

Für die gottesdienstliche Praxis und auch die Aufgabenstellung eines Gottesdienstleiters hat diese Sichtweise große Bedeutung. Der ganze Rahmen des Gottesdienstes muss Raum für beide Kernanliegen lassen und beide gleichermaßen im Auge haben. Ein Gottesdienst, der vornehmlich die Anbetung Gottes zum Ziel hat, die Verkündigung seines Wortes und das Gedächtnis an Jesu Leiden und Sterben, mag eine große Feierlichkeit und Würde ausstrahlen. Aber die Gemeinschaft der Glaubenden untereinander kann deutlich zu kurz kommen. Ein Gottesdienst, in dem es vorwiegend um ein Gemeinschaftserlebnis geht, kann durch eine lockere und fröhliche Atmosphäre gekennzeichnet sein, aber vielleicht weniger in die Nähe Gottes führen. Das heutige Ringen um die Gestaltung des Gottesdienstes sehe ich auch als ein Ringen darum, welcher der beiden Brennpunkte der »Gottesdienstellipse« besonders in den Blick genommen wird. Ist der Gottesdienst auf Gott ausgerichtet, also theozentrisch, oder eher auf den Menschen, anthropozentrisch? Im ersten Fall tendiert er dazu, ehrwürdig und feierlich gestaltet zu sein. Im Extrem entartet er zu einer liturgisch steifen Weihestunde, in der alle nur nach vorne

Die beiden inhaltlichen Brennpunkte des Gottesdienstes

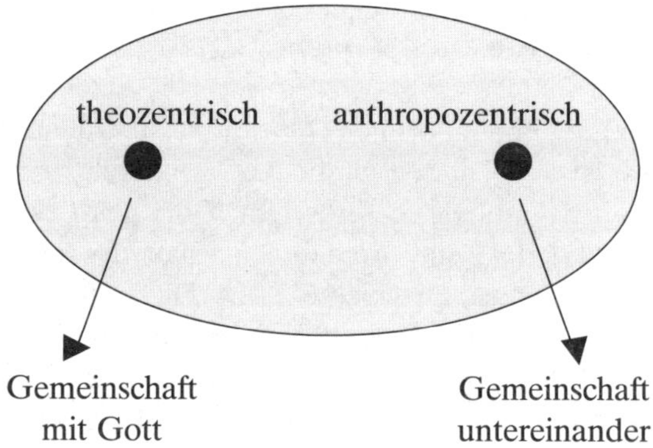

schauen. Im zweiten Fall neigt er dazu, gemeinschafts- und erlebnisorientiert ausgerichtet zu sein. Dann kann er zum Happening entarten, bei dem die Gemeinde sich um sich selber dreht. Die eine Sichtweise entspricht mehr dem traditionellen Gottesdienstverständnis, während die zweite dem modernen Bedürfnis nach Gemeinschaftserlebnis und lockerer Atmosphäre entgegenkommt. Beide Formen können sich auf eine biblische Begründung berufen. Beide sind in sich richtig und notwendig. Jede wird aber dann problematisch, wenn sie einseitig bevorzugt und zur vorwiegenden oder alleinigen Form des Gottesdienstes erklärt wird. Wir brauchen die Nähe zu Gott, und wir brauchen die Nähe zueinander. Unsere Gottesdienste sollen Gottes würdig sein und in die Anbetung hineinführen. Sie sollen aber auch menschliche Begegnung ermöglichen und zulassen, dass wir aufeinander zugehen, aufeinander hören und miteinander Gemeinschaft erleben. Eine gottesdienstliche Praxis zu finden, in der beides zu seinem Recht kommt, kostet einige Überlegungen. Es gehört aber vor allem zu den Aufgaben des Gottesdienstleiters, bei der Planung und der Durchführung des Gottesdienstes beide inhaltlichen Schwerpunkte im Auge zu behalten und in der Gestaltung zu ihrem Recht kommen zu lassen.

Spontaneität und Planung

Bevor wir uns näher mit den Aufgaben eines Gottesdienstleiters beschäftigen, möchte ich noch eine weitere grundsätzliche Frage bedenken. Es geht um die Frage, wie viel Leitung ein Gottesdienst überhaupt braucht. Läuft er in fest gefügten Bahnen ab? Entwickelt er sich in freier Geistesleitung? Oder schlagen wir einen Mittelweg ein? Je nachdem, welche Antwort wir auf diese Frage geben, wird die Aufgabe des Gottesdienstleiters anders beschrieben werden müssen.

1) Zwischen Liturgie und Geistesleitung

Der traditionelle kirchliche Gottesdienst wurde über Jahrhunderte hinweg vom Priester bzw. Pfarrer alleine geplant und gestaltet. Die fest gefügten Liturgien ließen für Spontaneität wenig Raum. Die Gemeinde hatte keinen Einfluss auf den Gottesdienstablauf und wurde nur in dem Maße aktiv, wie das vom System her vorgesehen war. Das führte zu einer Entmündigung der Gemeinde und einer Verarmung des Gottesdienstes, weil sich die Gaben der Einzelnen nicht mehr zum Wohl aller entfalten konnten. Erfreulicherweise erleben wir heute in den großen Kirchen eine Aufweichung dieses Gottesdienstverständnisses. Die Gemeinde wird stärker ins Geschehen einbezogen.

Neben diesem »durchprogrammierten« kirchlichen Gottesdienst entwickelten sich auch andere Formen, die den Akzent sehr viel stärker auf Spontaneität und die Leitung durch den Heiligen Geist legten. Vom Gedanken des allgemeinen Priestertums und der Mündigkeit der Gemeinde her wurden für die Zusammenkünfte nur schwache oder gar keine Strukturen vorgegeben. Unter der Leitung des Heiligen Geistes soll sich der Gottesdienst frei entfalten. Wer ein Lied hat, schlägt es vor. Wer will, fordert zum Gebet auf. Wenn jemand ein Bibelwort lesen und es kommentieren möchte, kann auch das geschehen. Wenn alles schweigt, bleibt jeder für sich still im Gebet. Ein Gottesdienstleiter im eigentlichen Sinne des Wortes erübrigt sich bei diesem Konzept völlig.

Wenn man danach fragt, welche der beiden Vorstellungen von Gottesdienst am ehesten dem neutestamentlichen Vorbild entspricht, muss man mit ziemlicher Sicherheit der zweiten, eher von der Spontaneität ausgehenden Variante den Vorzug geben. Der Gottesdienst der ersten Christen orientierte sich zwar in vielen Punkten am Gottesdienst der jüdischen Synagoge. Es wurden Psalmen gesungen, Texte verlesen und kurz kommentiert, Ermutigungen und Ermahnungen vorgetragen; viele beteten laut. Dabei wurde ausdrücklich Wert darauf gelegt, dass sich alles ordentlich und vor allem des Herrn würdig vollzog (1. Korinther 14,40). In diesem Sinne war ein planerisches und leitendes Element nicht nur in den Synagogengottesdiensten der jüdischen Gemeinde, sondern auch in den Gottesdiensten der ersten Gemeinde sehr wohl vorhanden. Aber es gab dennoch viel Spielraum für Spontanes und vom Geist Geleitetes. Paulus verweist darauf, wenn er den Korinthern schreibt: »Was ist nun, Brüder? Wenn ihr zusammenkommt, so hat jeder einen Psalm, hat eine Lehre, hat eine Offenbarung, hat eine Sprachenrede, hat eine Auslegung; alles geschehe zur Erbauung« (1. Korinther 14,26). Das Ziel des Gottesdienstes muss Erbauung der Gemeinde sein. Spontaneität, die in Durcheinander und Chaos mündet, führt nicht weiter. Aber trotzdem lebt der Gottesdienst davon, dass viele sich einbringen können und ein Freiraum für Spontaneität und geistgeleitete Beiträge von Gemeindegliedern besteht.

Die Entwicklung von relativ frei gestalteten Gottesdiensten zu einer immer stärkeren Festlegung hängt sicherlich auch damit zusammen, dass Spontanes schwieriger zu handhaben ist als Geplantes. Planung gibt Sicherheit. Und Sicherheit ist immer dann notwendig, wenn Dinge aus den Gleisen zu laufen drohen oder die Zahl der Gottesdienstbesucher unübersichtlich wird. Deshalb lässt es sich in einer immer größer werdenden Gemeinde nicht vermeiden, dass bestimmte Festlegungen den Gottesdienst ordnen. In einer kleinen Neulandgemeinde mit zwanzig Mitgliedern werden Sie wunderbar spontane Gottesdienste feiern können. Jeder kennt jeden; vieles funktioniert auf bloßen Zuruf. Wenn Sie an eine Gemeinde mit dreihundert Gottesdienstbesuchern denken, wird dieses Maß an Freiheit nicht mehr so vorhanden sein können. Sie müssen notgedrungen planen und leiten. Deshalb haben sich selbst in den Gemeinden, die sehr stark die Geistesleitung betonen, stillschweigend diskrete Formen einer Gottesdienstleitung durchgesetzt. Außerdem ist der Mensch ein Gewohnheitstier. Spontanes verfestigt sich unter dem Eindruck des Bewährten und der stetigen Wiederholung zum allgemein Üblichen. Der Prozess einer schleichenden »Liturgisierung« des Gottesdienstes tritt unweigerlich ein. Wenn diese Prozesse nicht bewusst wahrgenommen und überdacht werden, entstehen »heimliche« Gottesdienstordnungen, die sich in der Praxis als beständig und zäh erweisen können. Offensichtliche und für alle erkennbare Planungs- und Leitungsstrukturen kann man dagegen biblisch hinterfragen und erneuern. Deshalb bin ich oft überrascht von der Unfreiheit der vermeintlich Freien und der Freiheit der vermeintlich Unfreien. Die Spannung zwischen Spontaneität und Geistesleitung auf der einen und Planung auf der anderen Seite lässt sich nicht auflösen. Wer vorwiegend auf Planung setzt, muss sich fragen, ob im Gottesdienst noch wirklich Raum für Gottes Wirken vorhanden ist. Und wer auf Spontaneität setzt, muss sich fragen, ob die Freiheit nicht vielleicht schon lange im Korsett einer »heimlichen Liturgie« erstickt ist. Wie so oft liegt das Problem in falschen Alternativen. Geistesleitung und Planung sind keine Gegensätze, sie gehören zusammen.

2) Spontaneität in der Gottesdienstpraxis

Nach diesen eher theoretischen Erwägungen will ich nun auf die Praxis zu sprechen kommen und zeigen, wie sich in der Gottesdienstleitung Offenheit für Gott und Spontaneität mit guter und gründlicher Planungsarbeit vereinigen lassen.

Geistesleitung schon am Schreibtisch

Mir persönlich ist es sehr wichtig, dass die Gottesdienstleitung von ihrer Planungsphase an als geistliche Aufgabe gesehen wird, die es erforderlich macht, auf Gott zu hören und für ihn offen zu sein. Wenn man schon einige Gottesdienste geleitet hat, stellt sich bald neben einer gesunden Erfahrung auch eine ungesunde Routine ein. Die Programmpunkte werden in gewohnter Weise schnell zusammengestellt. Ein vorgefertigtes Programmraster wird nur noch um die ausgewählten Lieder und Texte ergänzt. Und schon ist die Arbeit getan. Der Gottesdienst steht. Natürlich ist es dabei nicht verwunderlich, dass Geistesleitung keine Chance hat. Genauso wie der Prediger für Gottes Reden offen sein muss, wenn er sich auf seine Botschaft vorbereitet, genauso muss auch der Gottesdienstleiter hinhören können. Konkret bedeutet das, dass Gebet nicht nur für den Gottesdienst geplant wird, sondern auch in der Vorbereitung geschieht: »Herr, ich könnte heute mein Programm ganz schnell zusammenbasteln. Ich weiß, wie das geht. Aber ich möchte das nicht. Ich möchte, dass du mir zeigst, was dran ist, welche Lieder passen, welche deiner Worte ich lesen soll. Leite Du mich in meinen Überlegungen. Schenke mir die nötige Liebe und Sorgfalt, damit ich nichts übersehe und die Gemeinde in Deine Nähe führen kann.« Natürlich erwarte ich nach einem solchen Gebet nicht, dass mein Kugelschreiber wie von Gottes Hand geführt über das Papier gleitet. Aber ich erwarte, dass Gottes Geist mich auch schon in der Vorbereitung führt und meine Gedanken in die richtige Richtung lenkt. Gottesdienstleiter müssen nicht nur andere leiten, sondern sich auch selbst von Gott leiten lassen. Sonst verkommen wir zu Managern eines Programms, das wir vermeintlich im Griff haben. Wo der Geist Gottes keine Chance bekommt, helfen auch die aufregendsten Gottesdienstexperimente nichts.

Offenheit für Unerwartetes

Auf Gott zu hören und sich von ihm leiten zu lassen bedeutet für mich auch, während des Gottesdienstes für Unerwartetes offen zu sein. Da stellt sich überraschend ein Besucher vor, der ein geistlich motivierendes Grußwort sagen könnte. Es wäre schade, wenn ich mich vor lauter Sorge um meine schöne Planung von vornherein dafür verschlösse. Zur Einstimmung auf das Thema des Gottesdienstes habe ich mir zu Hause einige gute Gedanken gemacht. Jetzt stehe ich vorne und habe den Eindruck, dass sie nicht recht passen. Ich formuliere neu – und Gott gibt genau die richtigen Gedanken, wie sich im Nachhinein herausstellt. Im Anschluss an die Predigt war ein Lied geplant. Im Verlauf der Botschaft wird deutlich, dass ein anderes viel besser passt. Eigentlich waren keine Zeugnisse vorgesehen, aber während die Gemeinde singt, fragt mich jemand, ob er nicht doch etwas sagen dürfe. Es schließe an die Predigt an, die wir eben gehört hätten. Ich gebe ihm Gelegenheit zu sprechen. All diese Beispiele zeigen: Was zu Hause am Schreibtisch geplant wurde, darf immer noch offen sein für unerwartete Geschehnisse und spontane Gedanken, die Gott schenkt. Natürlich bin ich nicht naiv und weiß, dass nicht alles, was mir durch den Kopf schießt, mit Geistesleitung gleichgesetzt werden darf. All diese spontanen, hineindrängenden Elemente müssen einer »Schnellprüfung« unterzogen werden. Andere Mitarbeiter sollen durch meine spontanen Überlegungen nicht in die Enge getrieben werden, beispielsweise der Klavierspieler, der sich einfach nicht so flexibel auf ein neues Lied einstellen kann. Aber dennoch sollten wir dafür offen sein, dass Gott uns im Gottesdienst selbst noch eine andere Richtung weisen kann als die, die uns zu Hause am Schreibtisch richtig erschien.

Räume schaffen für Spontanes

Noch auf einer weiteren Ebene können sich Spontaneität und Geistesleitung vollziehen: Im Gottesdienstverlauf fest eingeplante Programmelemente können in sich offen sein und Raum für Entwicklung lassen. Dazu gehören hauptsächlich der Austausch von Grüßen, das gemeinsame Sammeln von Gebetsanliegen, Gebetsgemeinschaften, Zeugnisse und Erlebnisberichte und vielleicht auch Liederwünsche, besonders wenn sie mit ein paar erläuternden Worten verbunden sind. Diese »geplante Spontaneität« gibt der Gemeinde die Möglichkeit, an der Gestaltung des Programms in einem gewissen Umfang mitzuwirken, und gleichzeitig behält der Gottesdienst seinen festen Rahmen. Der Gottesdienstleiter ist natürlich mehr gefordert als in einem geschlossenen Programmablauf. Er muss die Geschehnisse mit wachem Auge begleiten und sich darauf einstellen, dass flexibles Reagieren und Improvisationstalent gefragt sind. Wenn er etwas Erfahrung mitbringt und sich vor unerwarteten Situationen nicht scheut, wird er diese Aufgabe auch bewältigen. Sicherlich wird man nicht in jedem Gottesdienst alle Möglichkeiten für freie Beiträge einräumen. Vielleicht genügt es, wenn ein Gottesdienst einen Zeugnisblock enthält und ein anderes Mal Gebetsanliegen gesammelt und mit intensivem Gebet bedacht werden. Auch hier sollten Sie sich »leiten« lassen, wie viel Freiraum jeweils nötig und möglich ist.

Die Aufgabe des Gottesdienstleiters und sein Selbstverständnis

Wenn in ein und derselben Gemeinde die Gottesdienste ganz unterschiedlich ausfallen, hängt das nicht nur von der jeweils anderen Persönlichkeit des Leiters ab, sondern auch davon, welche Vorstellungen jeder im Blick auf seine Aufgabe entwickelt hat. Der eine ist darum bemüht, einen würdigen und feierlichen Rahmen zu schaffen, der andere betont das ungezwungene und lockere Beisammensein, bei dem fröhlich gelacht und ungezwungen geklatscht werden darf. Die unterschiedlichen Vorstellungen von dem, was Gottesdienst ist, führen zu unterschiedlichen Akzentuierungen im Leitungsstil. Natürlich wird es immer eine gewisse Bandbreite an Sichtweisen geben und geben dürfen. Aber aus den grundsätzlichen Überlegungen zu Wesen und Ziel des Gottesdienstes lassen sich meines Erachtens doch einige wichtige Schlussfolgerungen ableiten, die jedem Gottesdienstleiter als Eckdaten dienen können. Ich möchte dabei auf das Selbstverständnis des Gottesdienstleiters, seine Aufgabenstellung und den sich daraus ergebenden Leitungsstil eingehen.

1) »Wer bin ich?«

Es ist oft recht schwer, auf die Frage »Wer bin ich?« schlüssig zu antworten. Meistens wissen wir sehr genau, wer wir nicht sind bzw. nicht sein wollen. Die eigentliche Antwort muss sich aus dem Gegenteil heraus entwickeln. Im Blick auf das Selbstverständnis eines Gottesdienstleiters gilt das Gleiche. Wenn wir uns damit beschäftigen, was er auf keinen Fall ist, wird schnell deutlich werden, wie er sich und seine Aufgabe verstehen kann.

Nicht Herr, sondern Diener

Zunächst einmal ist der Gottesdienstleiter nicht »Herr« des Gottesdienstes, sondern Diener der Gemeinde. Der Gottesdienstleiter hat zwar die Aufgabe, die Gemeinde zu leiten und zu führen. Er soll und darf sie durch die gemeinsame Zeit begleiten. Er muss als Verantwortlicher auch regelnd eingreifen und die Rahmenbedingungen festlegen. Aber er hat kein Gottesdienstmonopol, das ihm das Recht gibt, sich als Alleinherrscher zu verstehen, während die Gemeinde still und demütig alles mitmachen muss, was er sich einfallen lässt. Wer die Leitung eines Gottesdienstes dazu missbraucht, zu herrschen, der Gemeinde seinen Stil aufzuzwingen und sich selbst zu verwirklichen, steht an der falschen Stelle. Gefragt ist vielmehr die Haltung des Dienens. Wer dient, nimmt nicht selbstverständlich, dass er den Gottesdienst leiten darf. Vielmehr beweist ihm die Gemeinde ihr Vertrauen, indem sie sich von ihm in die Gegenwart Gottes führen lässt. Der dienende Gottesdienstleiter versteht seine Aufgabe als Auftrag des Herrn, die er in Verantwortung vor ihm ausübt. Und er denkt vom Wohl der Gemeinde und nicht von seinen eigenen Vorstellungen her. Die zentrale Frage, die sich für den Gottesdienstleiter aus dieser Haltung ergibt, lautet: »Was dient der Gemeinde?« Die herrische Haltung sagt: »Ich will! Ich will, dass mehr gesungen wird. Ich will, dass im Gottesdienst auch gelacht werden darf. Ich will . . . Ich will . . .« Natürlich ist es legitim, Vorstellungen zu entwickeln, daraus Ziele zu formulieren und ihnen auf den Weg zu helfen – auch für den Gottesdienst. Wenn es aber nicht aus der Grundhaltung des Dienens heraus geschieht, wird diese Art der Leitung eher zerstörerisch wirken als aufbauend. Leiten und dienen gehören untrennbar zusammen.

Nicht Mittler, sondern Sprachrohr Gottes und Repräsentant der Gemeinde

Ein anderes Missverständnis besteht darin, dass sich der Gottesdienstleiter als Mittler zwischen Gott und Gemeinde versteht. Leider hat sich im

Laufe der Kirchengeschichte die Vorstellung herausgebildet, der Priester, der seit Jahrhunderten den Gottesdienst alleine leitet, stehe über der Gemeinde. Mit den Mitteln der Sakramente ausgerüstet, schlägt er nach dieser Auffassung die Brücke zwischen Gott und Mensch. In der katholischen Kirche und in den orthodoxen Kirchen ist diese Mittlerstellung bis heute festgeschrieben. Martin Luther und die anderen Reformatoren haben diese theologisch falsche Sichtweise überwunden und den Pastor wieder als normales Gemeindeglied verstanden, das von der Gemeinde mit Sonderaufgaben betraut ist. Dazu gehört auch die Leitung des Gottesdienstes. Wir kennen deshalb nur einen Mittler zwischen Gott und Mensch, und das ist Jesus Christus (1. Timotheus 2,5). Ich gehe davon aus, dass Sie in dieser gesunden biblischen und protestantischen Tradition stehen und nicht auf den Gedanken gekommen wären, sich als Pontifex Maximus, als »großen Brückenbauer«, zu verstehen und daraus eine gleichsam sakramentale Würde und Weihe aus Ihrer Aufgabe abzuleiten.

Trotzdem hat der Gottesdienstleiter in einem gewissen Sinne eine verbindende Aufgabe. Er ist gelegentlich Sprachrohr Gottes, und gleichzeitig ist er Repräsentant der Gemeinde. Sprachrohr Gottes ist er immer dann, wenn er der Gemeinde Worte der Heiligen Schrift zuruft und sie damit ermutigt oder ermahnt. Der Prediger tut das natürlich viel ausführlicher. Aber auch der Leiter fügt geistliche Worte und gelegentlich kurze Erläuterungen in den Gottesdienst mit ein. Er darf die Gemeinde auch im Namen des Vaters und des Sohnes und des Heiligen Geistes begrüßen und durch diese Eingangsformel deutlich machen, zu wem die Gemeinde eingeladen ist.

Umgekehrt spricht der Gottesdienstleiter aus Sicht der Gemeinde, an einigen Stellen aber auch als ihr Repräsentant zu Gott. Das ist immer dann der Fall, wenn er für die Gemeinde, d.h. im Namen der Gemeinde betet. Das geschieht beispielsweise schon beim Eingangsgebet, in dem er um den Segen Gottes bittet und die Zusammenkunft Gott anbefiehlt. Dieses Gebet ist nicht das Gebet einer Privatperson, sondern die Bitte der Gemeinde, die von einem Einzelnen vorgetragen wird. Deshalb bestätigt die Gemeinde sein Gebet mit einem kräftigen »Amen«. Im Sinne des allgemeinen Priestertums aller Gläubigen und einer mündigen Gemeinde werden hoffentlich im Verlauf des Gottesdienstes auch noch andere Gemeindeglieder beten. Auch deren Gebet kann im Namen der Gemeinde geschehen; es kann aber auch eine ganz persönliche Bitte sein.

Ohne Mittler zu sein, spricht der Gottesdienstleiter gelegentlich im Namen Gottes und gelegentlich im Namen der Gemeinde. Er ist Sprachrohr Gottes und Repräsentant der Gemeinde zugleich. Die Art und Weise, wie er den Gottesdienst leitet, muss dieser Doppelaufgabe gerecht werden.

Nicht Showmaster, sondern Gastgeber

Das dritte mögliche Missverständnis eines Gottesdienstleiters ist, dass er sich als Showmaster versteht, der durch ein pfiffiges Unterhaltungsprogramm zu führen hat. Leider setzt sich diese Fehlentwicklung in unseren Gemeinden mehr und mehr durch. Der Druck eines medienbestimmten Alltags auf den Gottesdienst ist gewaltig. Alles muss unterhaltsam und kurzweilig sein. Die ernstesten Diskussionsthemen werden im Fernsehen in mundgerechte Drei-Minuten-Einheiten zerhackt, mit Musik- und Showelementen gespickt oder von einem Kabarettisten humorvoll kommentiert. Was zählt, ist der Unterhaltungswert einer Sendung. Diese Welle locker-flockiger Unterhaltsamkeit droht auch in die Gottesdienste herüberzuschwappen. Schon die Begrüßung durch den Gottesdienstleiter verrät manchmal die neue Tendenz: »Ich wünsche mir, dass sich alle bei uns wohl fühlen und wir eine schöne Zeit miteinander verbringen.« Das klingt ganz so, als ob der Kern des Gottesdienstes in einem allgemeinen Gefühl des Wohlseins zu suchen sei und es hauptsächlich darum ginge, dass jeder alles schön und unterhaltsam findet. Vielleicht hat Gott ein viel größeres Interesse daran, dass es uns hundeelend wird, wenn wir uns unserer Schuld und Sünde bewusst werden. Vielleicht möchte er, dass wir nach dem Gottesdienst von seiner Hand geschlagen – und getröstet! – schweigend nach Hause ziehen. Natürlich darf ein Gottesdienst abwechslungsreich und interessant gestaltet sein. Ich habe auch nichts dagegen, wenn an der richtigen Stelle herzhaft gelacht wird. Keiner will eine verklemmte und staubtrockene Atmosphäre. Aber wenn der Gottesdienst im Stil einer Unterhaltungssendung aufgebaut ist, wenn die lockere Atmosphäre zum Selbstzweck wird, wenn sich der Stil des Gottesdienstleiters vorwiegend an Thomas Gottschalk orientiert und ein moderatorischer Gag den nächsten jagt, dann sind die Dinge aus der Bahn geraten. Unterhaltsamer mag es sein. Es mag auch zeitgemäßer wirken. Aber geistlich wertvoller ist es auf keinen Fall. Der Gottesdienstleiter sollte sich eher im Sinne eines Gastgebers verstehen. Er begrüßt die Gemeinde und verabschiedet sie. Und er macht sich Mühe, sie nett und angemessen durch die gemeinsame Zeit in der Gegenwart Gottes zu führen. Gastgeber schaffen eine angenehme Atmosphäre, aber sie ziehen deshalb noch keine Show ab.

2) Die fünffache Aufgabe

Aus allem, was ich bisher zum Thema »Wesen des Gottesdienstes« und zum Selbstverständnis des Gottesdienstleiters gesagt habe, ergibt sich für mich eine klare Aufgabenstellung für den Leiter. Ich möchte sie in fünf Punkten zusammenfassen:

- Der Gottesdienstleiter führt die Gemeinde in die Gegenwart Gottes und hilft ihr, ihren Herrn anzubeten und auf ihn zu hören. Das ist einer der beiden Schwerpunkte des gottesdienstlichen Geschehens.
- Er führt die Gemeindeglieder zueinander, so dass sie im Rahmen des Möglichen Gemeinschaft erleben, aneinander Anteil nehmen und sich gegenseitig bereichern. Das ist der zweite Schwerpunkt des Gottesdienstes.
- Damit diese beiden Ziele erreicht werden, sorgt der Gottesdienstleiter für einen geordneten, angemessenen und würdigen Ablauf des Ganzen.
- Außerdem baut er als eine Art Gastgeber Brücken zu den Menschen, die am Gottesdienst teilnehmen. Er hat dabei sowohl Glaubensgeschwister im Auge als auch Ungläubige, die er durch seine warmherzige und einladende Art für das Evangelium zu gewinnen sucht.
- Schlussendlich prägt er durch seine Ausstrahlung, seinen Leitungsstil und die Programmgestaltung die Atmosphäre des Gottesdienstes ganz entscheidend mit. Der Eindruck, den er auf die Gemeinde hinterlässt, kann gegebenenfalls sogar größer sein als der des Predigers, auch wenn die Verkündigung im Mittelpunkt des Gottesdienstes steht und sich der Gottesdienstleiter nicht als Konkurrent des Predigers versteht.

Die fünf Aufgabenbereiche gehören zusammen. Keiner darf aus dem Blickfeld geraten, weil jeder wichtig ist. Wer sein ausschließliches Ziel darin sieht, die Gemeinde vor Gott zu führen, missachtet den Gottesdienst als Ort der Gemeinschaft der Glaubenden. Wer nur das Gemeinschaftserlebnis betont, steht in Gefahr, den Gottesdienst zu einem Happening umzugestalten. Wer sein Augenmerk nur auf einen reibungslosen Ablauf richtet, verkommt bald zum gottesdienstlichen Manager. Wer nur die Gäste im Auge hat, verliert womöglich die Gemeinde. Und wer nur eine gute Atmosphäre schaffen will, vergisst darüber schnell den Inhalt. Natürlich wird es in keinem Gottesdienst zu einer völligen Ausgewogenheit aller Ziele und Aufgaben kommen können. Allein schon die Thematik oder der besondere Anlass eines Gottesdienstes können dafür sorgen, dass der Leiter eine seiner Aufgaben stärker betonen muss als die andere. Trotzdem muss er sich jedes Mal bewusst machen, worauf es grundsätzlich und insgesamt ankommt. Nur dadurch ist sichergestellt, dass er in der Detailarbeit das Ziel nicht aus den Augen verliert.

3) Leiten mit Stil

Um die Aufgabe des Gottesdienstleiters noch etwas näher zu beschreiben, möchte ich kurz auf den Stil zu sprechen kommen, mit dem er seine Aufgabe ausübt. Weil jeder eine eigene Persönlichkeit ist, wird jeder von seinem Leitungsstil her auch eine individuelle Note einbringen und besondere Akzente setzen. Gerade darin liegt der Reichtum einer Gemeinde, dass viele ihre Gabe in ihrer jeweiligen Einmaligkeit einsetzen und auf diese Weise die Vielgestaltigkeit des Leibes Christi sichtbar werden lassen. Es wäre schade, wenn Gottesdienstleiter unter strengen Ordnungen und Regeln keine Individualität entwickeln dürften. Trotzdem gibt es einen Rahmen, innerhalb dessen sich ein guter Leitungsstil bewegt.

Mit Wille zum Leiten

Ein Leiter soll wirklich leiten, auch wenn er sich als Diener der Gemeinde versteht. Er muss die Richtung angeben und ordnend eingreifen, wenn es nötig ist. Ohne ein geistlich gesundes Selbstbewusstsein wird es auf Dauer nicht gehen. Wer Leitungsverantwortung übernimmt, muss Zaghaftigkeit und Ängstlichkeit überwinden und beherzt die Richtung weisen. Oder was würden Sie denken, wenn jemand wie eine lebendige Entschuldigung vor der Gemeinde steht? »Also, wenn Sie einverstanden sind, möchte ich gerne, dass wir Lied Nummer 347 singen. Ja? Dann schlagen Sie es doch bitte auf.« »Ich würde zum Abschluss noch gerne ein Gebet sprechen. Dann wäre es gut, wenn wir jetzt dazu vielleicht aufstehen würden.« »Ich dachte, dass wir an dieser Stelle eine Gebetsgemeinschaft haben könnten. Hat jemand einen anderen Vorschlag?« Vermutlich würden Sie bei so viel Unsicherheit und Zaghaftigkeit innerlich die Hände über dem Kopf zusammenschlagen und sich freuen, wenn jemand anderes die Sache beherzt in die Hand nähme. Leiten heißt immer in einem definierten Rahmen Autorität ausüben. Wenn Ihnen die Aufgabe der Leitung übertragen wurde, dann leiten Sie! Alles andere wäre schlechter Stil.

Mit Lust und Laune

Zu einem guten Leitungsstil gehört auch, dass Sie höflich, freundlich und offenherzig an die Arbeit gehen. Das gelingt nur, wenn Sie wirklich an den Menschen interessiert sind und sich freuen, ihnen dienen zu können. Schlechte Fernsehmoderatoren erkennt man daran, dass sie sich mechanisch und lustlos mit ihren Gästen unterhalten. Sie stellen zwar gescheite Fragen, aber man spürt, dass sie an einer Antwort nicht wirklich interessiert sind. Leute, die lustlos oder launisch vorne stehen, vertreiben die Freude am Gottesdienst.

Der beste Weg zu einem freundlichen und offenherzigen Leitungsstil führt über ein aufrichtiges Interesse an jedem, der gekommen ist. Sie sollten sich deshalb angewöhnen, die Gemeinde nicht als eine große Masse anzusprechen, sondern in ihr den Einzelnen zu sehen, für den speziell Sie den Gottesdienst leiten. Dieser Blickwinkel ist schon in der Vorbereitung wichtig. Sie werden sehen, wie Ihnen die Aufgabe der Leitung Freude macht und Ihr Leitungsstil persönlicher wird. Sie gewinnen eine warmherzige Ausstrahlung und werden den Gottesdienst locker und unverkrampft zu leiten beginnen.

Mit »heiterer Würde«

Eine schwer zu beantwortende Frage ist die nach dem rechten Verhältnis von Würde und Lockerheit im Gottesdienst. Wenn Würde bedeutet, dass alles steif und liturgisch formelhaft abläuft, dann wird sich wohl kaum einer für diese Form der Weihe aussprechen. Wenn eine gelöste Atmosphäre in Albernheiten endet und die Gemeinde mit Banalitäten und dummen Effekthaschereien überschüttet wird, ist die Schmerzgrenze sicherlich ebenfalls erreicht. Der gesunde Mittelweg bestünde in einer »heiteren Würde«, die beidem gerecht wird, der Tatsache, dass wir vor dem heiligen Gott stehen, und der Tatsache, dass wir gleichzeitig zu einer frohen Gemeinschaft zusammengekommen sind. Es ist kein Problem, auf einer der beiden Seiten vom Pferd zu fallen. Es ist aber eine Kunst, die ausgewogene Mitte zu planen und dann auch im Verlauf des Gottesdienstes durchzuhalten. Was »heitere Würde« im Einzelfall bedeutet, ist sehr schwer in feste Regeln zu fassen. Es lässt sich wieder einmal viel leichter sagen, was sie nicht ist und wo es offensichtlich danebenging. Aber trotzdem lassen sich Heiterkeit und Würde miteinander verbinden. Dazu müssen Sie als Gottesdienstleiter »im Programm leben«. Sie können die an sich trockenen Ansagen mit ein paar humorvollen Bemerkungen unterlegen und damit auflockern. Im nächsten Moment müssen Sie umschalten und während der Textlesung wieder ganz auf Gott und sein Wort eingestellt sein. Beim Gebet, das sich anschließt, stehen Sie bewusst vor Gott und beten ihn an. Und nach dem »Amen« wenden Sie sich wieder den Menschen zu und laden sie freundlich zum Singen ein. Ehrfurchtsvolles Stehen vor Gott und frohe Gemeinschaft untereinander bedingen sich wechselseitig. Wenn es Ihnen durch Ihren Leitungsstil gelingt, dieses Miteinander zu schaffen, werden Sie einen Gottesdienst bekommen, der Gott die Ehre gibt und menschliche Nähe und Herzlichkeit ausstrahlt.

Aus allem, was ich zur Aufgabe des Gottesdienstleiters und zu seinem Selbstverständnis gesagt habe, wird klar, dass eine spezielle Gabe der Leitung und Führung dazu notwendig ist. Bei vielen herrscht die Vorstellung, dass alle, die man noch nicht zum Predigen auf die Kanzel schicken kann, sozusagen als Vorstufe mit der Aufgabe der Gottesdienstleitung betraut werden können. Wer sich dort bewährt hat, darf später zu »Höherem« aufsteigen. Diese Auffassung halte ich für falsch. Die Gabe, einen Gottesdienst zu leiten, und die Predigtgabe überschneiden sich sicherlich im Blick auf die Fähigkeit, vor Menschen zu stehen und zu ihnen zu sprechen. Deshalb sind manche Prediger auch gute Gottesdienstleiter und manche Gottesdienstleiter gute Prediger. Aber dennoch handelt es sich um zwei unterschiedliche Gaben und Dienste, die Gott der Gemeinde gegeben hat. Genauso abwegig ist die Vorstellung, dass der Gottesdienstleiter ja nur das »Vor«-Programm zu leiten hat. Allein schon der Name lässt die Vermutung aufkommen, als sei es gegenüber dem »Haupt«-Programm, der Predigt, eher nebensächlich und minderwertig. Aber schon mit der Begrüßung durch den Gottesdienstleiter beginnt das Hauptprogramm. Gebet ist Hauptprogramm, Gesang und Zeugnisse und Ansagen sind es, und die Predigt ist es natürlich auch. Die Gabe, die Gemeinde im Gottesdienst zu leiten, hat Wert und Bedeutung in sich.

Die Programmplanung

Die Planung des Gottesdienstes ist eine der wichtigsten Aufgaben, die der Gottesdienstleiter im Vorfeld zu erledigen hat. Dabei entscheidet sich, welche Elemente im Gottesdienst Platz finden, wie viel Zeit sie einnehmen, wer welche Aufgabe übernimmt, welche Lieder gesungen und welche Texte vorgelesen werden usw. Es werden aber auch die großen Linien festgelegt, die den Gesamteindruck des Gottesdienstes ausmachen. Dazu gehören beispielsweise der thematische rote Faden, die Schlüssigkeit der Programmabfolge oder der innere Spannungsbogen, der den gesamten Gottesdienst zusammenhält und interessant werden lässt. Die Details müssen sich zu einem sinnvollen Ganzen zusammenfügen, und dieses Ganze muss bis ins Detail hinein durchdacht sein.

Wenn man seine Arbeit gut machen will, muss man in die Programmplanung schon einige Mühe investieren. Es reicht nicht, die Standardelemente eines »normalen« Gottesdienstes in der gewohnten Reihenfolge schnell zu Papier zu bringen und zwei oder drei mehr oder weniger passende Lieder und eine Textlesung auszusuchen. »Begrüßung - Lied - Textlesung und Gebet - Lied mit Kollekte - Chor - Predigt - Lied - Gebetsgemeinschaft - Lied und Segen.« Der ganze Rest wird improvisiert und »ergibt« sich einfach so. Natürlich können Sie innerhalb dieses Rahmens einen gesegneten und geistlich anregenden Gottesdienst erleben. Und wenn Sie eine einigermaßen wendige und nach außen gekehrte Persönlichkeit sind, wird Ihre Gottesdienstleitung auch noch nett und ansprechend wirken. Über die kleinen Pannen, die angesichts ausgebliebener Detailplanung entstanden sind, schauen wir liebenswürdig hinweg. Aber wenn wir unsere Arbeit so zügig hinter uns bringen und kein tieferes Interesse an der Gestaltung des Gottesdienstes entwickeln, verschenken wir eine Menge. Was könnte Gott aus diesem Gottesdienst machen, wenn wir uns mehr Mühe gäben und innerlich mehr auf unsere Aufgabe eingingen!?

Wenn wir uns also jetzt an die aufwendige Arbeit einer guten und mit Engagement betriebenen Programmplanung machen, haben wir insgesamt zehn Arbeitsschritte vor uns, die der Reihe nach bewältigt werden müssen. Jeden dieser Schritte möchte ich Ihnen im Folgenden kurz erläutern.

1. Schritt: Die Rahmenbedingungen klären

Die äußeren Fakten sind in den meisten Fällen natürlich bekannt. Aber es kommt trotzdem immer wieder zu besonderen Konstellationen, die auf die gesamte Planung Einfluss haben.

Zu den Rahmenbedingungen gehören der Ort und die Zeit, die Ihnen zur Verfügung stehen. Wenn es sich um einen »normalen« Gottesdienst im gewohnten Raum handelt, gibt es keine Fragen. Aber wenn Sie beispielsweise einen Waldgottesdienst zu leiten haben, wird die ungewohnte Umgebung Sie in Ihrer Planung deutlich beeinflussen. Es ist auch möglich, dass Sie für einen bestimmten Gottesdienst weniger als die normale Zeit zur Verfügung haben, weil die Gemeinde unmittelbar nach dem »Amen« zu einem Gemeindeausflug aufbrechen will. Wenn Sie sonst schon einmal zehn Minuten überzogen haben, sollten Sie heute auf alle Fälle pünktlich sein und den einen oder anderen Programmpunkt kürzer halten oder gar streichen.

Zu den Rahmenbedingungen gehören auch der vielleicht spezielle Charakter eines Gottesdienstes und auf alle Fälle seine thematische Linie. Ein Erntedankgottesdienst wird anders gestaltet werden als der 19. Sonntag nach Trinitatis. Und ein Frühgottesdienst zum Ostersonntag hat einen anderen Charakter als ein Missionsfest. Diese unterschiedlichen Rahmenbedingungen wirken sich auf die Programmpunkte, deren Reihenfolge, auf die Inhalte und manchmal auch auf den Stil der Leitung aus. Wenn sich der thematische rote Faden des Gottesdienstes nicht aus dem besonderen Rahmen ergibt, erwächst er auf alle Fälle aus dem Thema der Predigt. Sowohl von Seiten des Gottesdienstleiters als auch von Seiten des Predigers kommt es hier immer wieder zu gravierenden Pannen. Oft sprechen sich beide nicht ab. Der Gottesdienstleiter plant drauflos ohne Rücksicht auf die Predigt. Der Verkündiger muss notfalls sehen, wie er die Kurve bekommt. Und der Prediger kümmert sich erst so spät um Thema oder Text, dass der Gottesdienstleiter von Samstag auf Sonntag eine Nachtschicht einlegen müsste, um das Programm noch auf die unerwartete neue Linie zu zwingen. Absprachen mit anderen Beteiligten wie beispielsweise mit dem Chorleiter sind dann aus zeitlichen Gründen nicht mehr möglich. Ich sehe ein, dass es nicht immer einfach ist, das Thema der Predigt von einem Gast zu erfahren, der von weit her anreist. Seit der Erfindung des Telefons ist aber auch das nicht ausgeschlossen. Kaum zu verstehen ist dagegen, dass es innerhalb der eigenen Gemeinde nicht möglich sein sollte, Predigt und Rahmenprogramm durch eine rechtzeitige Absprache aufeinander abzustimmen. Manchmal passt beides unerwartet und wie zufällig zusammen. Wir erleben echte »Geistesleitung«. Oft geht beides aber auch ganz genau aneinander vorbei. »Ich möchte heute den Gedanken der Freude in den Mittelpunkt des Gottesdienstes stellen«, verkündet der Gottesdienstleiter zu Beginn. Der Prediger betritt die Kanzel und erklärt, dass er sich geleitet sieht, »über Lot und dessen Salzsäule, äh, sprich: Frau, zu predigen«. Der ganze Gottesdienst ist von einem großen inhaltlichen Graben durchzogen. Wenn jetzt nicht auf die Schnelle neue Lieder für den Schluss gesucht werden, geht es bis zum Amen fröhlich mit der Freude weiter. Zum allerersten Arbeitsschritt gehört es also, auf alle Fälle rechtzeitig den Predigttext oder das Thema in Erfahrung zu bringen, damit das Programm dazu passend aufgestellt werden kann. Lassen Sie sich vom Verkündiger aber nicht nur die Textstelle nennen, sondern bitten Sie ihn, in einigen Sätzen den gedanklichen roten Faden seiner Predigt und den Kerngedanken zu formulieren. Eine Predigt über einen bestimmten Text kann immer noch ganz unterschiedlich akzentuiert werden. Je besser Sie informiert sind, desto sauberer können Sie planen.

Es kann auch vorkommen, dass sich die Predigt einmal auf das Rahmenprogramm einstellen muss und dass Sie die thematischen Eckdaten setzen. Das ist immer dann der Fall, wenn der Gottesdienst sich um einen besonderen Anlass rankt. Das oben schon genannte Erntedankfest wäre so ein Beispiel. Dann müssen natürlich Sie sich beim Prediger melden und ihn von der inhaltlichen Richtung des Gottesdienstes in Kenntnis setzen.

2. Schritt: Die Programmelemente festlegen

Wenn die Rahmenbedingungen geklärt sind, werden die einzelnen Programmpunkte festgelegt. Dabei unterscheidet man zwischen »Standardelementen«, die auf alle Fälle eingeplant werden müssen, und »Sonderelementen«, die sich entweder aus der Besonderheit des Gottesdienstes ergeben oder die Sie speziell einplanen wollen oder die Ihnen von anderen zugetragen werden, beispielsweise vom Chor, der Ihnen anbietet, zwei Lieder zu singen. Zu den unverzichtbaren »Standardelementen« gehören:

- die Begrüßung,
- die Ansagen,
- Gebete,
- Lieder,
- die Kollekte,
- die Predigt,
- der Abschluss.

Zu den Sonderelementen, die mehr oder weniger häufig vorkommen und sehr vom jeweiligen Charakter des Gottesdienstes abhängen, zählen:

- Textlesungen,
- der thematische Anriss,
- Lobpreis- und Anbetungszeiten,
- Musikbeiträge unterschiedlicher Art,
- Anspiele und Theaterstücke,
- Zeugnisse,
- Interviews,
- Segnungen,
- Aufnahme neuer Mitglieder,
- Verabschiedungen,

- Aussendungen,
- Kasualanlässe wie Taufe und Abendmahl.

Diese Liste ist bei weitem nicht vollständig, weil es immer wieder Besonderheiten gibt, die alles bisher Gekannte sprengen, oder Elemente abgewandelt und kombiniert werden. Für die weitere Planung ist es nun wichtig zu wissen, welche über die Standardelemente hinausgehenden Programmpunkte Sie berücksichtigen müssen. Wenn schon besondere Dinge bei Ihnen angemeldet worden sind, beispielsweise ein Chorlied oder ein Anspiel, nehmen Sie diese Punkte in Ihre Liste auf. Sie können sich natürlich auch überlegen, ob Sie spezielle Programmbeiträge von anderen erbitten wollen. »Hättet ihr vom Chor ein Lied zum Thema »Freude«? Ich hätte gerne ein Lied von Euch eingeplant.« »Kann die Sonntagsschule am nächsten Sonntag nicht einmal wieder singen? Wir haben Euch schon so lange nicht mehr vorne gesehen.« Wenn Sie solche Wünsche haben, müssen Sie rechtzeitig mit der Planung anfangen. Es ist wahrlich nicht immer Unwille oder gar böser Wille, wenn man Ihnen eine Abfuhr erteilt. Gute Beiträge wollen auch vorbereitet sein.

Damit nicht jeder Gottesdienst nach demselben Muster abläuft, sollten Sie hier und da für ein Überraschungsmoment sorgen. Sie müssen dazu keine ausgefallenen Spezialeffekte einbauen oder gar mit anderen Gottesdienstleitern in einen Wettstreit der Superlative treten. Oft genügen schon Kleinigkeiten oder ein nur etwas anders gestalteter Programmpunkt, um in einem Gottesdienst einen besonderen Akzent zu setzen. Gefragt sind Ihre Kreativität und Phantasie.

3. Schritt: Die Dauer der einzelnen Programmpunkte bestimmen

Über die Länge eines Gottesdienstes gibt es ganz unterschiedliche Vorstellungen. Manche Gemeinden halten sich genau an eine Stunde und empfinden es schon als Zumutung, wenn es zehn Minuten länger dauert. Andere haben sich auf $1\frac{1}{2}$ Stunden und länger eingestellt und sehen auch darin kein Problem. Wenn Sie die einzelnen Programmpunkte zeitlich festlegen, müssen Sie sich innerhalb des bei Ihnen üblichen Rahmens bewegen. Sie müssen nicht eine Viertelstunde früher fertig sein; Sie dürfen aber auch nicht zwanzig Minuten überziehen. Schade wäre es, wenn Sie in

Ihrer Gemeinde den Ruf bekämen, immer über die Stränge zu schlagen. Sobald man Sie vorne in der ersten Reihe sitzen sieht, gehen dann bei vielen schon die Rollläden herunter: »Nein, der wieder! Der wird sicher wieder ordentlich überziehen.« Gegen eine solche gesunkene Erwartungshaltung müssen Sie dann erst einmal etwas Positives setzen. Das ist nicht leicht.

Jeder einzelne Programmpunkt, den Sie ausgesucht und eingeplant haben, muss im nächsten Arbeitsschritt zeitlich bestimmt und festgelegt werden. Dazu gibt es Erfahrungswerte, die Sie aus Ihrer eigenen Praxis gewinnen werden. Als Faustregel gilt: Ein gemeinsames Lied mit Ansage und Aufschlagen des Liederbuchs dauert etwa 4 Minuten. Wenn der Chor singt, muss eine Minute für Auf- und Abtritt dazugerechnet werden, also 5 Minuten. Gebete, die Sie mit der Gemeinde sprechen, dauern in der Regel 1 bis 2 Minuten, Gebetsgemeinschaften 3 bis 5. Die Ansagen sollten nicht länger als 5 Minuten dauern, besser sind 3, leider normal sind oft 6 bis 7. Für ein Interview mit einem Gesprächspartner rechnen Sie 6 bis 7 Minuten. Ein Zeugnis dauert in der Regel zwischen 4 und 5 Minuten. Ein dicker Brocken ist die Predigt, die mit 25 bis 40 Minuten zu Buche schlägt, je nachdem, was in Ihrer Gemeinde üblich ist.

Wichtig ist, dass Sie möglichst realistisch rechnen und sich selbst nichts in die Tasche lügen. Wenn das Programm zu lang geworden ist, lässt sich das natürlich am Leichtesten dadurch beheben, dass man die Zeitangaben um jeweils eine Minute kürzt. Mit der späteren Realität hat das aber nichts zu tun. Es ist eine reine Schönrechnerei, die Sie im Augenblick beruhigt, deren fatale Folgen Sie aber im Gottesdienst erleben werden. Ein alter Grundsatz heißt: Nie mehr als 90 % der Zeit verplanen. Die restlichen 10 % sind notwendiger Puffer. Wenn Sie also einen Gottesdienst von 60 Minuten zu gestalten haben, fügen Sie Programmpunkte mit einer Gesamtlänge von 54 Minuten ein. Die übrigen 6 Minuten werden mit Sicherheit dafür gebraucht, ungewollte Überlängen abzufangen. Wenn Sie ganz sicher sein wollen, erhöhen Sie den Anteil der Pufferzone auf 15 %. Wenn Sie Sorge haben, dass Sie zu früh fertig werden, halten Sie einfach ein Zusatzlied bereit. Aber lassen Sie sich sagen: Sie werden es mit größter Wahrscheinlichkeit nicht brauchen!

Wenn trotz sorgfältiger Planung die gewohnte Dauer deutlich überschritten wird, müssen Sie überlegen, ob eine Ausnahme für diesen etwas längeren Gottesdienst möglich ist oder ob Sie Punkte streichen und straffen müssen. Wenn wirklich vieles zusammenkommt, das nicht gekürzt werden kann, und wenn absehbar ist, dass der Gottesdienst eine Viertelstunde länger wird, sollten Sie das der Gemeinde von Anfang an mitteilen. »Liebe Geschwister, weil wir heute die Verabschiedung eines Gemeindegliedes und gleichzeitig vier Neuaufnahmen haben, wird der Gottesdienst vermutlich einige Minuten länger dauern. Bitte stellt Euch darauf ein.« Wenn eine »Verlängerung« nicht möglich ist, bleibt nur noch der Rotstift zum Kürzen. Streichen dürfen Sie natürlich keine notwendigen Standardelemente wie Begrüßung oder Segen und keine Punkte, die sensibel sind, weil Beteiligte sich sehr betroffen fühlen würden. Lieder lassen sich strophenweise verkürzen, eine Gebetsgemeinschaft kann in das Gebet eines Einzigen umgewandelt werden, und eventuell lässt sich ein Programmpunkt nach Absprache mit den Betroffenen (!) sogar auf den nächsten Sonntag verschieben.

4. Schritt: Die Reihenfolge aufstellen

Wenn der zeitliche Umfang der einzelnen Punkte feststeht, werden sie in die richtige Reihenfolge gebracht und zu einem in sich schlüssigen Programmverlauf zusammengefügt. Zwei Dinge sind dabei besonders wichtig. Das Programm muss eine innere Folgerichtigkeit haben und abwechslungsreich sein.

Unter der inneren Folgerichtigkeit verstehe ich, dass die Programmpunkte nicht wahllos aneinandergereiht werden, sondern dass sie einer inneren Logik folgen, die für die Gemeinde nachvollziehbar ist. Es macht beispielsweise wenig Sinn, die Ansagen unmittelbar vor der Predigt einzuplanen. Die Leute sollen auf das Wort Gottes ausgerichtet und nicht durch eine Menge an organisatorisch wichtigen Informationen davon abgelenkt werden. Es macht aber beispielsweise Sinn, durch ein Lied oder ein Anspiel auf die Verkündigung vorzubereiten. Eine innere Logik hat es, wenn auf die Ansagen, bei denen auch Geburtstagskinder und Kranke erwähnt werden, ein Gebet für die betreffenden Personen gesprochen wird. Sinnvoll ist es ebenfalls, auf die Predigt mit einem Lied, einem Chorlied oder einer Gebetsgemeinschaft zu antworten. Wenig sinnvoll dagegen ist es, die Predigt an den Schluss zu schieben, so dass sie direkt in den

Segen übergeht. Wenn es Ihnen gelingt, einen in sich schlüssigen Programmablauf zu entwickeln, wird die Gemeinde das registrieren und als harmonisch und schön empfinden. Brüche dagegen wirken störend und zerreißen den inneren Zusammenhang des ganzen Programms.

Die innere Zusammengehörigkeit der einzelnen Programmpunkte wird im Verlauf des Gottesdienstes nicht unbedingt von jedem erkannt. Deshalb sind überleitende und verbindende Sätze wichtig. Sie verhindern, dass jeder Punkt als ein in sich abgeschlossener und von den anderen losgelöster Block erlebt wird. Sie könnten von einer Textlesung zu einem Lied überleiten und sagen: »Nach dem Psalmwort, das ich eben gelesen habe, wollen wir jetzt das Lied Nummer 19 singen.« Sie können aber auch eine inhaltliche Brücke schlagen: »Das Psalmwort, das ich eben gelesen habe, hat uns zum Lob Gottes ermutigt. Das wollen wir jetzt auch gleich gemeinsam tun. Wir singen das Lied Nummer 19: ›Großer Gott, wir loben dich.‹ Lasst uns unseren Gott mit einem frohen und kräftigen Gesang ehren.« Der Zusammenhang und die innere Folgerichtigkeit des Programms werden jetzt für jeden sichtbar. Sie werfen der Gemeinde nicht nur ein paar Bauklötze vor die Füße. Sie helfen Ihr, das Gebäude zu sehen, das Sie zu Hause am Schreibtisch entworfen haben.

Zu einem ansprechenden Programm gehört auch, dass es abwechslungsreich gestaltet ist und keine langen, monotonen Phasen enthält. Gesang, Wortbeitrag, Aufstehen, Sitzen, Hören und Sehen sollten bunt gemischt sein. Dabei sind natürlich gewisse Blöcke von Beiträgen nicht ausgeschlossen. Sie müssen nicht nach jedem Wortbeitrag automatisch ein Lied singen lassen. Ein abwechslungsreiches Programm erhöht die Konzentration und verhindert vorschnelles Ermüden. Monotonie und Einförmigkeit dagegen schläfern ein. Sorgen Sie also im Programmablauf für eine bunt gemischte Palette unterschiedlicher Elemente. Die Gemeinde wird es Ihnen danken.

5. Schritt: Lieder und Texte auswählen

Nachdem der Programmablauf in seinen wesentlichen Grundzügen steht, geht es nun an die Feinarbeit. Dazu gehört, dass Sie die Lieder aussuchen, die die Gemeinde singen soll. Die Musikbeiträge sind ja an die entsprechenden Musiker vergeben. Von denen bekommen Sie nur noch die genauen Titel, damit sie auch diese eventuell in der Ankündigung nennen können. Auch Texte zur Schriftlesung müssen nun ausgewählt werden. Wenn Sie nicht alle Gebete frei formulieren, sondern auch gebundene Gebete einbeziehen möchten, werden die ebenfalls an dieser Stelle ausgesucht. Wie das im Einzelnen geschieht, wird in den jeweiligen Abschnitten im Kapitel »Bausteine des Gottesdienstes« beschrieben.

6. Schritt: Details mit den Beteiligten absprechen

Die Vorbereitung eines Gottesdienstablaufs kostet auch einige Zeit für Absprachen mit am Programm beteiligten Personen. Ob der Chor wirklich singen kann oder nicht, wissen Sie erst, wenn Sie den Chorleiter angerufen haben. Um herauszubekommen, welche Lieder er ausgewählt hat, ist vielleicht noch ein zweites Telefonat erforderlich. Sie sollten auf alle Fälle klären, ob ein Klavierspieler oder ein Organist zur Verfügung steht,und ihm die Lieder nennen. Eventuell müssen auch noch Zuständigkeiten geklärt werden. Wenn beispielsweise ein Gemeindemitglied mit Blumen verabschiedet werden soll, müssen Sie wissen, wer den Strauß besorgt. Wird ein neuer Mitarbeiter als Leiter der Hauskreisarbeit vorgestellt und wird anschließend für ihn gebetet, sollten Sie ebenfalls wissen, wer das Gebet übernimmt. Am Ende sind Sie es, und Sie wussten von nichts. Als Grundsatz gilt: Möglichst wenig dem Zufall überlassen. Bis in die Details planen. Lieber einmal zu viel anrufen als einmal zu wenig. Für unangenehme Überraschungen bleibt trotzdem noch Spielraum genug.

7. Schritt: Moderation einplanen

In Ihrem Programmablauf stehen nun die einzelnen Programmpunkte ordentlich hintereinander. Die Frage ist, ob Sie zwischen jedem Element nach vorne kommen und etwas sagen müssen. Manche Gottesdienstleiter sind wie Stehaufmännchen. Nach jedem Punkt tauchen sie ab, um vor dem nächsten wieder fröhlich lächelnd vorne zu erscheinen. Diese Art der Gottesdienstleitung ist ziemlich aufdringlich und zeitaufwendig. Es gibt eine ganze Reihe von Nahtstellen, an denen der Gottesdienstleiter überhaupt nicht sichtbar werden muss. Wenn Sie dem Chorleiter sagen, dass er nach den Ansagen an der Reihe ist, brauchen Sie gar nicht erst nach vorne zu kommen, um ihn anzusagen. Er macht sich von alleine auf den Weg. Anders wäre das, wenn Sie das Lied aus einem bestimmten Grund unbedingt »einleiten« wollten. Aber vielleicht kann oder will der Chorleiter das auch selber tun. Der Prediger kann die Gemeinde im Anschluss an seine Botschaft direkt zu einer Gebetsgemeinschaft einladen. Es ist nicht nötig, dass Sie selbst diese Ansage machen. Sie springen nur dann ein, wenn der Verkündiger im Eifer des Gefechts seine Ansage vergessen hat und Sie hängen lässt.

Wenn Sie sicher sein wollen, dass die Stellen ohne Moderation reibungslos vonstatten gehen, drücken Sie den Beteiligten einfach eine Kopie Ihres Programms in die Hände. Dann haben sie ihren Part vor Augen und werden ihn vermutlich nicht übersehen. Vor allem Zusammengehöriges sollten Sie nicht durch eine Zwischenmoderation auseinanderreißen. Wenn für jemanden, der sich verabschiedet hat, ein Gebet gesprochen wird, brauchen Sie nicht dazwischenzugehen, um anzukündigen, dass jetzt noch ein Bruder aus der Gemeindeleitung für den Betreffenden betet.

8. Schritt: Die Inhalte moderatorischer Beiträge ausarbeiten

Die Stellen, an denen Sie Text sprechen müssen, sollten Sie inhaltlich durchdenken und nicht dem Zufall überlassen. Gerade die vermeintlich »einfachen« Sätze, mit denen die Programmpunkte verbunden werden, fallen oft sehr unbeholfen aus, weil sie in der Vorbereitung nicht beachtet wurden. Wenn Sie sich aber ein paar Stichworte in Ihr Konzept übertragen, sitzen auch diese kurzen Überleitungstexte. Unter dem Stichwort »Begrüßung« könnte man beispielsweise die Personen oder Personengruppen, die man auf keinen Fall vergessen darf, auflisten. Die Angaben zum Gastredner werden ebenfalls im Programmraster stichwortartig festgehalten.

Für die Gemeinde kann es gelegentlich wichtig sein, dass sie auf ungewohnte Änderungen im Gottesdienst hingewiesen wird. Wenn Sie beispielsweise die Kollekte immer beim ersten gemeinsamen Lied einsammeln lassen, nur heute nicht, werden viele unruhig werden. Vielleicht bekommen Sie sogar unerwartete und lautstarke Schützenhilfe: »Willi, Du hast vergessen, die Kollekte einzusammeln.« Sie sind dann zu einer Gegendarstellung herausgefordert: »Nein, Fritz, die kommt heute ausnahmsweise beim Schlusslied dran.« »Ach, so. Danke, dass du das sagst. Ich dachte schon, ich hätte mein Portemonnaie umsonst mitgebracht.« Hätten Sie gesagt: »Wir singen Lied Nummer 21. Die Kollekte sammeln wir heute ausnahmsweise erst beim Schlusslied ein«, hätte es keine Missverständnisse gegeben. Wenn der Prediger dann über den Zehnten spricht, weiß jeder, welchen Sinn die außergewöhnliche Umstellung im Programmablauf hatte. Auch solche Kleinigkeiten müssen überlegt und stichwortartig ins Konzept aufgenommen werden, damit sie nicht untergehen.

Über verbindende Sätze und kurze Handlungsanweisungen hinaus kann es einzelne Punkte geben, die Sie besonders ausführlich und gründlich vorbereiten müssen. Sie haben zwar nicht unmittelbar etwas mit der Ausarbeitung des Programms zu tun. Aber sie ergeben sich aus ihm. Ich denke beispielsweise an einen Anriss des Gottesdienstthemas oder an die Ausarbeitung von Fragen für ein mögliches Interview oder an das Zusammenstellen der Ansagen und Abkündigungen. Wenn Sie also mit dem Programmentwurf schon lange fertig sind, kann durchaus noch weitere Arbeit auf Sie warten.

9. Schritt: Das Programmraster erstellen

Nachdem Sie alle Fakten geklärt haben, können Sie nun das Programm fertig stellen. Es hat sich bewährt, alle Daten in einer Tabelle einzutragen. Dieses Raster enthält die jeweilige Nummer des Punktes, seinen Inhalt, den oder die Verantwortlichen, Bemerkungen, die Dauer und eventuell noch die absolute Zeit. Ein Beispiel:

Nr.	*Inhalt*	*Verant- wortlich*	*Bemerkungen*	*Länge*	*Zeit*
1.	Begrüßung	Müller	Gastprediger vorstellen	4	10.00-10.04
2.	Gemeinsames Lied: Wunderbarer König, Nr. 13, alle Verse	Klavier Schmidt		4	10.04-10.08
3.	Textlesung Psalm 100	Müller	aufstehen lassen	2	10.08-10.10
4.	Chorlied	Sängerle		5	10.10-10.15
5.	...				

Dieses Raster enthält noch nicht die Texte der Zwischenmoderationen. Es eignet sich als Grundraster für Sie und dient als Kopiervorlage für alle, die am Programm beteiligt sind. Weiteres zum Konzept und wie Sie damit umgehen finden Sie im Kapitel »Das Konzept« weiter hinten im Buch.

10. Schritt: Das Programm auf Stimmigkeit überprüfen

Zum Abschluss legen Sie Ihren Programmentwurf zur Seite und überschlafen ihn. Am nächsten Tag wird er einer kritischen Prüfung unterzogen und von eventuellen »Unreinheiten« und Ungereimtheiten, die einem erst aus der Distanz auffallen, geläutert. Wenn Sie nicht auf den letzten Drücker geplant haben, ist das Korrekturlesen noch möglich. Mir hilft es sehr, wenn ich mich gedanklich in den Gottesdienst hineinbegebe und mir alles wie in einem Planspiel bis in die Details vorzustellen versuche. »Also, wenn der Chor sein Eingangslied gesungen hat, warte ich, bis der letzte Sänger an seinem Platz ist. Ingo, der den Notenständer als Dirigentenpult benutzt hat, stellt mir das Ding an die richtige Stelle und baut auch das Mikrofon wieder auf. Dann gehe ich nach vorne. Ich nehme alles mit, was ich brauche, und lasse die Sachen auf dem Notenständer liegen. Leute nett anschauen und rein in die Begrüßung. Die Angaben zu den speziellen Gästen und zum Gastprediger habe ich im Konzept stehen. Wenn ich dann das erste gemeinsame Lied ansage, darf ich nicht vergessen, darauf hinzuweisen, dass die Kollekte später eingesammelt wird . . .« Im Laufe eines solchen Gedankenspiels werden Sie immer wieder aufschrecken und denken: »Au weia, das hätte ich beinahe übersehen.« Wichtig ist, dass Sie aus der Sicht der Gemeinde denken: »Was könnte missverstanden werden?« »Welche Anweisung muss ich an dieser Stelle unbedingt geben, damit keine Unsicherheit entsteht?« »Auf welche Gedanken könnten Gäste kommen, die unsere Gepflogenheiten nicht kennen?« Je gründlicher Sie Ihre Planung Korrektur lesen, desto weniger »kleine Füchse« werden sich darin verstecken können. Die Mühe lohnt sich!

Die Kunst der Improvisation

»Erstens kommt es anders, und zweitens als man denkt.« Wer jemals einen Gottesdienst oder eine andere Veranstaltung geleitet hat, weiß, wie viel Wahrheit in diesen Worten liegt. Alles war so genau und gewissenhaft geplant. Jeder Beitrag saß an der richtigen Stelle. Alles war mit den Beteiligten abgesprochen. Aber was nutzt das beste Programm, wenn nachher doch alles ganz anders kommt!? Erst melden sich sieben Gemeindeglieder, die alle noch eine wichtige Ansage unterbringen wollen. Dann erklärt der Chorleiter, dass er leider statt der versprochenen zwei Lieder nur eines einüben konnte. Dann fängt der Gottesdienst vier Minuten später an, weil die Mikrofonanlage kurzfristig und wieder einmal völlig überraschend ausgefallen ist. Das neue Gemeindeglied, das heute aufgenommen werden soll, hatte sich aus irgendeinem unerklärlichen Grund nicht eingefunden. Dafür entwickelt sich das »kurze« Grußwort des Überraschungsgastes zu einer ausgewachsenen Predigt. Dann stellt sich heraus, dass der eigentliche Prediger sich geleitet fühlt, einen anderen Text zu wählen, er hat sich aber offensichtlich nicht in gleichem Maße geleitet gefühlt, Sie rechtzeitig darüber zu informieren. Ihr ganzes Rahmenprogramm läuft nun am Inhalt der Botschaft vorbei. Und um allem noch ein Sahnehäubchen aufzusetzen, müssen Sie den ganzen Gottesdienst über mit dem Gewimmer eines Kleinkindes fertig werden, dessen Mutter einfach den Weg in den gut schallisolierten Mutter-Kind-Raum nicht finden will. Wenn Sie nicht über starke Nerven verfügen und die Kunst der Improvisation Ihnen fremd ist, werden Sie bei diesem »Wahnsinnsprogramm« untergehen.

Weil es in jedem Bereich des Gottesdienstes zu Pannen kommen kann, muss sich ein Gottesdienstleiter darauf einstellen, jederzeit und an jedem Punkt schnell einzugreifen und zu improvisieren. Wie jemand mit solch spontanen Veränderungen umgeht, hängt von seiner Persönlichkeit und von seiner Erfahrung ab. Es gibt Menschen, die ihrem ganzen Wesen nach sehr flexibel sind und sich innerhalb weniger Momente auf eine neue Situation einstellen können. Manchen macht das sogar Spaß. Sie genießen es, wenn Überraschendes geschieht. Für die Leitung eines Gottesdienstes ist das natürlich eine hervorragende Eigenschaft. Man sollte sich durch sie allerdings nicht dazu verführen lassen, in der Planung nachlässig zu werden. »Das regelt sich schon alles. Nur keine Panik!«

Andere tun sich schwer. Wenn nicht alles genauso eintritt, wie sie es zu Hause geplant haben, kommen sie ganz leicht ins Schleudern und wissen sich kaum zu helfen. Mit zunehmender Erfahrung wächst aber auch bei ihnen die Fähigkeit zum Improvisieren. Wenn Sie schon manche heikle Situation durchgestanden haben, wissen Sie, dass es einen Weg aus dem Engpass gibt. Eine ganze Reihe von Tipps zum erfolgreichen Improvisieren finden Sie im nächsten Haupt-Kapitel bei den jeweiligen »Bausteinen des Gottesdienstes«. Dazu gehören beispielsweise Schwierigkeiten mit dem Singen, Unruhe durch Kinder und anderes mehr. An dieser Stelle möchte ich auf einige grundsätzliche Probleme eingehen, die Ihre Fähigkeit zur Improvisation herausfordern.

1) Die Zeit verrinnt und kehrt nie mehr zurück

Am häufigsten kommt der Gottesdienstleiter dadurch ins Schwitzen, dass der Zeitplan völlig aus den Fugen gerät und der Gottesdienst wieder einmal viel zu lang zu werden droht. In der Regel sind folgende Ursachen dafür verantwortlich:

- unangemeldete Beiträge jeglicher Art;
- zeitlich entgleiste Wortbeiträge wie Grußworte, Verabschiedungen oder Zeugnisse;
- endlos lange Ansagen;
- überlange Liedvorträge oder Musikbeiträge, besonders wenn es sich um mehrsätzige klassische Musikstücke handelt;
- die zeitlich aus den Fugen geratene Predigt;
- vom Gottesdienstleiter selbstverschuldet: ein ausufernder Leitungsstil mit zu vielen Zwischenmoderationen.

Obwohl jede dieser Ursachen ein unterschiedliches Vorgehen erfordert, gibt es doch einige Leitlinien, die Ihnen bei der Bewältigung des Zeitproblems helfen können.

Zunächst einmal sollten Sie sich um einen pünktlichen Beginn des Gottesdienstes bemühen. Was Sie vorne nicht verschenken, haben Sie am Ende als Spielraum zur Improvisation gewonnen. Wenn der Gottesdienst um 10 Uhr beginnt, sollten Sie auch um Punkt 10 Uhr am Mikrofon stehen und die Gemeinde begrüßen. Oft höre ich die Klage: »Unsere Gemeindeglieder sind einfach nicht gewohnt, pünktlich zu kommen. Es ist ein Elend. Wir können heute wieder erst fünf Minuten später anfangen.« Pünktlichkeit ist eine Erziehungssache. Wenn Sie immer auf die Letzten warten, fehlt denen jeder Anreiz, pünktlich zu kommen. »Die fangen ja sowieso noch nicht an.« Die Dummen sind wieder einmal die Gewissenhaften, die sich rechtzeitig auf den Weg gemacht haben. Nur wer merkt, dass er zu spät ist, wird sich überlegen, beim nächsten Mal früher zu erscheinen. Je unpünktlicher Ihre Gemeinde ist, desto pünktlicher fangen Sie an. Und je pünktlicher Sie anfangen, desto mehr Spielraum haben Sie für unerwartete Überlängen.

Um Pannen schon im Vorfeld vorzubeugen, sollten Sie den am Programm Beteiligten niemals einen zeitlichen Freibrief geben. »Nimm dir so viel Zeit, wie du brauchst.« »Du hast so ungefähr fünf Minuten, es macht auch nichts, wenn es etwas länger wird.« Die meisten werden Ihre Großzügigkeit schamlos ausnutzen und ihre Zeit deutlich überziehen. Mit einer genauen Zeitangabe (»Du hast drei Minuten, nicht mehr!«) machen Sie deutlich, dass es Ihnen auf Genauigkeit ankommt. Wenn Sie keine zeitlichen Grenzen setzen, müssen Sie sich nicht wundern, wenn andere

Ihre lockeren Angaben als »unverbindliche Empfehlung« interpretieren. Ganz Verwegene werden sich aber selbst von genauen Zeitvorgaben nicht ausbremsen lassen: »Man hat mir zwar nur drei Minuten Zeit gegeben. Aber ich muss doch etwas länger ausholen. Also ...« Solche Unverfrorenheiten lassen sich nur durch ein ebenso entschiedenes Auftreten meistern, wobei der Gottesdienstleiter meist in der moralisch schlechteren Position ist.

Sehr zurückhaltend sollten Sie damit sein, unangemeldete Beiträge »noch ganz schnell« ins Programm hineinzunehmen. Natürlich gibt es Unerwartetes, auf das man unbedingt eingehen muss. Aber vieles, was Ihnen als »ganz wichtig« und »unbedingt nötig« angetragen wird, entpuppt sich bei näherem Hinsehen als Sache, die problemlos bis zum nächsten Sonntag warten und dort von Anfang an eingeplant werden kann. Die drei Jugendlichen, die Samstagnacht von einem Missionseinsatz zurückgekommen und noch gar nicht richtig wach sind, können ihren Bericht getrost auch eine Woche später geben. Bis dahin haben sie Zeit, sich genau zu überlegen, was sie sagen wollen. Nicht alles, was noch spontan ins Programm hineingepackt werden könnte, dient dem Gottesdienst wirklich.

Wenn jemand die angegebene Zeit deutlich überschreitet, müssen Sie sich auch nicht scheuen, diejenige Person sanft zu stoppen und in ihre Schranken zu weisen. Das geschieht zunächst ganz dezent durch ein optisches Zeichen, das Sie in Richtung Dauerredner geben. Wenn das nicht fruchtet, können Sie aufstehen und sich langsam neben den »Zeitsünder« stellen. Wenn auch das nicht hilft, bleibt Ihnen nur eine lockere und ungezwungene Bemerkung. »Ich sehe, Bruder Meier hat so vieles erlebt, er könnte uns bestimmt noch viele weitere Erfahrungen mitteilen. Leider haben wir heute die Zeit nicht dazu ...« Wichtig ist, dass Sie immer freundlich, nett und höflich bleiben, niemanden in der Öffentlichkeit bloßstellen und auch durch eine vermeintlich »lustige« Anmerkung nicht verletzend wirken. Besonders vorsichtig muss man bei Rednern sein, die allgemein in hohem Ansehen stehen oder die von sehr weit eigens zu einem Programmbeitrag angereist sind. Auch sie haben keinen Freibrief für Überlänge, aber die Gemeinde bringt in der Regel mehr Verständnis für sie auf.

Wenn Sie durch die unerwartete Verlängerung des Gottesdienstes in Zeitnot geraten sind, müssen Sie Ihre Verlegenheit nicht öffentlich herausstellen. Damit verraten Sie entweder Ihre Unfähigkeit, ein vernünftiges Programm auf die Beine zu stellen und durchzustehen, oder Sie stellen jemanden bloß, der sich plötzlich als der Schuldige empfinden muss. Wenn Sie ständig über die Zeitnot klagen, übertragen Sie Ihre Nervosität auch noch auf die Gemeinde, die das Problem jetzt erst richtig intensiv empfindet. Keiner muss wissen, was in Ihnen vorgeht und wie sehr Sie ins Schwitzen gekommen sind. Für die Gemeinde ist wichtig, dass der Gottesdienst abgerundet und abgeschlossen wirkt.

Wenn absehbar ist, dass der Gottesdienst viel zu spät endet, müssen Sie zum letzten Mittel greifen, nämlich dazu, Programmpunkte zu kürzen. Als Faustregel gilt, dass zuerst das gestrichen wird, was am wenigsten wichtig ist und am meisten Zeit einbringt. So können Sie beispielsweise ein gemeinsames Lied streichen oder es auf ein oder zwei Verse verkürzen. Sie können Ihre überleitenden Sätze auf ein Minimum reduzieren und dadurch Zeit gewinnen. Einer Gebetsgemeinschaft können Sie Länge nehmen, indem Sie nur zwei oder drei zum Gebet auffordern. Ein »zeitloser« Beitrag, der ohne Probleme auch am kommenden Sonntag gegeben werden kann, wird ersatzlos gestrichen. Natürlich tun solche Eingriffe weh. Aber es ist besser, sein Ziel mit einem blauen Auge zu erreichen, als mit zwei gesunden ins Chaos zu schlittern. Zurückhaltung beim Streichen ist angesagt, wenn einzelne Personen oder Gruppen sich persönlich sehr getroffen zeigen könnten. Wenn der Chor beispielsweise drei Wochen lang für das Abschlusslied geübt hat, wäre es eine Katastrophe, gerade das weglassen zu wollen. Als unverzichtbar sehe ich auch zumindest eine abschließende Liedstrophe und das Abschlussgebet bzw. den Segen. Der Gottesdienst darf nicht unvermittelt ins Nichts auslaufen.

2) Peinlich, peinlich, aber wahr!

Gelegentlich stellt sich auch die Aufgabe, peinliche Momente zu überbrücken. Ein Gemeindeglied, das ein Zeugnis geben wollte, bringt vor innerer Erregung kein Wort heraus und steht weinend vor der Gemeinde. Der Chor verrennt sich in seiner Darbietung und verlässt verstört die Bühne. Ein Gastprediger sucht verzweifelt nach dem Schalter für die

Pultbeleuchtung und stößt dabei den Blumenschmuck von der Kanzel. Weil es viele Situationen gibt, die jeweils etwas Einmaliges haben, gibt es auch kein Geheimrezept, mit dem Sie alle sicher meistern können. Wichtig ist, dass Sie peinliche Momente entschärfen. Der »Übeltäter« oder »Pechvogel« wird es Ihnen ebenso danken wie die verlegen oder belustigt dreinschauende Gemeinde.

Manche Peinlichkeiten meistern Sie am besten dadurch, dass Sie sie geflissentlich übergehen, nach dem Motto: »Tun wir so, als hätten wir es gar nicht bemerkt.« Wenn dem Dirigenten beispielsweise der Notenständer umfällt, richten Sie ihn einfach wieder auf, ohne dass Sie im Anschluss an den Chorbeitrag auf den Vorfall zu sprechen kommen. Entschuldigungen oder Erklärungen können eine Sache erst recht ins ungünstige Licht rücken. Wenn Beiträge völlig verunglückt sind, können Sie den Beteiligten trotzdem ein Dankeschön für die Mühe sagen, die sie sich gemacht haben. Nicht jeder hat den Mut, vor versammelter Mannschaft ein Lied zum Besten zu geben oder ein Zeugnis zu sagen. Manche Situationen können auch durch eine humorvolle Wendung abgefangen werden. Sie darf natürlich nicht zu Lasten des armen Pechvogels gehen, der neben seiner Pleite nun auch noch den Spott des Gottesdienstleiters und der Gemeinde über sich ergehen lassen muss. Mit solchen Lieblosigkeiten werden Sie zu Recht bei vielen Gemeindegliedern Minuspunkte sammeln. Sie müssen sich dann nicht wundern, wenn sich keiner mehr am Programm des Gottesdienstes, den Sie leiten, beteiligen will.

Sie sollten im Gegenteil jedem das Gefühl geben, dass er bei Ihnen auch mit seinen Ungeschicklichkeiten und Begrenzungen gut aufgehoben und sicher ist.

3) Wenn die gesunde Lehre auf der Strecke bleibt

Ihre spontane Reaktion als Gottesdienstleiter kann auch gefragt sein, wenn innerhalb des Gottesdienstes theologisch Problematisches oder Falsches in einem solchen Ausmaß gesagt wird, dass Sie sich unbedingt dazu äußern müssen. Wenn das jemals der Fall sein sollte, dann ergibt es sich meistens aus Zeugnisberichten oder aus der Predigt.

Bevor Sie in einem solchen Fall wirklich eingreifen, müssen Sie ganz sicher sein, dass es sich um eine gravierende Falschaussage handelt, die einen unmittelbar negativen Einfluss auf die Gemeinde zur Folge hat. Für den Betreffenden ist es frustrierend, wenn er wegen theologischer Spitzfindigkeiten öffentlich zur Rechenschaft gezogen wird. Sie selbst wirken kleinkariert, engstirnig und lieblos, wenn Sie theologische Bagatellen vor allen Leuten auf diese Weise ahnden. Manche theologisch einseitigen Kleinigkeiten sind vielen aus der Gemeinde wahrscheinlich nicht einmal aufgefallen. Und die wenigsten, die ein Zeugnis geben, sind in der Lage, es theologisch sauber zu durchdenken und auszuformulieren. Aber darauf kommt es in einem Erfahrungsbericht ja auch nicht unbedingt an. Wenn Sie wirklich an einem Zeugnis etwas richtig stellen müssen, sollten Sie nicht die beschriebene Erfahrung als solche in Zweifel ziehen, sondern deren theologische Interpretation. Was einer erlebt hat, hat er erlebt. Wie einer das Erlebte deutet, das ist eine ganz andere Frage.

Auch bei theologischen Richtigstellungen kommt es auf den Tonfall und die innere Haltung an. Sie müssen einen Verkündiger nicht unmittelbar angreifen und der Gemeinde sagen, dass er sich geirrt hat. Wenn Sie Unruhe in der Gemeinde gespürt haben, sollten Sie den armen Prediger auch nicht so lange uminterpretieren, bis seine Aussage nicht mehr wiedererkennbar ist. »Herr Meier meinte bestimmt . . .« Dann folgt eine Nachpredigt, die alles noch schlimmer macht. Für einen Verkündiger ist es natürlich interessant zu hören, was ein anderer meint, dass er gemeint habe. Aber die Gemeinde wird sich so schnell nicht hinter das Licht führen lassen. Am besten ist es, wenn Sie höflich darauf hinweisen, dass diese Frage unterschiedlich betrachtet wird und dass der Verkündiger offensichtlich einer Auslegung folgt, die in Ihrer Gemeinde nicht so vertreten wird. Oftmals handelt sich es auch einfach um eine missverständliche Ausdrucksweise. In diesem Fall könnten Sie während des folgenden Liedes mit dem Verkündiger Rücksprache halten und ihn bitten, die ungeschickt formulierte Aussage mit einem Satz noch einmal kurz richtig zu stellen.

Bleiben Sie aber, wenn Sie eine theologisch problematische Aussage korrigieren müssen, immer höflich und freundlich und stellen Sie den Betreffenden nicht bloß. Ein Dank für die vielen anderen, Gewinn bringenden Worte ist immer angebracht.

4) Von Nothelfern und Störenfrieden

Gelegentlich kommt es vor, dass Störenfriede von den Sitzreihen aus in das Programm eingreifen. Dies geschieht zwar äußerst selten und vorwiegend in evangelistischen Veranstaltungen. Aber wenn es dann soweit ist, kann es umso schwieriger werden.

Die meisten Störungen dieser Art sind durchaus gut gemeint, beispielsweise wenn lautstarke Zustimmung geäußert wird oder die Gemeinde dem Gottesdienstleiter zu Hilfe kommen will. Meistens muss man auf solche Zurufe gar nicht reagieren. Nur wenn die ungebetenen »Nothelfer« sich immer und immer wieder zu Wort melden, könnte man mit einem etwas strengeren Blick oder zur Not auch mit einer Bemerkung für Ruhe sorgen.

Es gibt aber auch Leute, die mit dem Inhalt des Programms nicht einverstanden sind und ihrem Unwillen lautstark Luft machen. Dann wird es ernst. Wichtig ist auch hier, dass Sie durch Ihre Reaktion die Situation nicht aufschaukeln, sondern entschärfen. Das gelingt, wenn Sie der betreffenden Person höflich und sachlich begegnen und sich nicht persönlich angegriffen fühlen. Auf eine öffentliche Diskussion sollten Sie sich auf keinen Fall einlassen. Laden Sie zu einem offenen Gespräch im Anschluss an den Gottesdienst ein und machen Sie deutlich, dass sich die anderen Gottesdienstbesucher offensichtlich gestört fühlen. Zur Not müssen Sie die Person höflich bitten, den Saal zu verlassen. Fruchtet alles nichts, müssen einige liebevolle, aber kräftige und entschlossene Brüder einspringen und dem Besucher den Weg zur Tür zeigen. Die entstandene Unruhe fangen Sie am besten durch ein gemeinsames Lied auf. Das unterbricht zwar das Programm, aber es hat wenig Sinn, stur nach Plan fortzufahren, wenn die Gemeinde gedanklich bei den aufregenden Geschehnissen hängen bleibt. Leute, die als »Wiederholungstäter« bekannt sind, sollten Sie vor dem Gottesdienst ansprechen und sie auf die störende Wirkung ihres Verhaltens hinweisen. Bedenken Sie, dass besonders Gäste sehr genau beobachten, wie Sie mit Störenfrieden umgehen. Sie werden aus Ihrer Reaktion Rückschlüsse auf Ihren Charakter, Ihre geistliche Kompetenz und eventuell auch auf die Verfassung Ihrer Gemeinde ziehen. Es kommt deshalb sehr darauf an, dass Sie besonnen und beherrscht reagieren und das Gebot der Liebe nicht verletzen. Beim Improvisieren gilt immer der

Grundsatz: Ruhe bewahren. Erst nachdenken, dann handeln! Mit diesem Rezept werden Sie auch die schwierigsten Situationen meistern.

5) Der Supergau: »Wo bleibt der Prediger?«

Der »größte anzunehmende Unfall«, eben: der Supergau, und der Alptraum eines Gottesdienstleiters ist die Vorstellung, dass der Prediger ihn hängen lässt und nicht zum Gottesdienst erscheint. Ob der liebe Predigtbruder den Termin vergessen hat, mit dem Auto im Schneegestöber stekken geblieben ist, das Gemeindehaus nicht gefunden hat, eine andere Uhrzeit im Kopf gehabt hat oder noch auf dem Weg ist, das alles spielt in einem solchen Moment eine untergeordnete Rolle. Entscheidend ist die Tatsache, dass er weder zu Beginn des Gottesdienstes noch zum Zeitpunkt seiner Predigt verfügbar ist. In einer solchen Situation ist guter Rat teuer. Wie soll man eine Zeitspanne von rund dreißig Minuten sinnvoll überbrücken?

Wenn Sie ganz sicher gehen wollen, können Sie am Samstag den Verkündiger kurz anrufen und fragen, ob für morgen alles in Ordnung geht. Wenn es ein Gast ist, nennen Sie ihm noch einmal die genaue Uhrzeit und fragen, ob er den Weg gut kennt. Falls Sie in diesem Gespräch auf ein Problem stoßen, können Sie es noch rechtzeitig lösen.

Schwieriger wird es, wenn Sie mit dem Gottesdienst beginnen müssen und der Verkündiger noch nicht eingetroffen ist. Bleiben Sie zunächst optimistisch und hoffen Sie, dass er sich nur um ein paar Minuten verspätet und noch rechtzeitig zur Predigt eintrifft. In diesem Fall müssen Sie sich gar nichts anmerken lassen und die Gemeinde auch nicht durch eine Ansage beunruhigen. Viele werden die heikle Situation gar nicht bemerkt haben. Wenn es dann später und später wird, können Sie Programmpunkte aus der Zeit nach der Predigt vorverlegen, beispielsweise die Ansagen, die für den Schluss geplant waren. Sie können von einem Lied mehr Strophen als geplant oder sogar ein neues Lied zusätzlich singen lassen. Wenn dann absehbar ist, dass der Prediger wirklich nicht mehr erscheint, müssen Sie ein Notprogramm auf die Beine stellen. Die erste Maßnahme wäre, nach einem Alternativprediger Ausschau zu halten. Wahrscheinlich haben Sie sich schon längst überlegt, ob Sie nicht selbst einspringen können. Vielleicht gibt es jemanden unter den Gottesdienstbesuchern, den Sie um eine Predigt bitten können, während die Gemeinde singt. Sagt der ab, können Sie Ihre Notlage öffentlich machen und fragen, ob jemand spontan »ein Wort« hat. In vielen, besonders in freikirchlichen Gemeinden wird sich auf diese Frage hin relativ schnell jemand finden. Keiner wird dem Ersatzprediger böse sein, wenn sein Vortrag nicht so geschliffen und durchdacht ist, wie man es sonst von einer Predigt erwartet. Aber selbst wenn sich niemand findet, brauchen Sie den Gottesdienst nicht vorzeitig abzubrechen. Sie können ...

- Wunschlieder singen lassen,
- eine intensive Gebetsgemeinschaft mit vorherigem Sammeln von Anliegen anregen,
- Gelegenheit zu Zeugnissen und Erfahrungsberichten geben,
- eine längere Textlesung halten und dabei eventuell sogar einen ganzen neutestamentlichen Brief von wenigen Kapiteln Länge einfach nur vorlesen (Wann hat es so etwas schon einmal gegeben?) oder
- alle vier genannten Möglichkeiten zu einem abwechslungsreichen Alternativprogramm vereinen.

Wenn es Ihnen gelingt, ruhig zu bleiben und aus der Not eine Tugend zu machen, kann es gut sein, dass die Gemeinde dem Prediger für sein Versäumnis dankbar ist und Sie fragt, ob man einen Gottesdienst nicht öfter auf diese schöne und abwechslungsreiche Weise gestalten könnte.

Sehr zurückhaltend sollten Sie damit sein, den säumigen Prediger öffentlich zu rügen: »Ja, ja. Ich habe schon zu meiner Frau gesagt, dass ich gespannt bin, ob Bruder Unzeit pünktlich kommt. Vor drei Jahren hat er mich schon einmal sitzen lassen. Sehr geistlich ist das nicht.« Tatsächlich wissen Sie nicht, aus welchem Grund Ihr Bruder Unzeit nicht gekommen ist. Sie sollten lieber in der Gemeinde Verständnis für ihn wecken. Weil auf der betreffenden Person sonst immer der Hauch der Unzuverlässigkeit hängen bleibt, wäre es gut, wenn Sie sich in der Woche nach dem Bruder erkundigen und vielleicht am nächsten Sonntag die Gemeinde kurz informieren. »Ich habe letzte Woche mit seiner Frau telefoniert. Er ist ganz überraschend mit einer Nierenkolik ins Krankenhaus eingeliefert worden und konnte uns nicht mehr rechtzeitig informieren. Wir wollen für ihn beten.« Es kann natürlich auch sein, dass Sie sich entschuldigen müssen: »Es tut mir ganz herzlich leid. Ich habe unserem Prediger ein falsches Datum genannt. Es war nicht seine Schuld, dass er nicht kam. Aber ich habe gleich einen neuen Termin vereinbart.« Der »ungeklärte Fall« hat sich damit aufgelöst und kann hoffentlich zu den Akten gelegt werden.

Bausteine des Gottesdienstes

Ein Gottesdienst lässt sich mit einem Gebäude vergleichen, das aus vielen einzelnen Elementen zusammengesetzt ist. Jedes erfüllt eine andere Funktion, aber alle zusammen bilden eine große Einheit.

Der Programmentwurf ist gleichsam der Bauplan, mit Hilfe dessen jeder Stein an der richtigen Stelle eingefügt wird. Erst wenn man die Eigenarten jedes Bauteils gut kennt und genau weiß, wie man mit ihm umzugehen hat, kann das spätere Gebäude ohne Risse und Fugen dastehen.

In diesem zweiten Hauptteil des Buches möchte ich Ihnen die wichtigsten Gottesdienstelemente vorstellen. Von der Begrüßung bis zum Abschlusssegen werden wir alles bedenken, was Ihnen für eine gute Leitung nützlich und hilfreich sein kann. Im überwiegenden Teil aller Gottesdienste, die Sie zu leiten haben, werden Sie mit diesen Bausteinen völlig auskommen. Natürlich gibt es Gottesdienste, die einen ganz speziellen Anlass haben oder in denen »außergewöhnliche Dinge« geschehen. Dazu zählen beispielsweise Taufen, Segnungen, Hochzeiten, Beerdigungen und anderes. Es würde den Rahmen dieses Buches sprengen, wenn ich darauf eingehen würde, zumal die gemeindlichen, konfessionellen und theologischen Unterschiede gerade in diesen Bereichen oft so groß sind, dass eine einheitliche Besprechung überhaupt nicht möglich ist. Wenn Sie die folgenden Kapitel aber durchdenken und in Ihrer Praxis aufgreifen, werden Sie für den »Normalfall« und darüber hinaus gerüstet sein.

Das Ansingen

Wenn der Gottesdienst um 10 Uhr beginnt, muss das nicht heißen, dass es auch wirklich erst zu diesem Zeitpunkt losgeht. In vielen Gemeinden ist es üblich, ein sogenanntes »Ansingen« als inoffiziellen Programmpunkt vorzuschalten. Unter Leitung eines kleinen musikalischen Teams können sich alle, die schon Platz genommen haben, mit einigen Liedern auf den Gottesdienst einstimmen. Wer während des Ansingens hinzukommt, schließt sich dem Gesang einfach an – oder auch nicht. Etwa fünf bis zehn Minuten dauert dieses Ansingen, bevor der Gottesdienstleiter dann mit der Begrüßung den offiziellen Startschuss gibt und mit seiner eigentlichen Aufgabe beginnt.

1) Heiß geliebt und heiß umstritten

Über Vor- und Nachteile dieser musikalischen Form des Gottesdienstbeginns gibt es kontroverse Ansichten und manchmal sogar richtig dicken Ärger in der Gemeinde. Und tatsächlich halten sich Für und Wider ziemlich die Waage. Wer sich für das Ansingen ausspricht, führt meist folgende Argumente zu Felde:

- Das Ansingen überbrückt die oft unruhige und redselige Zeit vor dem Beginn des Gottesdienstes.
- Das Ansingen schafft eine lockere und ungezwungene Atmosphäre. Gemeindeglieder und besonders Gäste treten nicht in die kühle Stille einer schweigenden Gemeinde ein, sondern werden herzlich empfangen.
- Mit den Liedern, die gesungen werden, stimmt sich die Gemeinde auf den Gottesdienst ein.
- Das Ansingen ist eine Anbetung Gottes, und warum sollte die Gemeinde ihn nicht schon einmal mit einigen Liedern preisen.

Die Gegner des Ansingens können ihre Position aber ebenfalls mit plausiblen Argumenten untermauern:

- Die Anbetung Gottes geht in der großen Unruhe, die während des Platznehmens nun einmal entsteht, unter. Wenn die Gemeinde Gott loben soll, warum dann gerade in der unruhigsten Zeit und warum nicht alle gemeinsam nach dem offiziellen Beginn?!
- Viele singen gar nicht oder so beiläufig, dass sie die Texte überhaupt nicht richtig wahrnehmen. Richtige Anbetung kommt auf diese Weise kaum zustande.
- Gäste, die pünktlich kommen, erhalten den Eindruck, dass sie zu spät seien. Aus ihrer Sicht muss der Gottesdienst schon begonnen haben.

Zudem zeigt sich das Ansingeteam über die Pünktlichkommer oft gereizt und verärgert, weil sie vermeintlich das »laufende Programm« stören und die Anbetung nicht ernst nehmen.

- Wer vor dem Gottesdienst seine Gedanken still sammeln will, hat keine Gelegenheit dazu, weil um ihn herum gesungen wird.

Beide Positionen haben ihre Logik. Jede Gemeinde wird deshalb ihren eigenen Stil finden und vielleicht auch ein wenig experimentieren müssen, bis ein Gottesdienstbeginn gefunden ist, der allen entspricht. Wer sich gegen ein Ansingen entscheidet, und dahin neige ich, muss auf diese spezielle Art des gemeinsamen Singens ja auch nicht notwendig verzichten. In Form eines Anbetungs- oder Lobpreisteils, in dem sich kurze Liedstrophen mit Gebeten abwechseln, kann das Ansingen in etwas veränderter Form auch in das eigentliche Programm des Gottesdienstes hineingenommen werden. Als Gottesdienstleiter werden Sie diese grundsätzlichen Fragen wohl kaum alleine entscheiden wollen und können. Wenn Sie aber entgegen den Gepflogenheiten Ihrer Gemeinde an einem Sonntag ein Ansingen einführen oder es an einem Sonntag bewusst weglassen, sollten Sie gute Gründe dafür haben und sich eventuell einer späteren Diskussion stellen.

2) Lobpreis, der zum Himmel steigt

Wenn wir einmal davon ausgehen, dass in Ihrer Gemeinde ein Ansingen vor dem Gottesdienst stattfindet, dann möchte ich Sie auf einige Dinge hinweisen, die Sie als Gottesdienstleiter beachten sollten. Der Lobpreis, mit dem Sie die Gemeinde auf den Gottesdienst einstimmen wollen, soll ja nicht in lauter Ungeschicklichkeiten ersticken, sondern wirklich zum Himmel steigen und unseren Herrn erreichen.

Zunächst einmal ist es sehr unpraktisch, wenn Sie selbst im Singeteam mitarbeiten und die ganze Zeit vor dem Gottesdienstbeginn durch diese Aufgabe gebunden sind. Hier und da müssen noch letzte Absprachen getroffen werden. Es sind vielleicht noch letzte Handgriffe zu verrichten. Das alles können Sie nicht, wenn Sie vor der Gemeinde stehen und mit der Gitarre in der Hand fröhlich in den Saal hineinsingen. Auch wenn Sie sonst zum Singeteam gehören, sollten Sie heute pausieren, um sich für Ihre Leitungsaufgabe den Rücken freizuhalten.

Das Ansingen hat die unangenehme Neigung, deutlich über den Beginn des Gottesdienstes hinauszureichen. Es ist schon drei Minuten über der Zeit, und nun wird die Folie für noch ein weiteres Lied aufgelegt. Dadurch verzögert sich der ganze Gottesdienstablauf. Die Pünktlichen gewöhnen sich daran, dass pünktlich nicht gleich pünktlich heißt, und sorgen auf die Dauer dafür, dass sich ein unpünktlicher Gottesdienstanfang zur Norm entwickelt. Es gehört deshalb zu Ihren Aufgaben, auf eine genaue Einhaltung der Zeit zu drängen und dem Singeteam notfalls seine Grenzen zu setzen.

Achten Sie auch darauf, dass das Singeteam die Gemeinde bewusst leitet und nicht einfach nur ein paar Folien an die Wand wirft und die Leute singen lässt. Der Leiter des Ansingeteams sollte die Gemeinde herzlich willkommen heißen und einladen, kräftig mitzusingen. Es wäre auch möglich, dass Sie als Gottesdienstleiter diese kleine Aufgabe übernehmen. Als sehr wichtig empfinde ich, dass die Lieder durch kleine Sätze oder einen kurzen geistlichen Gedanken miteinander verbunden werden. Das darf natürlich nicht dahingehend ausarten, dass sich lauter Kurzpredigten aneinander reihen und dadurch der Sinn des Ansingens verstellt wird. Sie sollten als Gottesdienstleiter auch die Verantwortung für das Vorprogramm übernehmen und gegebenenfalls helfend oder korrigierend eingreifen.

Ermutigen Sie das Singeteam, zum Schluss ein etwas getrageneres Lied singen zu lassen, um die Gemeinde langsam zur Ruhe zu führen. Sie können zwischen Ansingen und Ihrer Begrüßung auch eine »stille Minute« einfügen: »Bevor wir mit dem Gottesdienst beginnen, wollen wir noch eine kurze Zeit der Stille und inneren Sammlung halten.« Mehr müssen Sie nicht sagen. Die Begrüßung folgt später. Meistens werden aus der stillen Minute höchstens stille fünfzehn Sekunden. Lassen Sie den Leuten wirklich Zeit, zur Ruhe zu kommen, und springen Sie nicht gleich nach wenigen Augenblicken nervös zum Mikrofon.

Auf jeden Fall sollten Sie es vermeiden, denen, die pünktlich gekommen sind, ein schlechtes Gewissen zu machen, weil sie beim Ansingen nicht dabei waren oder aber noch ein paar Worte miteinander gewechselt haben. »Schade, dass es beim Ansingen so unruhig war. Vielleicht können Sie beim nächsten Mal etwas früher kommen! Das wäre schön.« Mit solchen Äußerungen werden Sie die Leute verärgern. Vorprogramm ist Vorprogramm. Sie können dazu einladen. Aber Sie dürfen niemandem böse sein, wenn er pünktlich kommt.

Ideensammlung:

- Nennen Sie dem Ansingeteam das Motto des Gottesdienstes und bitten Sie, möglichst dazu passende Lieder auszuwählen. Auf diese Weise binden Sie das Ansingen auch thematisch in den Gottesdienst ein.
- Greifen Sie den Text des letzten Liedes auf und nehmen Sie diesen Gedanken in die Begrüßung hinüber. Ansingen und Gottesdienst verwachsen dadurch zu einer Einheit.
- Manche Gemeinden nutzen das Ansingen, um neue Lieder einzuüben. Wenn das in angemessener Form geschieht und nicht zu einer Chorübstunde ausartet, ist das eine gute Möglichkeit, das Liedgut zu erweitern.
- Wenn Sie kein Ansingen vor dem Gottesdienst haben, können Sie dezente Musik von einer CD abspielen oder Ihren Klavierspieler bitten, einige getragene Lieder als Hintergrund und Untermalung vorzutragen.

Begrüßung und Grüße

Es gehört zu den normalen Höflichkeiten des Alltags, dass man sich begrüßt, wenn man sich trifft. Dasselbe gilt für den Gottesdienstleiter. Er beginnt mit einer Begrüßung der Gemeinde, der Gäste und eventuell auch einzelner Personen, die am Programm beteiligt sind, und heißt sie herzlich willkommen.

Wenn Sie den Gottesdienst mit der Wendung »Im Namen des Vaters und des Sohnes und des Heiligen Geistes, Amen« oder einer ähnlichen »Formel« beginnen, haben Sie die Gemeinde im eigentlichen Sinne nicht begrüßt. Diese liturgische Wendung drückt aus, unter welchem Vorzeichen der Gottesdienst gefeiert wird. Wir versammeln uns als Gemeinde des dreieinigen Gottes. Er hat uns zusammengeführt und lädt uns ein zur Gemeinschaft mit sich und untereinander. Deshalb treffen wir uns in seinem Namen. Die Begrüßung der Gemeinde erfolgt danach.

1) Grüßen will gelernt sein

Je nach örtlicher Gepflogenheit kann die Begrüßung recht kurz und bündig ausfallen: »Ich möchte alle herzlich zu unserem Gottesdienst willkommen heißen. Wir singen das Lied Nummer 19.« Diese Kurzform einer Begrüßung kann durchaus ausreichen. Wenn Sie aber Gäste begrüßen, Grüße austauschen und eventuell noch Mitwirkende vorstellen wollen, dann sollten Sie sich Ihre Worte schon gründlicher überlegen und einige Minuten im Programmverlauf einplanen. Was angemessen ist, hängt von Ihrem Empfinden, dem der Gemeinde und manchmal auch vom Anlass ab. Besondere Gottesdienste wie Tauffeiern oder Hochzeiten erfordern in der Regel auch ausgedehntere Begrüßungen.

Wichtig ist, dass sich durch Ihre Begrüßung alle angesprochen fühlen können. Wenn Sie nur die Gäste nennen, werden sich die »normalen« Gemeindeglieder fragen, ob sie denn nicht mehr zählen. Wenn Sie nur »unsere Gemeindeglieder« herzlich begrüßen, werden Gäste sich deplatziert und unerwünscht vorkommen.

Besonders heikel ist die Frage, ob man in der Anrede ohne weiteres »Liebe Gemeinde« oder »Liebe Geschwister« sagen darf. Vielleicht sind viele Gäste darunter, die keinerlei Glaubensbindung an Jesus Christus haben. Sie wären mit dieser Begrüßung falsch benannt und unzulässig vereinnahmt. Man kann sich dadurch behelfen, dass man beispielsweise in der Anrede unterscheidet: »Liebe Geschwister, liebe Gäste und Freunde.« In vielen Fällen kann man die Anrede auch einfach weglassen, ohne dass ein erkennbarer Schaden entsteht: »Ich begrüße alle ganz herzlich zu unserem Gottesdienst.« Mit diesem Sätzchen sind alle zusammengefasst.

Manchmal kann es sinnvoll sein, in der Begrüßung eine spezielle Gruppe von Gottesdienstbesuchern hervorzuheben. »Wir freuen uns, dass unsere Jungscharkinder heute wieder im Gottesdienst sind. Am letzten Sonntag waren sie zu ihrer Wochenendfreizeit in den Bergen. Schön, dass ihr wieder hier seid.« Die Jungscharkinder werden sich freuen, dass sie eigens begrüßt wurden. Und die Gemeinde wird noch einmal daran erinnert, dass etwas Besonderes stattgefunden hat. Ähnlich könnten Sie vorgehen, wenn jemand beispielsweise wegen Krankheit lange Zeit nicht am

Gottesdienst teilnehmen konnte, er aber heute dabei ist. Alle merken: Wir gehören zusammen und nehmen Anteil aneinander.

Weil die Begrüßung in der Regel das Erste ist, was der Gottesdienstleiter vor versammelter Mannschaft von sich gibt, sollte sie interessant, inhaltsreich, freundlich und laut und deutlich vorgetragen sein. Manche sind am Anfang so verlegen, dass sie verschämt in ihre Notizen schauen, im Flüsterton ins Mikrofon hauchen und eine Fülle von Belanglosigkeiten von sich geben: »Ja, heute ist wieder Sonntag. Und jetzt haben wir Gottesdienst.« Vielen waren diese tiefgründigen Zusammenhänge offensichtlich entfallen, sonst hätte der Gottesdienstleiter nicht als Erstes darauf hinweisen müssen. »Obwohl es regnet, sind viele gekommen.« Die gleiche Wendung lässt sich auch auf Sonnenschein übertragen: »Obwohl so herrliches Wetter ist, sind viele gekommen.« Oder auf Nebel, Schnee und Glatteis, wobei diese Faktoren tatsächlich noch eine Auswirkung auf die Besucherzahl haben könnten. Einen Gottesdienst sollte man nicht mit einem Straßenzustandsbericht, einem Wetterbericht, einer Gottesdienstbesucher-Statistik oder anderen Belanglosigkeiten beginnen. Schauen Sie die Gemeinde freundlich an. Lassen Sie - im Bild gesprochen - auf Ihrem Gesicht die Sonne aufgehen und lassen Sie Herzlichkeit und Wärme in freundlichen Worten »rüberkommen«. Dann wird sich jeder wohl fühlen und wissen, dass man ihn hier gerne sieht.

2) VIPs und andere spezielle Gäste

In manchen Gottesdiensten gibt es Gäste, die besonders begrüßt werden müssen. Sie nehmen entweder als Zuhörer am Gottesdienst teil oder sind am Programm beteiligt wie beispielsweise ein Gastprediger. Wer es versäumt, solche Very Important Persons (VIPs) vorzustellen und herzlich willkommen zu heißen, tritt schnell in ein Fettnäpfchen. Wenn diese Gäste nicht während des Gottesdienstes in Erscheinung treten, ist es sinnvoll, sie gleich am Anfang mitzubegrüßen: »Wir freuen uns sehr, dass heute Ulrich Parzany bei uns zu Gast ist. Herzlich willkommen in unserer Gemeinde.« In diesem speziellen Fall sollten Sie allerdings überlegen, ob sie den bekannten Evangelisten nicht vielleicht doch zumindest zu einem kurzen Grußwort nach vorne bitten sollten. Er ist sicherlich spontan genug, um ohne Stottern ein paar Sätze an Ihre Gemeinde zu richten.

Im Blick auf Personen, die am Gottesdienst mitwirken, muss man sich überlegen, ob man sie direkt am Anfang vorstellt oder erst dann, wenn sie im Programm in Erscheinung treten. Am Anfang könnte das lauten: »Ich freue mich sehr, dass wir heute den Gemeindechor aus Amselstadt bei uns zu Gast haben. Ich möchte die Chorleiterin Frau Susanne Singsang und alle Chormitglieder herzlich willkommen heißen. Wir freuen uns auf die Lieder, mit denen sie unseren Gottesdienst bereichern werden.« Um die Spannung auf die Predigt zu erhöhen, kann man beispielsweise den Gastprediger auch erst unmittelbar vor seinem »Auftritt« vorstellen. »Nach dem nächsten Lied hören wir auf die Predigt. Sie wird gehalten von Bruder Hans Goldmund aus Seligenstadt. Er ist zum ersten Mal bei uns. Herzlich willkommen, Bruder Goldmund.«

Wenn Sie spezielle Gäste vorstellen, sollten Sie noch auf einige Besonderheiten achten. Dazu gehört beispielsweise, dass Sie die betreffende Person immer mit vollem Namen vorstellen, auch wenn Sie mir ihr per Du sind und ein großer Teil der Gemeinde sie kennt. Es wird aber immer einige geben, denen Ihr Gast unbekannt ist und die ihn gerne mit Vor- und Nachnamen kennen lernen würden. Manche hohen Gäste legen wert auf ihre Titel. Der »Doktor« beispielsweise ist fester Bestandteil des Namens. Es mag Ihnen seltsam und vielleicht fast ungeistlich erscheinen, ihren Gastprediger mit Dr. XX vorzustellen. Peinlich wird es – für beide –, wenn er sich von der Kanzel aus seine akademischen Titel zurückholen muss. Wenn Sie mehr als nur den Namen und den Herkunftsort dieses Gastes nennen wollen, sollten Sie die Fakten vorher gründlich recherchieren. Sie könnten ansonsten vielleicht im Boden versinken, wenn Ihr Gast sich offiziell für die nette Begrüßung bedankt und dann ergänzt: »Übrigens, mein Name ist nicht Schiller, sondern Schäller. Ich habe nicht zwei, sondern vier Kinder. Ich bin nicht Pastor in unserer Gemeinde, sondern Reisesekretär im Verkündigungsdienst. Und – ich hoffe, dass ich Sie nicht enttäusche – ich predige heute nicht über das Thema der Erwählung. Aber wenden wir uns nun dem untrüglichen Wort Gottes zu. Ich lese . . .« Wenn Sie diese Anhäufung von Peinlichkeiten vermeiden wollen, können Sie Ihren speziellen Gast auch bitten, ein paar Worte zu sich selbst zu sagen. »Wir freuen uns, Manfred, dass du uns heute die Predigt hältst. Die meisten kennen dich noch nicht. Sage doch bitte ein paar Worte zu deiner Person.«

Wenn Ihr Gast mit Ehefrau angereist ist, sollten Sie diese unbedingt miterwähnen! Sie wird es Ihnen ewig danken, dass sie endlich auch einmal beachtet wurde. Wenn Ihr Gast eine Frau ist, gilt dasselbe natürlich umgekehrt auch für deren Mann. Überlegenswert ist auch, ob Sie die Gäste, die Sie besonders begrüßen, nicht kurz aufstehen lassen. Es ist sehr unbefriedigend, wenn man auf jemanden neugierig geworden ist, ihn aber nicht sehen kann. Besonders in großen Sälen, in denen der Einzelne schnell optisch untergeht, ist das empfehlenswert.

Die Worte, mit denen Sie Gäste vorstellen, sollten freundlich und offen sein. Stellen Sie niemanden unter Druck, indem Sie besondere Erwartungen oder Befürchtungen öffentlich äußern: »Liebe Gemeinde, das wird heute eine ganz tolle Predigt werden. Ich kenne Bruder Meier seit vielen Jahren. Ihr werdet alle gesegnet nach Hause gehen.« Oder: »Ich begrüße die Chorleiterin Frau Singsang sehr herzlich. Sie hat mir vorhin erzählt, dass dies ihr erster öffentlicher Auftritt ist. Vorhin in der Chorprobe hat es noch nicht ganz geklappt. Aber vielleicht gibt der Herr ja jetzt seine besondere Gnade.« Als Gottesdienstleiter dürfen Sie viel erwarten und ebenso viel befürchten, aber Sie dürfen nicht alles laut sagen, was Sie denken.

Mancherorts ist es üblich geworden, Gott als ganz besonderen Gast zu begrüßen und herzlich im Gottesdienst willkommen zu heißen. Gelegentlich bekommt er sogar Applaus. Wenn man das zum ersten Mal hört, wird man natürlich stutzig: »Ungewohnt, aber es stimmt. Gott ist jetzt bei uns. Das hätte ich fast vergessen.« Wenn man allerdings weiter darüber nachdenkt, können sich auch Zweifel einstellen. Muss man Gott wirklich begrüßen? War er nicht sowieso schon da? Müsste er zum Schluss logischerweise nicht auch verabschiedet werden? Versteht er sich wirklich als Gast, der willkommen geheißen werden muss, oder ist er nicht vielmehr der Herr, der uns willkommen heißt? Ich kann durchaus nachvollziehen, welchen Sinn die besondere Begrüßung Gottes haben soll. Trotzdem halte ich nicht viel davon. Sie wirkt modisch und aufgesetzt und ist biblisch gesehen eher falsch als richtig. Meine Empfehlung: Verzichten Sie auf eine Begrüßung Gottes. Dass der Herr mitten unter uns ist, können Sie auch anders deutlich machen – mit einem Lied (z.B. »Gott ist gegenwärtig« oder »Wir versammeln uns zu dir, o großer Gott«) oder im Gebet (»Herr, du bist jetzt mitten unter uns . . .«) oder auch mit einem erläuternden Satz an die Gemeinde: »Ich möchte alle ganz herzlich zu unserem Gottesdienst willkommen heißen. Wir sind im Namen unseres Herrn Jesus Christus zusammengekommen. Und er ist mitten unter uns, so wie er es versprochen hat!«

3) Von Brüderlein und Schwesterlein

Eine besondere Frage bei der Begrüßung ist, ob Sie spezielle Gäste mit der Anrede »Herr«/»Frau« oder »Bruder«/»Schwester« vorstellen. Die Anredeform wechselt von Gemeinde zu Gemeinde und wird selbst innerhalb einer Kirche oder eines Gemeindeverbandes sehr unterschiedlich gehandhabt. Manche, die die Anrede »Bruder« oder »Schwester« gewohnt sind, werden es Ihnen als Distanziertheit auslegen, wenn sie mit dem allgemein gebräuchlichen »Herr« bzw. »Frau« vorgestellt werden. »Sind wir nicht alle Brüder und Schwestern im Herrn?«, werden sie denken. Wenn Sie dann noch einen etwas forschen Gastprediger haben, kann es Ihnen passieren, dass er die ersten Minuten seiner Ansprache dazu nutzt, die Sache mit Brüderlein und Schwesterlein zurechtzurücken. Andere empfinden eine Begrüßung mit »Herr« und »Frau« als völlig normal, weil sie es in ihrem Umfeld so gewohnt sind und keine Vorbehalte gegen diese Anredeform haben. Im Regelfall sollten Sie als Gottesdienstleiter im Rahmen dessen bleiben, was in Ihrer Gemeinde üblich ist. Wenn es Ihnen wichtig erscheint, auf einen speziellen Gast Rücksicht zu nehmen, dann verwenden Sie in diesem Ausnahmefall seine Wunschanrede.

Anders verhält es sich, wenn Sie Gästegottesdienste durchführen oder andere – meist evangelistische Veranstaltungen – planen, in denen Sie Menschen erwarten, die der Kirche und dem Glauben entfremdet sind. Für sie ist die Anrede »Bruder«/»Schwester« schwer verständlich. »Ich möchte Schwester Pfeiffer und Bruder Schneider herzlich willkommen heißen. Sie werden uns im Gottesdienst mehrere Lieder vortragen.« Jeder wird denken, dass diese beiden entweder mit Ihnen verwandt sind, dass es sich um leibliche Geschwister handelt oder dass sie einer Kommunität angehören. Alle drei Vermutungen sind falsch. Natürlich werden Ihre Gäste bald herausbekommen, dass die Gemeinde nicht aus einer einzigen Großfamilie besteht, in der jeder mit jedem verwandt ist. Aber zunächst schaffen Sie ein Verstehenshindernis und eine innere Barriere. Wenn Sie sich also besonders auf Gäste einstellen, sollten Sie auf die Anreden »Bruder« und »Schwester« in der Begrüßung und natürlich auch im weiteren Verlauf des Gottesdienstes verzichten.

4) »Wer hat den Mut, sich vorzustellen?«

In vielen Gemeinden ist es üblich, dass sich Gäste am Beginn des Gottesdienstes vorstellen dürfen. Gelegentlich geschieht das auch durch diejenigen Gemeindeglieder, die sie mitgebracht haben. Das ist eine gute Sitte und schafft gleich zu Anfang eine offene und herzliche Atmosphäre. Außerdem hat es die Gemeinde leichter, im Anschluss an den Gottesdienst mit Einzelnen ins Gespräch zu kommen. Sie sind ja durch die Vorstellung bekannt. Damit es aber nicht zu Pannen kommt, sollten Sie als Gottesdienstleiter auf einige Dinge achten.

Weil viele Gäste es peinlich finden, vor allen genannt zu werden und eventuell auch aufzustehen und einige Worte zu ihrer Person zu sagen, bleiben sie gerne anonym. Dies gilt besonders für Leute, die sich zum ersten Mal in Ihre Gemeinde gewagt und vorsichtshalber in der letzten Reihe ganz nahe beim Ausgang Platz genommen haben. Sie sollten Ihre Gäste deshalb ermutigen, sich vorzustellen, aber sie niemals dazu zwingen! »Ich möchte, dass alle Gäste aufstehen und sich vorstellen«, lässt keine andere Wahl. Wer sich trotzdem gegen diesen Zugriff wehrt, fühlt sich schlecht – und kommt vielleicht nie wieder. Wenn Sie aber herzlich und warmherzig einladen, lassen Sie jedem die Freiheit, sich zu erkennen zu geben oder nicht: »Wir freuen uns, dass wir immer wieder Gäste in unserer Gemeinde haben. Wenn sich jemand gerne vorstellen möchte, hat er jetzt Gelegenheit dazu.«

Auf keinen Fall sollten Sie den Eindruck erwecken, als würden Sie mit der Vorstellung die Identität der Leute feststellen wollen. »Wir wollen immer gerne wissen, wer bei uns zu Gast ist. Deshalb stehen Sie doch bitte auf und nennen Sie uns Ihren Namen und Ihren Wohnort.« Ebenso schlimm klingt es, wenn Sie aus der Vorstellung eine Mutprobe machen: »Hat jemand den Mut, sich vorzustellen?« Wer bisher kein Problem hatte, muss jetzt fürchten, dass ihm etwas ganz Schlimmes passiert, wenn er sich zu erkennen gibt.

Unterlassen Sie auch alle Äußerungen des Unmuts oder der Enttäuschung, wenn sich niemand meldet: »Schade, dass keiner den Mut hat, sich vorzustellen.« »Da hinten in der letzten Reihe sehe ich zwar einige unbekannte Gesichter. Aber die haben offensichtlich keine Lust, sich kurz vorzustellen. Schade.« Wenn sich niemand zu erkennen geben möchte, heißt das noch lange nicht, dass keine Gäste gekommen sind. Schließen Sie deshalb nicht mit dem Satz ab: »Offensichtlich haben wir heute keine Gäste. Schön. Dann sind wir wieder einmal unter uns.« Jetzt weiß der Letzte, dass man in dieser Gemeinde am liebsten unter sich ist und Gäste eher als Belastung empfindet denn als Bereicherung. Sagen Sie einfach: »Offensichtlich möchte niemand die Gelegenheit wahrnehmen sich vorzustellen. Allen unseren Gästen möchte ich sagen: Sie sind herzlich bei uns willkommen.«

Problematisch bei der Selbstvorstellung von Gästen ist oft, dass sie leise reden oder nicht zu verstehen sind. Sie sind meist eher zurückhaltend und sprechen nicht in ein Mikrofon. Deshalb kann es nötig sein, dass Sie als Gottesdienstleiter die Aussagen der betreffenden Person für die ganze Gemeinde laut wiederholen müssen. Passen Sie aber auf, dass Sie dabei nicht zum Papagei werden. Wenn Frau Müller aus Dortmund zu leise sprach, brauchen Sie nicht ihre Formulierungen wortwörtlich zu wiederholen: »Ich bin Frau Müller aus Dortmund.« Sie sind nämlich nicht Frau Müller. Formulieren Sie einfach um: »Vielen Dank. Eben hat sich Frau Müller aus Dortmund vorgestellt.«

5) Grüßen und gegrüßt werden

In vielen Fällen richten die Gäste, die sich vorstellen, auch Grüße aus. »Ich habe herzliche Grüße aus meiner Gemeinde in Dortmund mitgebracht.« Ob die Grüße wirklich immer aufgetragen wurden und welchen Sinn solche sehr allgemein gehaltenen Verbundenheitsbekundungen haben, darüber lässt sich streiten. Wenn Sie aber Grüße erhalten, sollten Sie auf alle Fälle auch Grüße zur Erwiderung mitgeben.

6) »Wir bieten heute: ein Chorlied, eine Predigt . . .«

Ein möglicher Bestandteil der Begrüßung kann es sein, der Gemeinde eine kleine Vorschau auf die Besonderheiten des Gottesdienstes oder den Programmablauf zu geben. Das ergibt Sinn, wenn der Verlauf des Gottesdienstes erheblich von dem abweicht, was sonst üblich ist. Ohne Erklärung wird die Gemeinde verunsichert reagieren, wenn alles anders abläuft als gewohnt. »Warum sammeln die denn heute die Kollekte gleich am Anfang ein? Warum ist die Predigt so früh dran? Die haben wieder einmal alles auf den Kopf gestellt!« Diese Verunsicherung können Sie mit wenigen Worten verhindern: »Unser Gottesdienst läuft heute einmal etwas anders ab als üblich. Unser Gemeindechor und der Prediger gestalten den Gottesdienst gemeinsam. Musikbeiträge und Auslegungen zu Worten aus der Heiligen Schrift wechseln sich deshalb ab. Damit wir ungestört zuhören können, sammeln wir die Kollekte jetzt gleich ein.« Jeder weiß, was vor sich geht, und kann entspannt zuhören. Sie können auch Höhepunkte des Gottesdienste in der Begrüßung vorankündigen. Damit erzeugen Sie eine Erwartungshaltung, die die Aufmerksamkeit der Gemeinde wachsen lässt. Natürlich können Sie auch den gegenteiligen Effekt erreichen. »Ach so, Bruder Weinerlich predigt. Das werden wir auch noch überleben.« Ob Sie sich mit einer Programmvorschau die Rosinen vom Brot nehmen oder einen konstruktiven Spannungsbogen aufbauen, müssen Sie im Vorfeld selbst beurteilen. Wenn Sie eine Vorschau geben, dann bitte nur die Besonderheiten. Lesen Sie auf keinen Fall wie ein Nachrichtensprecher das Programm des heutigen Vormittags im Minutenraster ab. Das wäre tödlich.

Ideensammlung:

- Fordern Sie die Gemeindeglieder dazu auf, sich gegenseitig zu begrüßen. Jeder reicht seinen unmittelbaren Nachbarn die Hand und wünscht ihnen einen guten Morgen. Dieser Vorgang kostet zwei oder drei Minuten Zeit und bringt einige Unruhe in den Gottesdienstraum. Aber er bezieht die Gemeinde mit ein und schafft eine lockere und herzliche Atmosphäre.

- Besondere Gäste kann man nicht nur begrüßen, sondern ihnen auch ein kurzes Grußwort anbieten. Wenn schon einer der Missionare, die Sie unterstützen, am Gottesdienst teilnimmt, könnte er auch in drei oder vier Minuten kurz sagen, was ihn bewegt und wie es um die missionarische Arbeit steht: »Ich begrüße ganz herzlich unseren Missionar in Kenia, Martin Müller. Würdest Du uns spontan ein paar Worte zu Deiner Arbeit sagen?« Natürlich klären Sie vorher ab, ob Sie noch weitere drei bis fünf Minuten im Programmablauf unterbringen können. Sie können zwischen der Begrüßung und dem Grußwort auch ein Lied singen lassen, damit Martin Müller noch etwas Zeit zum Nachdenken findet.
- Zu manchen besonderen Anlässen treffen schriftliche Grüße an die Gemeinde ein. Viele von ihnen sind so allgemein gehalten, dass man sie nicht vorlesen, sondern nur nennen muss: »Pastor Klein lässt uns herzlich grüßen.« Inhaltsreiche Grüße liest man ganz oder in Auszügen vor, je nachdem, wie viel Zeit zur Verfügung steht. Manche Grüße verweisen auf Bibelworte. Es ist schön, wenn Sie dann nicht nur die Stellenangabe vorlesen können, sondern den genannten Bibelvers. Mit einem Zettel in Ihrer Bibel werden Sie die Stelle schnell finden und ohne zeitliche Verzögerung vortragen können.

Die Textlesung

Zu den Bausteinen des Gottesdienstes gehören auch Lesungen einzelner Worte oder kleinerer Abschnitte aus der Heiligen Schrift. Der Gottesdienstleiter sucht sie aus und fügt sie sinnvoll in den Programmablauf ein. Diese kurzen Bibeltexte dienen dazu, der Gemeinde kleine Denkanstöße zu geben. Sie sind keine »Aufhänger« für Ersatzpredigten eines Gottesdienstleiters, den man bisher noch nicht auf die Kanzel gelassen hat und der nun zeigen kann, was in ihm steckt. Eine Lesung ist in der Regel unkommentiert, andernfalls ist sie keine Lesung mehr. Sie kann aber mit einigen kurzen Worten eingeleitet oder abgeschlossen werden. Wenn die Bibelstelle umfangreicher ausgelegt wird, ist die Lesung schon Bestandteil eines thematisches Anrisses. Aber damit beschäftigen wir uns später.

Textlesungen können an unterschiedlichen Stellen im Programmablauf eingearbeitet werden. Sie erfüllen dann jeweils einen anderen Zweck. Es kann sich um den sogenannten Eingangsspruch handeln, den man ganz zu Beginn des Gottesdienstes liest, oder um ein Bibelwort vor der Predigt, das zum Predigttext oder zum Motto der Botschaft hinführt. Es kann eine Textlesung gegen Ende des Gottesdienstes sein, die die Gemeinde in Richtung der gehörten Predigt ermutigt. Oder vielleicht hat der Verkündiger auch gebeten, dass nicht er, sondern der Gottesdienstleiter den Predigttext des heutigen Sonntags vorliest. Dann gewinnt diese Textlesung eine ganz besondere Bedeutung.

1) Gemeinde unter dem Wort

Leider erlebt man es immer wieder, dass Lesungen sehr oberflächlich vorbereitet und durchgeführt werden. Die Texte sind nicht gut ausgewählt und passen kaum zum Thema des Gottesdienstes. Sie werden hastig und unbetont heruntergelesen, so dass der Eindruck entsteht, der Gottesdienstleiter erfülle lediglich eine fromme Pflicht, ohne innerlich dabei zu sein. Ohne Bibelwort am Anfang, so denkt er, geht es nun mal nicht. Die Zeiten, in denen man während der Lesungen aus Ehrfurcht vor Gott aufstand, sind in den meisten Gemeinden vorbei. Wenn das schon so ist, sollte aber wenigstens der Gottesdienstleiter durch die Art und Weise, wie er mit Bibeltexten umgeht, die Gemeinde »innerlich« aufstehen und vor Gott treten lassen. Eine gut ausgewählte und überzeugend vorgetragene Textlesung setzt Zeichen und gibt dem Gottesdienst Richtung. Die Gemeinde steht unter Gottes Wort, nicht nur während der Predigt.

2) Die Qual der Wahl

Den passenden Text für eine Textlesung zu finden ist nicht immer leicht. Die Bibel ist zwar dick genug und hält Tausende von Möglichkeiten bereit. Aber genau das ist ja das Problem. Vor lauter Wald sieht man die Bäume nicht. Wenn Sie für den Anfang des Gottesdienstes ein passendes Wort suchen, liegen Sie mit einem Bibelvers immer richtig, der zur Anbetung oder zum Dank führt oder das Zusammenkommen in der Gemeinde thematisiert. Gerade die Psalmen als Liederbuch des Alten Testaments haben hier viel zu bieten. Aber auch andere Worte der Verheißung und der Ermutigung passen. Diese Form des Einstiegs ist insofern »thematisch neutral«, als sie den Leitgedanken der Predigt und des Gottesdienstes nicht direkt aufgreift. Aber sie passt zum gottesdienstlichen Anlass als solchem: Die Gemeinde kommt zusammen, um ihren Herrn anzubeten. Wenn Sie die Herrnhuter Losungen verwenden, können Sie natürlich auch den dort angegebenen Wochenspruch oder das Losungswort für den betreffenden Sonntag wählen. Diejenigen, die ebenfalls in ihrem Losungsbüchlein geblättert haben, werden »ihren« Text wiedererkennen und an die Gedanken erinnert werden, die sie sich vor Kurzem selbst dazu gemacht haben.

Wenn es möglich ist, sollten Sie schon die Textlesung am Anfang inhaltlich auf die Predigt und damit auf den Leitgedanken des ganzen Gottesdienstes abstimmen. Fragen Sie den Prediger, ob er einen Vorschlag hat. Seien Sie aber nicht enttäuscht, wenn er Ihnen keine Vorgabe macht. Nur wenige Verkündiger denken über das Rahmenprogramm nach. Die meisten werden nur eine einzige Frage mit Ihnen besprechen wollen: »Wie lange habe ich Zeit?« Einen passenden Text für die Lesungen finden Sie aber in vielen Fällen, wenn Sie unter den Parallelstellen zum Predigttext nachschlagen. Damit die Gemeinde gleich zu Beginn merkt, dass das Bibelwort zum Motto des Gottesdienstes passt, können Sie ein oder zwei erklärende Sätze vorschalten: »Wir wollen uns heute mit der Frage beschäftigen, welche Bedeutung die Freude in unserem Leben hat. Um uns gedanklich auf dieses Thema einzustimmen, möchte ich einige Verse aus dem Philipperbrief lesen. Paulus, der Leiden und Freude intensiv durchlebt hat, schreibt dort: . . .« (es folgt Philipper 4,4ff).

Wenn Sie eine Textlesung aussuchen, sollten Sie keinen zu langen Abschnitt wählen. Gerade am Anfang eines Gottesdienstes ist die Konzentration der Gemeinde oft nicht sehr groß. Langes Vorlesen ermüdet schnell. Einige wenige Verse genügen. Achten Sie auch darauf, dass die theologische Aussage des gelesenen Textes nicht zu kompakt und zu kompliziert ist. Der Hebräerbrief beispielsweise enthält viele wunderbare

Gedanken über das Hohepriesteramt Jesu. Aber viele dieser Textpassagen sind inhaltlich so dicht, dass kaum jemand in der Lage sein dürfte, ihren Sinn aus dem Stand zu erfassen. Wenn Sie lange Erklärungen abgeben müssen, stehen Sie in der Gefahr, eine Vorabpredigt zum Besten zu geben.

3) Eine Bibel - viele Übersetzungen

Ob ein vorgelesener Bibeltext bei der Gemeinde ankommt, hängt auch von der Übersetzung ab, die man dafür wählt. Wortgetreue Bibelübersetzungen neigen dazu, schwerer verständlich und sprachlich unbeholfener zu sein. Weil es bei der Lesung aber mehr auf Verständlichkeit als auf exegetische Genauigkeit ankommt, wähle ich für die Schriftlesung gerne modernere Übersetzungen bis hin zu qualitativ guten Übertragungen. Sie können beispielsweise die »Hoffnung für alle« oder »Die Gute Nachricht« einsetzen. Die Gemeindeglieder horchen auf, weil sie bekannte Gottesworte in neuem sprachlichem Gewand zu hören bekommen. Gäste, die sich in der Bibel überhaupt nicht auskennen, horchen auf, weil sie die Bibel vermutlich zum ersten Mal in »normalem« Deutsch hören. »Das klingt ja ganz verständlich. Ich dachte immer, die Bibel gäbe es nur in altmodischem Lutherdeutsch. Jetzt werde ich aber neugierig.« Falls der Verkündiger Sie bittet, den Predigttext an seiner Stelle vorzulesen, sollten Sie ebenfalls fragen, welche Übersetzung er gern verwendet sehen möchte. Grundsätzlich gilt: Je jünger die Gottesdienstbesucher und je mehr Gäste, desto »deutscher« sollte die Bibelübersetzung sein, aus der Sie lesen.

4) Vorlesen kann (fast) jeder

Für die meisten von uns hört sich das nicht nach einer schwierigen Aufgabe an: ein paar Zeilen vorzulesen, egal ob sie aus irgendeinem Buch oder aus der Bibel stammen. Wenn es dann aber konkret wird, erkennt man schnell, dass Vorlesen und Vorlesen zweierlei sind. Eine Textpassage interessant und lebendig vortragen, das kann wirklich nur fast jeder. Die meisten müssen es üben. Dazu möchte ich ein paar Tipps und Hinweise geben.

Stellen Sie zunächst sicher, dass Sie den Text selbst gründlich verstanden haben. Nur was man durchdacht und verinnerlicht hat, kann man auch lebendig vorlesen. Suchen Sie nach Sinneinheiten im Bibeltext und denken Sie sich in den Text und die in ihm beschriebenen Inhalte und Geschehnisse hinein.

Eine große Hilfe ist es, wenn Sie den Bibeltext mehrfach laut vorlesen. Wenn Sie ein ähnliches Temperament wie ich haben, werden Sie geneigt sein, sich dieser komisch anmutenden Prozedur nicht zu unterziehen: »Ach was, Vorlesen ist doch kein Problem. Hauptsache ich habe jetzt endlich den passenden Text gefunden.« Wenn Sie dann – etwas nervös – vor der Gemeinde stehen und sich über das Bibelwort hermachen, entdecken Sie zu Ihrem Erstaunen, dass Ihnen der Text doch sehr unbekannt geblieben ist. Sie freuen sich, wenn Sie wenigstens ohne Stottern über die Runden kommen. Ein Hörerlebnis haben Sie der Gemeinde aber wahrlich nicht bereitet.

Wichtig ist, dass Sie den Text dynamisch und nach Sinneinheiten vorlesen. Hetzen Sie nicht durch die Verse hindurch, sondern sprechen Sie zügig und betont. Auf alle Fälle sollten Sie alles Pathos vermeiden. Wenn Sie zu dick auftragen, nimmt Ihnen keiner mehr Ihre Ernsthaftigkeit ab. Um Lesefehler zu vermeiden, sollten Sie auch nicht unbedingt den Blickkontakt zur Gemeinde suchen. Wenn Sie dann noch eine Bibel in Kleindruckformat verwenden, werden Ihre Augen vermutlich die richtige Zeile kaum mehr finden. Stottern und in Folge davon peinliche Momente sind vorprogrammiert. Bleiben Sie mit den Augen auf der Bibel. Keiner erwartet, dass Sie beides gleichzeitig können: lesen und die Gemeinde anschauen. Außerdem halte ich es für äußerst wichtig, dass bei Lesungen aus der Heiligen Schrift wirklich die Bibel verwendet wird und nicht ein Konzept. Mit heutigen Textverarbeitungsprogrammen ist es kein Problem, die Bibeltexte per Mausklick in seinen Programmablauf zu kopieren. Wenn ich trotzdem aus der Bibel vorlese, möchte ich damit ein Zeichen setzen, wie wichtig mir Gottes Wort ist, und dass ich es durch nichts ersetzen möchte, auch nicht durch mein Manuskript.

5) Die blätternde Gemeinde

In manchen Gemeinden ist es üblich, dass die Gottesdienstbesucher ihre Bibel mitbringen und während des Gottesdienstes gelesene Schriftworte mit aufschlagen. Die wenigsten werden das bei einer kurzen Schriftlesung am Anfang versuchen, aber vermutlich bei allen anderen längeren Worten der Heiligen Schrift, die Sie vorlesen. In diesem Fall müssen Sie sich auf eine »blätternde« Gemeinde einstellen und den Gottesdienstbesuchern ausreichend Zeit zum Aufschlagen lassen. Wenn Sie zu schnell mit dem Vorlesen beginnen, hören Ihnen nur wenige zu. Die anderen sind mit Blättern beschäftigt. Lassen Sie also einige Sekunden Zeit, bevor Sie anfangen. Sie können den Bibeltext allerdings auch ohne Stellenangabe vorlesen und erst im Nachhinein verraten, wo er zu finden ist. So sind alle während Ihrer Schriftlesung ganz Ohr – bis auf die Bibelfesten, die auch ohne Stellenangabe wissen, wo sie zu suchen haben! Die bekommen Sie nur zur Ruhe, wenn Sie ein höfliches Aufschlageverbot erteilen: »Bitte schlagt die Bibelstelle jetzt nicht in euren Bibeln nach. Hört einmal nur zu und achtet darauf, was Paulus uns zum Thema »Freude« zu sagen hat.«

Ideensammlung:

- Eine für viele ungewohnte, aber dennoch interessante Variante der Textlesung ist die Wechsellesung. Wie der Begriff schon sagt, lesen Gottesdienstleiter und Gemeinde einen Bibeltext im Wechsel, so wie sie in manchen Liturgien auch im Wechsel singen. Auf diese Weise sind alle aktiv an der Textlesung beteiligt. Für Wechsellesungen eignen sich besonders Psalmen. Einige wurden sogar direkt als Wechselgesang konzipiert (z.B. Psalm 136). Natürlich muss die Gemeinde den Bibeltext vor Augen haben. Manche Liederbücher berücksichtigen dies und haben im Anhang Bibeltexte für Wechsellesungen oder Wechselgebete aufgeführt. Die Einrückungen geben an, wo der Gottesdienstleiter und wo die Gemeinde an der Reihe ist. Stehen solche fertigen Lesungen nicht zur Verfügung, kann man sie auch selbst entwickeln und auf einem gesonderten Blatt austeilen oder auf Folie drucken und an die Wand projizieren.

- Sehr abwechslungsreich klingt es, wenn eine Textlesung von zwei oder mehreren Personen vorgetragen wird. Jeweils nach einem Sinnabschnitt liest ein anderer weiter. Auch der Wechsel von Männerstimmen und Frauenstimmen wirkt angenehm. Lesungen bieten eine gute Möglichkeit, andere in die Gestaltung des Gottesdienstes mit einzubeziehen. Wichtig ist, dass Sie die Verteilung des Textes vorher genau abgesprochen haben und dass Sie unbedingt dieselbe Übersetzung verwenden. Andernfalls endet Ihre Textlesung in einem Fiasko.
- Längere Textlesungen lassen sich gut durch ein Lied, einen kurzen Chorus oder einen Musikbeitrag unterbrechen (z.B. die Geburtsgeschichte im Weihnachtsgottesdienst).

Lieder und Musikbeiträge

Die Gemeinde Jesu ist eine singende Gemeinde. Das gilt auch schon für das alttestamentliche Israel. Auf dem Weg nach Jerusalem stimmten die Pilger Lieder der Sehnsucht nach der Nähe Gottes an. Bei den großen Tempelfesten wurde ebenfalls viel gesungen. Der fromme Israelit sang auch privat und kleidete Freude und Trauer, Sehnsucht und Hoffnung in Musik. Das Buch der Psalmen, das als Gesangbuch Israels und auch der neutestamentlichen Gemeinde gilt, ist ein beredtes Zeugnis dafür. »Mit Psalmen, Lobliedern und geistlichen Liedern singt Gott in euren Herzen in Gnade« (Kolosser 3,16), ermutigt Paulus die Kolosser, und bringt damit zum Ausdruck, dass Musik und Gesang zum wesentlichen Bestandteil des christlichen Gottesdienstes gehören.

1) Nur wer das Ziel kennt, kennt den Weg

Wenn wir in der Gemeinde singen, verfolgen wir mit den Liedern und Musikbeiträgen verschiedene Ziele. Zum einen soll Musik zur Anbetung und zum Lob Gottes hinführen. Dafür sollte im Gottesdienst immer ausreichend Raum vorhanden sein. »Gott loben, das ist unser Amt«, so heißt es treffend in einem alten Kirchenlied aus der Reformationszeit. Lieder führen aber auch auf die Predigt und den Leitgedanken des Gottesdienstes hin und sind eine Antwort auf das, was die Gemeinde gehört hat. Die Palette von Liedern zu besonderen Themen und Anlässen ist deshalb sehr groß. Andere Lieder wiederum erfüllen eine besondere Funktion im Gottesdienstablauf. Dazu gehören beispielsweise das Eingangslied, das Predigtlied oder das Abschlusslied. In allen Fällen prägen Lieder immer auch die Stimmung und die Atmosphäre. Ein Gottesdienst, der vorwiegend mit getragenen Melodien gestaltet ist, wirkt anders als einer, bei dem frische und dynamische Lieder angestimmt werden. Wenn sich die Gemeinde über einen längeren Zeitraum intensiv hat konzentrieren müssen, lockern Lieder außerdem auf und wecken neue Kräfte zum Zuhören und Mitdenken.

Bei der Programmplanung spielen deshalb die Liedauswahl und die musikalischen Beiträge eine wichtige Rolle. Sie sollten sich immer überlegen, welches Ziel oder welche Ziele Sie jeweils mit welchem Lied erreichen wollen. Braucht die Gemeinde beispielsweise einfach nur eine Denkpause? Soll sie auf die Predigt eingestimmt werden? Möchten Sie zur Anbetung Gottes führen? Oder möchten Sie an einer bestimmten Stelle eine besondere Atmosphäre und Stimmung schaffen, etwa vor einem Aufruf zur Glaubensentscheidung? Je klarer Sie sich über das jeweilige Ziel des Liedes oder Musikbeitrags geworden sind, desto sicherer wird das musikalische Element seinen Zweck erfüllen.

2) Der lange Weg zum rechten Lied

Bei der Fülle der möglichen Lieder ist es gar nicht so leicht, eine passende Liedauswahl zu treffen. Wer schon einmal über seinem dicken Liederbuch gebrütet und verzweifelt von vorne nach hinten und in umgekehrter Richtung geblättert hat, weiß, was ich meine. Das eine Lied passt nicht zur Predigt. Das nächste ist der Gemeinde unbekannt. Das dritte kennt sie, aber die im Buch angegebene Melodie ist gänzlich fremd. Beim vierten ist die Gemeinde zwar mit Inhalt und Melodie vertraut, aber die »Streiterscharen«, die in den »heiligen Krieg« geschickt werden, wirken angesichts des letzten Nahostkrieges etwas problematisch. Die Auswahl aus über 600 Liedern reduziert sich schlussendlich auf die altbewährten dreißig bis vierzig, die immer und immer wieder gesungen werden. Die Qual der Wahl bleibt einem Gottesdienstleiter bei der Liedauswahl dennoch nicht erspart. Es gibt einige Hilfen, wie die Auswahl gelingt.

Wie viele Lieder braucht der Mensch?

Die erste Frage, die sich im Blick auf die Liedauswahl stellt, ist, wie viele im Gottesdienst überhaupt gesungen werden sollen und an welchen Stellen sie am besten platziert sind. Natürlich gibt es dazu keine feste Regel, es sei denn, dass Sie in Ihrer Gemeinde eine festgefügte Liturgie praktizieren. Aber am Anfang und am Schluss eines Gottesdienstes wird sicherlich jeweils ein Lied gesungen; am Anfang zur Einstimmung und damit die Gemeinde zum ersten Mal aktiv wird, am Ende, um noch einmal einen gemeinsamen Schlusspunkt zu setzen. Ein weiteres Lied ist nötig, um dabei die Kollekte einzusammeln. Auch unmittelbar vor der Predigt sollte die Gemeinde mit einem Lied auf die Verkündigung eingestimmt werden und noch einmal »frische Luft« schnappen können. Und ein gemeinsames Lied nach der Predigt weckt die eventuell »toten Geister« wieder auf. Denkbar ist auch, dass die Gemeinde nicht an allen diesen Stellen selbst singt, sondern hier oder da auf einen Chorbeitrag hört. Fünf gemeinsame Lieder sind schon eine Menge. Ob Sie die Anzahl reduzieren oder über diese Lieder hinaus weitere in das Programm einbauen wollen, hängt ganz von Ihnen ab. Sehr stereotyp und phantasielos wirkt es, wenn sich gemeinsamer Gesang und Wortbeitrag monoton abwechseln: Lied - Beitrag - Lied - Beitrag - Lied - Beitrag - Lied . . . Sie können getrost Blöcke schaffen und zwei oder drei Wortbeiträge aneinander reihen (z.B. Schriftlesung, Gebet und Ansagen) oder einen Liedblock mit zwei oder drei Liedern einplanen. Das schafft Abwechslung und verhindert einen mechanisch wirkenden Ablauf.

Lieder, die zum Inhalt passen

Weil der Gottesdienst eine klar erkennbare thematische Linie verfolgen soll, müssen auch die Lieder und Musikbeiträge inhaltlich in diese Richtung weisen. Es wäre zu spät, wenn der Leitgedanke erst im so genannten

Predigtlied erkennbar würde. Genauso wie die Textlesungen, ein thematischer Anriss oder eine Spielszene schon das Motiv des Gottesdienstes aufgreifen, sollten auch die Lieder möglichst von Anfang an passend ausgesucht werden. Das Eingangslied ist davon vielleicht ausgenommen, weil es auch Dank, Anbetung oder das Zusammenkommen zum Inhalt haben kann. Weil die meisten Liederbücher thematisch geordnet sind und über ein gutes Inhaltsverzeichnis verfügen, werden Sie in den entsprechenden Rubriken wahrscheinlich schnell fündig. Es gibt allerdings auch Predigttexte, zu denen sich auf den ersten Blick kaum Lieder finden lassen. An dieser Stelle kann eine Liedkonkordanz weiterhelfen. Unter einem bestimmten Stichwort findet man darin Lieder, die vielleicht erst im dritten oder vierten Vers auf die Thematik zu sprechen kommen und im Liederbuch unter einer anderen Kategorie aufgeführt sind. Ähnlich gute Dienste erweist heute mehr und mehr Computersoftware, mit der Sie in verschiedenen Gesangbuchausgaben versgenau nach Stichworten recherchieren können.[1] Wenn Sie in Ihrem Gemeindeliederbuch kein passendes Lied finden, können Sie auch in anderen Sammlungen nachschauen. Vielleicht stoßen Sie dort auf ein geeignetes Lied, das Sie dann von der Folie singen lassen können.

Unter die Lupe genommen

Es ist sehr wichtig, dass Sie die Lieder, die Sie aussuchen, in mehrfacher Weise kritisch prüfen. Zum einen sollten Sie sicher sein, dass die Gemeinde zumindest die Melodie kennt. Ein fremder Text lässt sich einer bekannten Melodie leichter unterlegen als umgekehrt! Sonst kann es sehr peinlich für Sie werden, wenn Sie fröhlich losschmettern und der Rest schweigt. Bis Sie sich entschuldigt und ein neues Lied ausgesucht haben, wird eine ganze Weile vergehen. Wenn Sie sich unsicher sind, ob ein Lied bekannt ist, fragen Sie beim Organisten nach, der es vermutlich weiß.

Zum anderen sollten Sie die Lieder aber auch inhaltlich kritisch überprüfen. Manche Lieder sind sprachlich so hoffnungslos veraltet, dass man vielleicht lieber auf sie verzichten sollte. Dazu gehören beispielsweise die sogenannten Pilgerlieder (z. B. »Es pilgert durch die Lande . . .«), die unser heutiges Lebensgefühl als Christen kaum mehr wiedergeben können.

[1] Siehe im Anhang unter »Literaturhinweise«.

Natürlich sind sie inhaltlich goldrichtig. Aber sie müssten in unsere Zeit und Sprache neu übersetzt werden, damit sie für uns verständlich sind. Sprachlich problematisch sind auch viele Lieder, die in die unbefangene militaristische Sprache des ausgehenden letzten Jahrhunderts gekleidet sind. Wenn Sie im Gottesdienste die »Streiterscharen« zum »heiligen Krieg« und »zum letzten großen Sieg« aufmarschieren lassen, finden Sie dazu natürlich biblische Analogien. Aber wer würde heute einen solchen Text verfassen?! Lieder sind immer auch ein Spiegel ihrer Zeit. Weil sich die Zeiten wandeln, gibt es welche, die eben nicht zeitlos geblieben sind. Ähnlich kritisch muss man auch mit vielen neueren Liedern umgehen. Auch hier ist nicht alles Gold, was glänzt - weder sprachlich noch inhaltlich. Wenn die alttestamentliche Theologie der Landnahme unbefangen auf die neutestamentliche Gemeinde übertragen wird, wenn wir in endlosen Wiederholungen das Königtum Jahwes besingen oder uns gegenseitig zum Klatschen, Hüpfen, Jauchzen, Springen und Tanzen ermutigen - natürlich »vor dem Herrn« -, dann muss man feststellen, dass die Gemeinde Jesu in ihrer zweitausendjährigen Geschichte schon Tiefsinnigeres hervorgebracht hat.

Wenn Sie also Lieder auswählen, sollten Sie auch auf Sprache und Inhalt achten. Weil Problematisches nicht immer gleich im ersten Vers offensichtlich wird, ist man gut beraten, das gesamte Lied kurz zu überfliegen. Notfalls lässt sich noch eine Auswahl treffen, mit der man die kritischen Verse übergehen kann. Wenn der Gottesdienst, den Sie leiten, eine besondere Zielgruppe vor Augen hat, müssen die Lieder natürlich darauf abgestimmt sein. In einem evangelistisch ausgerichteten Gottesdienst haben Lieder, die Gläubige zur vertieften Hingabe ihres Lebens an Gott auffordern, wenig zu suchen. Ähnlich empfinde ich im Blick auf Anbetungslieder. Es ist gut, wenn Nichtchristen erleben, wie fröhlich Christen ihren Gott preisen. Ich würde diese Menschen aber nicht unbedingt dazu ermutigen wollen, einen Lobpreis mit anzustimmen, hinter dem sie von vornherein inhaltlich nicht stehen können.

3) Über Geschmack lässt sich streiten

Da sich bekanntlich über nichts so gut streiten lässt wie über Geschmack, gibt es auch in vielen Gemeinden heftige Auseinandersetzungen über das

Liedgut. Die Jungen bestehen auf neueren und zeitgemäßen Liedern. Die Alten, die die Gemeinde aufgebaut haben, wollen sich musikalisch nicht an den Rand drängen lassen und bestehen auf »ihren« bewährten alten Glaubensliedern. Diese jeweils verständlichen unterschiedlichen Interessen lassen sich nur in gegenseitigem Einvernehmen klären. Jede Seite muss zu ihrem Recht kommen, und jede Seite muss Zugeständnisse machen. Das wird nie ohne Schmerzen abgehen. Die Qualität des Miteinanders von Jung und Alt wird darüber entscheiden, ob es gelingt.

Der Gottesdienstleiter hat aber die Möglichkeit, vermittelnd zu wirken. Das kann durch eine gute Mischung des Liedguts geschehen. Alte Kirchenlieder und Glaubens- und Erweckungslieder können im Gottesdienst genauso ihren Platz finden wie neuere Songs, wenn man sie geschickt verteilt. Wenn Sie einen Lobpreis- oder Anbetungsteil mit neueren Liedern gestalten, wird die Jugend es auch verkraften, wenn die anderen Lieder im älteren Stil gehalten sind. Sie können auch durch die Art und Weise, wie Sie Lieder ansagen, Brücken bauen und damit zum gegenseitigen Verständnis beitragen. »Vorhin haben wir ein Lied aus der großen Zeit der Erweckungsbewegungen gesungen. Unsere älteren Geschwister kannten es gut. Jetzt wollen wir ein neueres Lied singen, das uns in anderen Worten und in einer anderen Melodie auf dasselbe hinweist, nämlich die Erneuerung unseres Lebens durch den Geist Gottes.« Mit einem solchen Sätzchen machen Sie deutlich, dass Jung und Alt zusammengehören, dass es jeweils um das gleiche geistliche Anliegen geht und dass jeder sich in »seinem« Gottesdienst wiederfinden darf. Natürlich kann man solche verbindenden Erklärungen nicht zu jedem Lied abgeben. Aber hier und da eingestreut werden sie ihre Wirkung nicht verfehlen.

Weniger aus Gründen des Generationenunterschieds, sondern mehr aus sachlichen Überlegungen würde ich Ihnen empfehlen, mit fremdsprachigen Liedern sehr zurückhaltend zu sein. Viele neuere Songs sind in Englisch verfasst. Obwohl der Prozentsatz derer, die Englisch zumindest verstehen, immer größer wird, fühlen sich viele ausgeschlossen. Die Lösung, die Übersetzung des Textes vorher vorzulesen oder sinngemäß wiederzugeben, halte ich nicht für sehr glücklich. In den meisten Fällen stottert sich jemand eine aus dem Ärmel geschüttelte Übersetzung zurecht, der man kaum folgen kann. Bei langen Liedern ist der Text sowieso schnell vergessen. Und mitsingen können »Nichtengländer« trotzdem nicht, weil sie mit der Aussprache nicht zurechtkommen. In einer jungen

Neulandgemeinde, die fast nur aus Leuten unter dreißig besteht, mag die Sache anders aussehen. Die »Normalgemeinde« singt deutsch.

4) »Wünsch dir was«

Nicht jedes Lied, das während eines Gottesdienstes gesungen wird, muss vorher vom Leiter ausgesucht worden sein. Sie können von der Gemeinde Lieder wünschen bzw. auswählen lassen. In der Regel geschieht das aus zwei Gründen. Der erste ist, dass Sie in Ihrer Gemeinde die Gewohnheit haben, Geburtstagskindern einen Liedwunsch zu erfüllen. Vielleicht kommen auch andere Jubilare in den Genuss eines solchen Privilegs, beispielsweise anlässlich einer Silbernen oder Goldenen Hochzeit. Mit solchen Glückwunschliedern ehrt man Gemeindeglieder und macht ihnen eine besondere Freude. (In Klammern gesagt: Ich persönlich habe unter dieser Gewohnheit eher gelitten, weil ich mir extra für diesen Anlass ein »Lieblingslied« aussuchen musste. Und ich habe mich trotzdem geärgert, wenn man mich vergaß. So bin ich eben.)

Der zweite Grund für Wunschlieder ist, dass Sie der Gemeinde die Gelegenheit geben wollen, selbst ein Lied auszusuchen, das jemand als passend empfindet oder aus einem persönlichen Grund gerne singen möchte. Die »freie Auswahl« ist dann ein bewusst geplantes Element im Gottesdienst, das Raum gibt für Spontaneität. Ein Wunschlied kann dort sinnvoll sein, wo es nicht unbedingt auf ein thematisch exakt passendes Lied ankommt oder wo Sie sich aus einer Verlegenheit helfen müssen, weil beispielsweise die Predigt kürzer ausfiel als gedacht und Sie nun frei gewordene Zeit anderweitig ausfüllen müssen.

Das Problem bei Wunschliedern besteht darin, dass sie sich thematisch oft nicht in die Linie des Gottesdienstes einfügen. Nicht jeder verfolgt den roten Faden so bewusst mit, dass er etwas Passendes aussucht. Natürlich schadet es dem Gottesdienst nicht, wenn ein Lied auch einmal nicht genau passt. Aber man müsste sich fragen, was der besondere Vorteil des Wunschliedes dann wirklich noch ist. Es kommt auch öfter vor, dass jemand zwar den Text, aber nicht die Nummer des Liedes weiß. Dann vergeht wieder kostbare Zeit, bis diese endlich gefunden ist. Besonders problematisch wird es bei Geburtstagsliedern, die fast nie inhaltlich abgestimmt sind. Wenn das favorisierte Lied dann noch unbekannt ist, der Pianist die falsche Melodie anspielt und sechs weitere Geburtstagskinder auf ihre Chance warten, hat der Gottesdienst einen unerwarteten Höhepunkt bekommen. Wunschlieder zum Geburtstag kann man sich eigentlich nur in kleinen, überschaubaren Gemeinden leisten. Auch dort wird man sie eher am Rande des Gottesdienstes einplanen und vielleicht für jeden auf eine feste Strophenzahl begrenzen - um der Zeit und der Gerechtigkeit willen.

5) Lieder richtig angesagt

Lieder aussuchen ist eine Sache, eine andere Sache ist es, sie anzusagen. Damit die Gemeinde genau weiß, was sie singen soll, braucht sie in der Regel nur eine einzige Angabe: die Nummer. »Wir singen das Lied Nummer 17.« Manchmal gibt es aber nötige oder wünschenswerte Zusatzinformationen. Zu den nötigen Zusatzinformationen kann beispielsweise die Versauswahl gehören. Manche Gemeinden singen während des Gottesdienstes aus mehreren Liederbüchern, so dass jeder genau wissen muss, zu welchem Buch er greifen soll. Nun wird die Ansage schon umfangreicher: »Wir singen aus dem blauen Liederbuch die ersten drei Strophen von Lied Nummer 17.« Wenn eine der Angaben fehlt, entsteht Verwirrung. Die stellt sich übrigens auch dann ein, wenn Sie eine zu komplizierte Versauswahl getroffen haben: »Wir singen vom Lied Nummer 17 die Verse 1-3, 5, 7, 8 und 11.« Diese Ansage stürzt die Gemeinde förmlich in eine »babylonische Versverwirrung«. Wenn Sie von sieben Strophen nur »die ersten drei und die letzten drei« singen lassen wollen, müssen Sie schon genau wissen, was an der einen vierten so schlimm ist, dass Sie gerade diese auslassen. Viele Gemeindeglieder werden während des Singens dieser tiefsinnigen Frage nachgehen und sich ein eigenes Urteil bilden. Je mehr Fakten Ihre Ansage enthält, desto wichtiger ist es, die Angaben noch einmal zu wiederholen. Auf alle Fälle sollten Sie alles Nötige vorher selbst herausgesucht haben. Es ist eine Unart, wenn ein Gottesdienstleiter zwar den Titel des Liedes ansagt, sich aber aus der Gemeinde die Nummer zurufen lässt, weil er zu bequem war, sie im Inhaltsverzeichnis zu suchen. Auch die Versauswahl muss vorher stehen, damit Sie sie nicht erst in einer offenen Diskussion erarbeiten müssen.

Eine Liedansage sollte sich aber nicht nur auf die technischen Daten beschränken. Wer im Gottesdienst einen roten Faden sichtbar werden lassen will, muss die Lieder mit einigen erklärenden Worten in das ganze Geschehen einbinden und der Gemeinde deutlich machen, welchen Sinn sie an dieser Stelle erfüllen. Die meisten singen nämlich einfach deshalb, weil man sie zum Singen auffordert. Welche Beziehung das Lied zu seinem gottesdienstlichen Umfeld hat, ist vielen nicht bewusst. Sie denken auch nicht darüber nach. Wenn sie aber darauf hingewiesen werden, bekommt die Aussage des Liedes für sie plötzlich eine Bedeutung. So können Sie beispielsweise das Schlusslied einfach mit der Nummer ansagen: »Zum Abschluss singen wir das Lied 398.« Sie können ihm aber mit einigen Sätzen eine Bedeutung geben: »Nachdem wir heute so viel von der Gnade Gottes gehört haben, bleibt uns zum Schluss eigentlich nur noch ein Dankeschön an unseren Herrn. Diesen Dank wollen wir mit einem Lied ausdrücken: ›Nun danket alle Gott mit Herzen, Mund und Händen.‹ Wir finden das Lied unter der Nummer 398. Weil es sich im Stehen besser danken lässt, stehen wir zum Singen auf.« Solche kleinen »Anmoderationen« beziehen sich in der Regel auf den Liedinhalt. Sie können aber auch auf seine Entstehungsgeschichte zurückgreifen oder auf den Komponisten und den Dichter. Die nötigen Angaben dazu finden Sie in der Regel über oder unter dem Lied, im Anhang des Gesangbuches oder in speziellen Büchern, die die Entstehungsgeschichte bekannter Lieder erzählen.[2]

6) Klare Sicht bei Folienliedern

Viele Gemeinden ergänzen ihren Liedschatz durch sogenannte »Folienlieder«. Es ist schier unmöglich, all die Liederbücher für die ganze Gemeinde anzuschaffen, aus denen man das eine oder andere Lied begeistert schmettert. Also wird schnell eine Kopie auf Folie gemacht und dann per Overheadprojektor an die Wand gezaubert. Nun kann jeder sehen, was gesungen wird – oder auch nicht.

Das Singen von Folie hat nämlich seine Tücken. Viele Folien sind so gut wie unbrauchbar. Meistens liegt das an der Schrift, die viel zu klein ge-

[2] Siehe im Anhang unter »Literaturhinweise«.

wählt ist. Zwar zeigen die Noten dem kundigen Sänger, wohin er seine Stimme lenken muss. Der Text kommt aber zu kurz. Wenn Folien mit dem Stift geschrieben sind, ist die Handschrift oft unleserlich. Und wenn Sie abgeschrieben wurden – gleich ob per Hand oder Computer –, strotzen sie oft nur so von orthographischen Fehlern, so dass es wenig Freude macht, sein Auge darauf ruhen zu lassen. Wenn dann die Folie im Laufe des Singens noch hektisch verschoben wird, so dass man ein Erdbeben vermutet, wenn sie schief aufliegt oder nicht rechtzeitig gewechselt wird, haben Sie ein ziemliches Chaos produziert. Die Folien sollten ansehnlich und von guter Qualität sein. Der rechte Umgang mit ihnen muss eingeübt werden, so banal das vielleicht klingen mag.

Ein Gesichtspunkt, der von vielen übersehen wird, ist die Frage nach dem Copyright. Fast jedes Lied gehört rechtlich gesehen irgendjemandem. Von Gesetzes wegen ist es nicht erlaubt, aus einem beliebigen Liederbuch Texte zu fotokopieren oder durch Abschreiben auf Folie zu bringen und sie im Gottesdienst zu verwenden. Selbst wenn Sie ein Lied aus Ihrem eigenen und rechtmäßig erworbenen Liederbuch auf Folie übertragen wollen, müssen Sie sich vom Urheber dafür die Rechte erteilen lassen. Dazu genügt beispielsweise ein formloses Schreiben an den Verlag, in dem Sie um die Erlaubnis bitten, von dem benannten Lied eine Folie erstellen zu dürfen. Diese Genehmigung wird Ihnen in der Regel gegen eine geringe Gebühr von um die 20 DM erteilt. Man kann über diese Regelung des Copyright streiten und kräftig Für und Wider gegeneinander abwägen. Aber sie ist nun einmal geltendes Recht. Wenn Sie die Leitung des Gottesdienstes haben, sollten Sie also mit einer schnell kopierten Folie zurückhaltend sein.

7) Vorbeugen ist besser als bohren

In den meisten Gemeinden, die ich kenne, wird der Gesang im Gottesdienst mit einer Orgel oder einem Klavier begleitet. Gelegentlich gesellen sich noch ein paar andere Musikinstrumente dazu. In seltenen Fällen singt die Gemeinde auch ohne Begleitung. Die Lieder werden dann entweder vom Gottesdienstleiter angestimmt oder von einer anderen Person, die im wahrsten Sinne des Wortes »tonangebend« ist. Weil die Klavierspieler nicht alle spontan jedes gewünschte Lied begleiten können, sollten Sie wissen, mit wem Sie es im Gottesdienst zu tun haben. Ein kurzer Anruf am Freitag oder Samstag genügt in der Regel, um sicherzustellen, dass der Pianist am Sonntag wirklich zur Verfügung steht. Bei dieser Gelegenheit könnte man auch gleich die Lieder nennen, die begleitet werden sollen. Auch hier kommt es wieder auf Titel, Nummer, Verszahl und Melodie an, nach der das Lied gesungen wird. Falls im Vorfeld Probleme deutlich werden, können Sie jetzt noch reagieren. Sie suchen ein anderes Lied aus, wählen eine andere Melodie oder besorgen sich im Notfall einen anderen Klavierspieler, weil Ihr Standardpianist Ihnen auf seinem Anrufbeantworter mitteilt, dass er über das Wochenende nicht zu erreichen ist. In Ihnen steigt die Ahnung auf, dass er eventuell wieder einmal vergessen haben könnte, sich um einen Ersatz zu bemühen. Wenn Sie alles auf sich zukommen lassen, sind Pleiten, Pech und Pannen wieder vorprogrammiert: Ihr Organist hat für keine Vertretung gesorgt. Das Gemeindeglied, das spontan einspringt, kennt alle Lieder, nur das eine, das Sie ausgesucht haben, ausgerechnet nicht. Das Lied, das Ihnen auf die Schnelle eingefallen ist, steht mit einer »falschen« Melodie im Gesangbuch. Und um das allerletzte Ausweichlied begleiten zu können, braucht der Klavierspieler zwei Bücher, weil der Notensatz auf zwei Seiten verteilt ist und er sonst blättern müsste. Sie reichen ihm schnell Ihr Exemplar, damit es endlich weitergeht. Dann wollen Sie kräftig mit einstimmen und bemerken, dass Sie unvermittelt mit leeren Händen dastehen. Natürlich werden Ihnen alle liebenswürdig zulächeln. Aber wäre dieses Missgeschick wirklich nötig gewesen? Die alte Zahnarztweisheit gilt deshalb übertragen auch hier: »Vorbeugen ist besser als bohren.«

8) Mit wachem Auge dabei

Während des Gottesdienstes sollten Sie das Singen gedanklich begleiten. Manchmal gibt es Komplikationen, bei denen man rasch reagieren muss. Wenn der Klavierspieler zu schnell oder die Gemeinde zu langsam ist, kann man mit Blicken, mit Gesten oder notfalls auch mit Worten helfend eingreifen. Dazu ist ein ungestörter Blickkontakt zum Klavierspieler nötig. Setzen Sie sich, wenn irgend möglich, so, dass Sie ihm Zeichen geben können. »Etwas langsamer. Etwas schneller. Etwas lauter. Etwas leiser. Stopp, die Gemeinde kennt das Lied offensichtlich nicht.«

Wenn die Probleme bei der Gemeinde liegen, kann man beim nächsten Lied einen dezenten Hinweis geben: »Liebe Geschwister, vielleicht probieren wir es bei diesem Lied etwas kräftiger, ja?« Tadel kommt in den meisten Fällen schlecht an: »Also, so schlecht wie heute habt ihr schon lange nicht mehr gesungen!« Mit einer Ermutigung kommt man weiter. Wenn der Gesang schon in der ersten Strophe völlig zusammenzubrechen droht, sollten Sie den Mut haben, das Lied abzubrechen und die Sache nicht über sieben weitere Verse hinweg bis zu ihrem traurigen Ende durchstehen. Alle werden Ihnen dankbar sein, wenn sie sich nicht länger quälen müssen, sondern eine zweite Chance bekommen. Wenn Sie auf die Schnelle kein anderes Lied zur Hand haben, können Sie einen Kanon anstimmen lassen oder einen Liedvorschlag aus der Gemeinde erbitten. Irgendjemand wird sicherlich gerne einmal wieder sein Lieblingslied hören wollen.

Es macht sich übrigens nicht gut, wenn Sie andere zum Singen auffordern und sich selbst während dieser Zeit mit den »Büroarbeiten« eines Gottesdienstleiters beschäftigen. Wenn Sie gut vorbereitet sind, haben Sie auch Zeit und Muße, mit der Gemeinde zusammen zu singen.

9) Tante Irmchen singt ein Lied

Bisher haben wir vorwiegend über den Gemeindegesang nachgedacht. Natürlich spielen auch musikalische Beiträge gesanglicher oder instrumentaler Art eine wichtige Rolle im Gottesdienst. Wozu auch sonst haben Sie einen Gemeindechor, ein Männer-Doppelquartett, einen Frauensingkreis, einen Youth Gospel Choir, die »Kleinen Amseln«, den Posaunenchor, den Gitarrenkreis, die White Angels Hardrockband und Tante Irmchen, die am Klavier begleitet so gerne die alten Heilslieder zu neuem Leben erweckt? Alle geben ab und an ihren Beitrag im Gottesdienst. Und heute sind Sie an der Reihe, das Richtige auszusuchen und passend zu platzieren.

Die Möglichkeiten zu solchen musikalischen Programmpunkten sind natürlich von Ort zu Ort sehr unterschiedlich. Während die eine Gemeinde aus dem Vollen schöpfen kann, freut sich die andere schon, wenn zwei oder drei Jugendliche zur Gitarre greifen und einfach nur einen Schlager aus der Jugendstunde im Gottesdienst zum Besten geben. Deshalb muss man sich in dem Rahmen bewegen, der einem zur Verfügung steht, und die Möglichkeiten nutzen, die es gerade gibt. Eine Begrenzung wird allerdings fast immer durch die Zeit gesetzt. Ein Gottesdienst ist kein Konzert. Musikbeiträge sollen erfreuen, untermalen, geistlich anregen und möglichst nicht aufregen. Aber sie müssen immer im zeitlichen Rahmen bleiben. Wenn Sie also den Gemeindechor um einen Beitrag bitten, müssen Sie genaue Vorstellungen darüber haben, wie viele Lieder in den Programmablauf passen. Als Faustregel gilt, dass ein vom Chor vorgetragenes Stück mit Auf- und Abgang etwa fünf Minuten dauert. Wenn Sie den Chor gleich zwei Lieder hintereinander singen lassen, haben Sie einen Auf- und Abtritt gespart.

Das, was Sie sich als Rahmen vorstellen können, müssen Sie nun mit dem Chorleiter als feste Absprache vereinbaren. Sagen Sie ihm genau, wie viele Lieder sie erwarten, wie viel Zeit Sie pro Lied eingerechnet haben und teilen Sie auf alle Fälle das Thema der Predigt und des Gottesdienstes mit, damit der Chor die inhaltliche Linie musikalisch unterstreichen kann. Manche Chorleiter oder Musikgruppen haben die Tendenz, unangemessen zu dominieren: »Wenn wir nicht drei Lieder singen können, lohnt es sich für uns nicht.« »Wir haben eine Bachmotette eingeübt. Die wollen wir auf alle Fälle vortragen, auch wenn sie 12 Minuten dauert.« Besonders schwierig ist es, wenn Musiker die Gemeinde zur Profilierung und Selbstdarstellung missbrauchen wollen. Am häufigsten kommt das im Zusammenhang mit Eltern vor, die mit den ersten musikalischen Versuchen ihrer lieben Kleinen gerne die ganze Gemeinde erfreuen möchten. Da muss der Gottesdienst zum Auftakt mit dem »Fröhlichen Landmann« beginnen, obwohl kein Erntedankfest ist und der betreffende Agrarökonom eher betrunken als fröhlich auf seinem Stoppelfeld, sprich Klavier herumzutorkeln scheint. Einige finden es niedlich, der Rest lächelt süßsauer. Sie sind der Leiter, Sie haben die Verantwortung für den Gottesdienst, und Sie setzen die Eckdaten! Natürlich entwickeln Sie auch Verständnis für die Belange des betreffenden Chors oder Musikers. Aber lassen Sie sich inhaltlich und vom äußeren Ablauf her nichts diktieren, was Sie nicht für angemessen und passend halten. Je genauer die Absprachen sind, desto geringer ist die Gefahr von Missverständnissen. Für Ihre

Leitung ist es übrigens auch eine große Hilfe, wenn Sie vom Chorleiter nicht nur die Anzahl der Stücke, sondern auch deren Titel genannt bekommen. Sie können dann leichter mit einem Satz darauf eingehen.

Bei besonderen Situationen und Anlässen empfiehlt es sich auch, die Musiker oder den Chorleiter kurz vorzustellen. »Heute singt zum ersten Mal unser neu gegründeter Gospelchor. Er wird geleitet von Erich Sängerle.« Sie sollten sehr zurückhaltend mit Vorschusslorbeeren sein: »Wie mir Erich gesagt hat, haben sie wochenlang mit viel Fleiß geübt. Ich habe vorhin in die letzte Probe hineingehört. Es klingt phantastisch. Lasst euch überraschen.« Die Überraschung folgt auf dem Fuß: Der Chor kommt aus dem Rhythmus, weil alles zu neu und zu aufregend ist. Die Blamage ist nach Ihrer Ansage doppelt groß. Der nächste Fehler wäre es, jetzt im Nachhinein die Sache noch aus dem Feuer reißen zu wollen: »Also, da sieht man, wie man sich täuschen kann. Ich hätte gedacht, dass es klappt. Na ja, auf Erden sind wir eben alle noch nicht vollkommen. Und überhaupt, wir singen ja zur Ehre Gottes. Da macht es nichts, wenn mal was danebengeht, gell Erich?« Hätten Sie nicht mehr gesagt als ein nettes »Dankeschön«, hätte auch jeder gewusst, dass der Chor zum ersten Mal aufgetreten ist. Aber es wäre weniger peinlich gewesen, als es mit Ihrem »Rettungsversuch« tatsächlich geworden ist.

Eine Unart von Gottesdienstleitern ist es, den Musikbeitrag zu benutzen, um sich mit seiner Hilfe Ruhe im Saal zu verschaffen. Das gilt besonders dann, wenn der Gottesdienst mit einem Chorlied oder Musikstück beginnt. Die Gemeinde ist laut und unruhig. Dann wird der Chor an die Front geschickt. Der muss in die Unruhe hineinsingen und dem Gottesdienstleiter damit den Weg zu einem friedlichen Einstieg bahnen. Wen wundert es, dass sich die Sänger als Kanonenfutter missbraucht fühlen. Sorgen Sie vorher durch eine Ansage für Ruhe, damit der Chor die konzentriert zuhörende Gemeinde bekommt, die er verdient hat.

10) Applaus! Applaus?

Eine heikle Frage ist die nach dem Applaus im Gottesdienst. Wenn sich der Gottesdienstleiter als Showmaster versteht und den Gottesdienst wie eine Unterhaltungssendung moderiert, rundet ein kräftiger Applaus an möglichst vielen Stellen das Programm natürlich ab. Wenn der Gottesdienstleiter die Gemeinde aber in die Nähe Gottes führen will, kann er es eigentlich nicht auf Applaus angelegt haben. Besonders die jungen Leute empfinden an dieser Stelle heute sehr frei. Sie sehen im Applaus weniger die verdiente Belohnung für eine stolze Leistung, die jemand erbracht hat. Er ist eher ein spontaner Ausdruck eines positiven Gefühls, das nicht zurückgehalten, sondern frisch und fröhlich geäußert wird. »Das war gut. Das hat mir gefallen. Deshalb klatsche ich. Was ist dabei?« Es kann allerdings sehr schnell passieren, dass das Klatschen überhand nimmt und schlussendlich an allen möglichen und unmöglichen Stellen geschieht. Die Stimmung beginnt sich zu verselbständigen. Ein Klatschen überbietet das andere.

Konzert ist Konzert, und Gottesdienst ist Gottesdienst. Wenn jemand einen außergewöhnlichen musikalischen Beitrag geleistet hat, über den sich offensichtlich die ganze Gemeinde von Herzen freut, ist gegen einen spontanen Applaus sicherlich nichts einzuwenden. Aber er gehört nicht zum Standardrepertoire eines Gottesdienstes. Dort freut sich jeder, wenn er zum Segen der anderen einen Beitrag leisten kann. Aber er würde keinen Applaus dafür erwarten. Oder würden Sie sich wünschen, am Ende des Gottesdienstes für Ihre gute Leitung einen Extraapplaus zu bekommen? Ein dezentes »gut gemacht« am Ausgang genügt doch, oder?

Ideensammlung:

- Es schafft Abwechslung, wenn Sie verschiedene Strophen eines Liedes von unterschiedlichen Gruppen von Gottesdienstbesuchern singen lassen. Ein Beispiel: Vers 1: alle, Vers 2: Männer, Vers 3: alle, Vers 4: Frauen, Vers 5: alle. Sie können auch nach Jung und Alt oder Früh- und Spätaufstehern einteilen oder die Gemeinde in Wechselgesang mit dem Chor treten lassen. Wichtig ist, dass die Aufteilung nicht kompliziert und unübersichtlich ist und dass Sie vor der Gemeinde stehen bleiben, um im Notfall helfend einzugreifen.
- Lieder lassen sich nicht nur singen, sondern auch als Gedicht vortragen. Wenn Ihnen ein Liedtext besonders wichtig ist, können Sie ihn zunächst vorlesen und dann erst singen lassen. Die Gemeinde wird dadurch bewusster auf den Inhalt achten.

Das Gebet

Zu den wesentlichen Bestandteilen des Gottesdienstes gehört das Gebet. Wir erleben nicht nur Gemeinschaft untereinander und hören auf Gottes Wort. Wir sprechen auch mit unserem Herrn. Das ist geradezu ein Kennzeichen lebendiger Gemeinde. Von den ersten Christen in Jerusalem heißt es: »Sie verharrten aber in der Lehre der Apostel und in der Gemeinschaft, im Brechen des Brotes und in den Gebeten« (Apostelgeschichte 2,42). Die Mehrzahlform »Gebete« weist sicherlich darauf hin, dass nicht nur an einer einzigen Stelle der Versammlung gebetet wurde, sondern dass es häufig und immer wieder geschah. Vom Grundsatz her handhaben wir das bis heute in unseren Gottesdiensten ähnlich. Es wird an den verschiedensten Stellen mit sehr unterschiedlicher Zielsetzung gebetet. Ob das Gebet heute im Bewusstsein der Gemeinde und von seiner Intensität her einen ähnlichen Stellenwert hat wie in der frühen Kirche, kann man sicherlich berechtigt anfragen. Die Gefahr, dass es an den Rand gedrängt und gedankenlos dahingesagt wird, ist nicht von der Hand zu weisen. Die meisten Gottesdienstleiter planen natürlich Gebete an verschiedenen Stellen des Gottesdienstablaufs ein. Aber man gibt sich schnell damit zufrieden, dass das Stichwort »Gebet« oder »Gebetsgemeinschaft« im Programm erscheint. Über Inhalt und Gestaltung wird meist wenig nachgedacht. Deshalb möchte ich an dieser Stelle einige Anregungen zum Gebet in der Gemeinde geben.

1) Das öffentliche Gebet – anders als im stillen Kämmerlein

Das Gebet in der Gemeinde unterscheidet sich vom privaten Gebet. Das letztere gibt die Möglichkeit, sich ganz persönlich an Gott zu wenden und ihm frei und unbefangen unter vier Augen alles zu sagen, was einem auf dem Herzen liegt. Das Gebet in der Gemeinde ist ein öffentliches Gebet, bei dem alle zuhören und das Themen und Anliegen aufgreift, die alle betreffen. Der Gottesdienstleiter hat dabei eine besondere Aufgabe. Wenn er betet, betet er nicht als Privatperson. Er spricht im Namen der gesamten Gemeinde und trägt gleichsam als Sprachrohr deren Anliegen Gott vor. Die persönlichen Belange des Leiters treten deshalb in den Hintergrund. Er betet aus der Sicht der Gemeinde und bleibt natürlich trotzdem auch er selbst. Vielen Gottesdienstleitern fällt dieser Wechsel der Perspektive schwer, weil sie im Privaten das persönliche, mit Gott vertraute Gebet pflegen und jetzt umdenken müssen. Deshalb klingt ihr Eingangsgebet in etwa so: »Lieber Vater im Himmel, ich möchte dir danken, dass ich heute morgen gesund aufgestanden bin und jetzt an diesem Gottesdienst teilnehmen kann. Segne mich und alle, die gekommen sind.« Dieses Gebet hat den Charakter eines Privatgebets, auch wenn natürlich jeder weiß, was gemeint ist. Es ist aber kein Gebet im Namen der Gemeinde.

Das öffentliche Gebet hat besondere Merkmale. Es ist zunächst einmal in der Wir-Form gehalten: »Lieber Vater im Himmel, wir danken dir, dass wir heute morgen zu diesem Gottesdienst zusammenkommen konnten. Wir wollen dich bitten: Segne uns.« Sicherlich wäre es auch nicht falsch zu beten »Ich danke dir, dass wir . . .«

Aber das »Ich« tritt im gemeinsamen Gebet zugunsten des »Wir« zurück. Deshalb sind auch subjektive Verallgemeinerungen im öffentlichen Gebet nicht zulässig: »Ich danke dir, dass wir heute morgen gesund aufgestanden sind.« Es ist sehr erfreulich, wenn Sie sich als Gottesdienstleiter topfit fühlen. Aber vielleicht haben sich andere Gemeindeglieder trotz massiver gesundheitlicher Beschwerden in den Gottesdienst geschleppt. Die werden sich Ihrem Gebet kaum anschließen können. Wenn Sie beten: »Wir danken Dir, dass wir an diesem Gottesdienst teilnehmen können«, werden sich alle verstanden und einbezogen fühlen – die Gesunden und die Kränkelnden.

Zu den subjektiven Verallgemeinerungen gehören auch Wertungen: »Vater, ich möchte dir für diese wunderbare Predigt danken. Sie hat uns zutiefst angesprochen wie lange nicht mehr und in uns allen den Wunsch geweckt, dir noch viel näher zu kommen als bisher.« Es mag sein, dass Sie die Predigt in diesem Sinne empfunden haben. Aber ob sich alle, in deren Namen Sie gerade gebetet haben, Ihrem Urteil anschließen können, ist noch offen. Wenn ein Gemeindeglied in einer Gebetsgemeinschaft sich so dankbar äußert, ist das eine andere Sache, als wenn Sie als Gottesdienstleiter das stellvertretend für die gesamte Gemeinde tun. Das öffentliche und stellvertretende Gebet sollte deshalb mit der Ich-Form, mit Verallgemeinerungen und Vereinnahmungen sehr sparsam und auf alle Fälle überlegt umgehen. Wer öffentlich und für andere betet, muss von den anderen her denken und so beten, dass es wirklich in deren Sinn geschieht.

2) Ein Gebet - doch viele Formen

Innerhalb des Gottesdienstes wird an verschiedenen Stellen gebetet. Die Gebete verfolgen dabei jedes Mal ein etwas anderes Ziel. Natürlich bleibt Gebet jedes Mal Gebet. Und inhaltlich überschneiden sich die verschiedenen Gebete. Aber trotzdem weist jedes Besonderheiten auf, auf die ich etwas näher eingehen möchte.

Das Eingangsgebet

Das Eingangsgebet beschäftigt sich mit dem Anlass, der die Gemeinde zusammengeführt hat. Es will die Gemeinde innerlich in die Nähe Gottes führen und Gott um seine Nähe und seinen Segen bitten. Es ist in einem gewissen Sinne auch ein Dank- und Fürbittegebet, weil wir unserem Herrn für seine Gegenwart danken und vielleicht auch an die Glaubensgeschwister denken, die nicht dabei sein können.

Es gibt einige Gewohnheiten im Blick auf das Eingangsgebet, von denen ich abraten möchte. So klagen beispielsweise manche Gottesdienstleiter über den schlechten Besuch des Gottesdienstes oder die traurige Lage der Gemeinde: »Herr, du siehst, dass heute so viele fehlen und dass wir in der letzten Zeit eine so kleine Schar geworden sind. Schenke uns trotzdem eine gute Zeit zusammen und segne uns.« Der Besuchermangel mag Ihnen wirklich auf der Seele brennen. Aber mit Ihren Sätzen legen Sie den grauen Schleier der Hoffnungslosigkeit und des Trübsinns über den ganzen Rest der Gemeinde, der erwartungsvoll gekommen ist. Eine andere Unart ist es, wenn im Eingangsgebet schon die Predigt vorweggenommen und der Gottesdienstablauf öffentlich bekannt gemacht wird. »Herr wir danken auch für Bruder Müller, der nachher über 1. Petrus 1,3-12 predigt, für die Kinder der Sonntagsschule, die nachher ein Lied singen, für das Zeugnis, das Schwester Meier gibt . . .« Unpassend sind auch Belanglosigkeiten wie der häufig vorkommende Dank für das schöne

Wetter oder der nach fünfzigjähriger Friedenszeit in Europa unverständliche Hinweis darauf, dass wir uns »in dieser Morgenstunde in aller Freiheit versammeln dürfen«. Natürlich können wir Gott nicht oft genug dafür danken, dass wir als Gemeinde große Freiheiten genießen. Aber meistens handelt es sich bei diesen Wendungen um relativ gedankenlos aneinandergereihte sprachliche Fertigbauteile, die wir innerlich abhaken oder gänzlich überhören. Wenn Sie sich zu Hause überlegen, was Sie in Ihrem Eingangsgebet aufgreifen möchten und was nicht, wird es Tiefe bekommen und die Gemeinde zum Hinhören und inneren Mitbeten ermutigen.

Dank- und Fürbittegebete

Ein großer Teil des Gebets beschäftigt sich mit Dank und Fürbitte. Meistens sind beide in einem Gebet zusammengefasst. Der Dank steht am Anfang, es folgen Bitte und Fürbitte. In diesen Gebeten werden aktuelle Anliegen aufgegriffen. Verschiedene Vorkommnisse aus dem Gemeindeleben geben Anlass zum Dank oder drängen zur Fürbitte. Dinge, die die gesamte Gemeinde bewegen, können Sie dabei auf keinen Fall übergehen. Es ist deshalb wichtig, dass Sie als Gottesdienstleiter ein Ohr am Puls der Gemeinde haben. Es ist mehr als peinlich, wenn Sie für die Missionare der Gemeinde gebetet haben, aber nicht wussten, dass einer von ihnen seit einer Woche im Krankenhaus liegt.

Dank und Fürbitte sollten auch möglichst konkret werden. Wenn Sie im Gebet formulieren: »Herr, segne alle unsere Missionare«, ist das inhaltlich zwar richtig. Aber wenn Sie sie kurz mit Namen nennen und vielleicht mit jedem ein spezielles Anliegen verbinden, bekommt Ihr Gebet eine ganz andere Leuchtkraft: »Wir bitten für unsere Missionare. Für Schwester Schneider in Kenia. Segne sie mit Gesundheit und Kraft. Für Familie Brandt in Brasilien. Schenke ihr viel Geduld und Einfühlungsvermögen im Umgang mit den Stammesangehörigen. Und für Bruder Ackermann, dass er in Manila eine geeignete Wohnung findet.« Dasselbe gilt für die Kranken Ihrer Gemeinde. Erst wenn Sie die Namen nennen, verbindet die Gemeinde lebendige Vorstellungen mit ihnen. Gebetsanliegen, die sich nicht von selbst verstehen, sollten Sie vor dem Gebet erläutern und das Gebet nicht zu einer Informationsstunde umfunktionieren: »Herr, wir bitten dich für unsere Schwester Inge Grub, die gestern beim Fensterputzen von ihrer provisorischen Leiter gefallen ist, die sie sich aus zwei Stühlen und einem Bügelbrett gebaut hatte. Du weißt, dass sie sich den linken Knöchel gebrochen hat und nun in unserem Kreiskrankenhaus auf der chirurgischen Station auf Zimmer 213 liegt und sich sehr über Besuch freut.« O ja, der Herr hat das wirklich alles gewusst. Und jetzt weiß es auch die Gemeinde.

Sehr zurückhaltend sollten Sie mit brisanten gemeindeinternen Anliegen im öffentlichen Gebet umgehen. Wenn Sie sich vorgestern in der Ältestensitzung so richtig in die Haare bekommen haben, muss das nicht im öffentlichen Fürbittegebet erwähnt werden. Viele Gemeindeglieder wären mit einem solchen Gebet überfordert. Sehr schade ist es auch, wenn sich Dank und Fürbitte ausschließlich auf die eigenen Gemeindeanliegen beschränken. Als Ortsgemeinde sind Sie ein Teil der weltweiten Gemeinde Jesu. Und Paulus fordert uns ausdrücklich auf, auch für Politik und Gesellschaft in der Fürbitte einzutreten (1. Timotheus 2,1-7). Als Gottesdienstleiter haben Sie die wunderbare Gelegenheit, die Gemeinde in die Weite zu führen und ihr eine Perspektive für den Rest der Welt zu vermitteln, in der unser Herr ebenfalls wirkt.

Anbetung und Lobpreis

In vielen Gottesdiensten kommt die Anbetung Gottes zu kurz. Es fällt uns schwer, Gott um seiner selbst willen zu loben. Wir sind ständig dabei, ihm für persönliches Wohl zu danken oder ihm unsere nimmer endenden Anliegen zu nennen. Natürlich hat er für beides ein offenes Ohr. Aber Gott ist würdig, um seiner selbst willen gepriesen und angebetet zu werden. Nur fallen uns dazu oft nicht die passenden Worte ein. Deshalb halten wir es mit der Anbetung relativ kurz – auch im Gottesdienst.

Unter Anbetung Gottes verstehen wir meist die sprachlichen Wendungen »Herr, wir beten dich an.« »Herr, wir loben dich.« Sicherlich ist das eine Form der Anbetung Gottes. Was fehlt, sind aber die Inhalte, derentwegen wir unseren Herrn anbeten. Der Satz »Herr, wir beten dich an« ist eigentlich nur eine Ankündigung, dass wir jetzt mit dem Lob beginnen wollen: »Wir beten dich an, denn du bist der Herr der ganzen Welt. Du hast uns deinen Sohn geschenkt . . .« Meistens folgt aber auf die Ankündigung wenig oder nichts.

Im Blick auf die Anbetung sehe ich zwei wesentliche Aufgaben für den

Gottesdienstleiter. Zum einen sollte er darauf achten, dass die Anbetung Gottes im Gottesdienst nicht zu kurz kommt, sondern wirklich einen angemessenen Platz findet. In seinen eigenen Gebeten sollte das Lob Gottes nicht fehlen, und er sollte Zeiten der Anbetung in den Programmablauf einfügen. Zum anderen sollte der Gottesdienstleiter der Gemeinde helfen, zur Anbetung zu finden. Das Anbetungsgebet muss inhaltlich vorbereitet sein, damit die Gemeinde Gott nicht »von Null auf Hundert« loben muss, sondern Anregungen bekommt, worüber sie ihn anbeten soll. Das kann durch einen Bibeltext oder durch hinführende Worte geschehen. Die Gemeinde kann durch ein oder mehrere Lieder zur Anbetung angeregt werden oder durch einen zeugnishaften Bericht. Sie können dazu ermutigen, dass jeder nur einen einzigen Satz spricht und Gott für eine einzige Sache lobt und dankt. Dann fällt die Anbetung leichter. Manche Gemeinden fügen einen regelrechten Lobpreisblock in ihren Gottesdienst ein. Er ist eine Mischung von Gebet und Gesang und wird von einem Musikteam begleitet. Weil es sich im Sitzen schlechter singen und lobpreisen lässt, steht die Gemeinde dazu auf. Besonders junge Leute schätzen diese Form der Anbetung Gottes sehr. Aber auch wenn Sie keinen Lobpreisteil in Ihrem Gottesdienst vorgesehen haben, sollte die Anbetung nicht zu kurz kommen, sondern einen festen Platz im Gottesdienst haben.

Bekenntnis der Sünde

Auch Bekenntnis der Schuld und Sünde kann Inhalt des Gebets sein und im Gottesdienst vorkommen. Im liturgischen Ablauf eines evangelischen Gottesdienstes sind sie sogar fest eingeplant und finden ihren Niederschlag im sogenannten »Sündenbekenntnis«, das die Gemeinde jeden Sonntag spricht. Das »Sündenbekenntnis« und die nachfolgende »Gnadenverkündigung« machen immer wieder aufs Neue bewusst, dass wir aus der Gnade Gottes leben. Das Problem ist, dass das Sündenbekenntnis in dieser festgefügten liturgischen Form leicht zur Floskel verkommen kann und kein wirkliches inneres Anliegen ist oder dass es sakramental als in sich wirksame Formel zur Sündenvergebung missverstanden werden kann. Aus diesem Grund verzichten Freikirchen auf ein förmliches Sündenbekenntnis. Es vollzieht sich spontan und meist unter dem Eindruck der Predigt. Das Bekenntnis der Schuld und des Versagens wird deshalb in der Regel in dem Gebet ausgedrückt, das auf die Verkündigung folgt.

Im Spiegel des Wortes Gottes hat die Gemeinde erkannt, wo sie versagt hat und an Gott schuldig geworden ist. Die Bitte um Vergebung der Schuld ist aber nicht auf das Gebet nach der Predigt festgelegt, sondern kann überall dort geschehen, wo es sich inhaltlich nahe legt.

Für den Gottesdienstleiter ist es gar nicht so leicht, mit dem Bekenntnis der Schuld umzugehen. Innerhalb einer Gebetsgemeinschaft wird sich auch das Bekenntnis frei entwickeln. Der Gottesdienstleiter wird dabei höchstens zittern und zagen, dass niemand aus der Rolle fällt und gar zu Persönliches öffentlich als Schuld bekennt oder ins Stottern und Weinen kommt. In Erweckungszeiten war das normal. Schuld drängt ans Licht und achtet dabei nicht auf Konventionen. Wenn Schuld in einem ehrlichen Bekenntnis offen formuliert wird, kann das eine ganze Gemeinde innerlich in Bewegung setzen. Aber Sie müssen diesen Vorgang begleiten und notfalls regelnd eingreifen, wenn es inhaltlich und von der Form her aus den Gleisen läuft. Wenn Sie keine Gebetsgemeinschaft eingeplant haben und im Namen der Gemeinde Schuld im Gebet bekennen, müssen Sie wieder darauf achten, dass Sie es wirklich aufrichtig meinen und niemanden vereinnahmen. »Herr, wir haben alle erkannt, dass unser Gebetsleben so erbärmlich ist. Vergib uns, dass wir an dir schuldig geworden sind.« Sie können so beten. Aber vielleicht wäre es gut, das »alle« wegzulassen und etwas allgemeiner zu bleiben. Wenn Sie sich persönlich schuldig fühlen, sollten Sie ebenfalls überlegen, ob Sie das als Gottesdienstleiter öffentlich formulieren. »Herr, ich habe heute in der Predigt erkannt, dass ich mit meinen Augen immer wieder Ehebruch begehe. Vergib mir.« Mit diesem Gebet sind Sie vielleicht eine große Last losgeworden; aber viele Gottesdienstbesucherinnen werden jetzt im Gegenzug ein Problem haben: »Gehöre ich auch zu denen, die er mit begehrlichen Blicken angeschaut hat?« Weil Bekenntnis und Beugung vor Gott sehr persönliche und sehr sensible Punkte sind, müssen Sie als Gottesdienstleiter auch sehr einfühlsam damit umgehen.

Das stille Gebet

Anstelle eines laut gesprochenen Gebets oder einer Gebetsgemeinschaft kann ein stilles Gebet sinnvoll sein. Ein stilles Gebet ist entweder thematisch offen: Jeder betet für sich und formuliert seine eigenen Gedanken und Anliegen. Oder es ist thematisch gebunden: Die Gemeinde wird beispielsweise gebeten, auf die Predigt mit einem stillen Gebet zu antworten. Man kann auch beides kombinieren und die Gemeindeglieder zunächst für sich beten lassen und dann ein laut gesprochenes Gebet oder eine Gebetsgemeinschaft anschließen.

Stille Gebete haben den Sinn, die Gemeinde zur Ruhe und zur Besinnung zu führen oder ihr die Gelegenheit zu geben, auf Gehörtes ganz persönlich zu antworten. Wichtig ist, dass Sie ausreichend Zeit geben. Viele Gottesdienstleiter halten die Stille nicht aus und brechen die Gebetszeit schon nach 15 Sekunden ab. Bis die meisten mit ihrem Gebet anfangen, dauert es aber einen Moment. Sie kommen dann gerade noch zur Anrede: »Lieber himmlischer Vater . . .« Danach hören sie schon die Stimme des eifrigen Gottesdienstleiters: »Amen! Der Gemeindechor singt uns ein Lied.« Das war's.

Das Abschluss und Segensgebet

Eine besondere Aufgabe erfüllt das Abschlussgebet, das auch den Segen beinhaltet. Ziel und Zweck ist es, den Gottesdienst, der im Namen Gottes begonnen wurde, auch im Namen Gottes zu beenden, ihn inhaltlich zusammenzufassen und die Gemeinde unter dem Segen des Herrn zu entlassen. Weil es dazu einiges anzumerken gibt, finden Sie weiter hinten ein eigenes Kapitel zum Thema »Der Abschlusssegen«.

Nicht in jedem Gottesdienst müssen alle oben aufgeführten »Arten« von Gebet vorkommen. Je nach Charakter und thematischem Leitgedanken des Gottesdienstes bekommen gewisse Aspekte des Gebets ein besonderes Gewicht. Wichtig ist, dass Sie als Gottesdienstleiter das Gebet nicht als eine Ihrer »leichteren Übungen« betrachten, sondern dass Sie sich Gedanken darüber machen, wie Sie es ins Geschehen einbinden und gestalten möchten.

3) Beten mit Stil

Weil das Gebet eine sehr persönliche Sache ist, entwickelt auch jeder einen ganz eigenen Stil, seine Gebete zu formulieren. Für die Gemeinde ist das ein großer Reichtum. Deshalb stört es auch nicht, wenn der Gottesdienstleiter seinen eigenen Stil des Betens hat. Jeder darf und soll der sein, der er ist, auch im öffentlichen Gebet. Bei aller Freiheit gibt es allerdings einen gewissen Rahmen im Blick auf den Stil des Gebets, den man einhalten sollte.

Für mich gehört dazu, dass ein Gebet im Gottesdienst auf der einen Seite sachlich ist und gleichzeitig eine persönliche Note nicht verleugnet. Übertreibungen, Sentimentalitäten oder eine schwülstige Ausdrucksweise stoßen eher ab. Ein Gebet soll emotional angepasst sein. Freude und Betroffenheit dürfen sich in den Formulierungen und im Klang der Stimme wiederfinden. Aber wenn solche Gefühle übertrieben vorgetragen werden und gänzlich ins Unsachliche abgleiten, wird das Gebet unglaubwürdig und wirkt unaufrichtig. Wenn Sie eine Predigt, die nun wirklich völlig danebengegangen ist, aus lauter Pflichteifer im Gebet in den Himmel heben, wird Ihnen das die Gemeinde nicht abnehmen, vielleicht nicht einmal der Prediger. Ihr Gebet sollte auch verkündigungsbezogen sein. Aber es darf selbst nicht zur Predigt oder zur Nachpredigt entarten. Es ist auch kein guter Stil, wenn Sie Korrekturen an der Botschaft oder so genannte »Ergänzungen« im Gebet anbringen. Jeder merkt, dass Sie nicht zufrieden waren und nun die Sache richtig stellen wollen. Sie werden mehr Schaden anrichten, als Sie durch Ihre Klarstellung gutmachen können. Auch überlange Gebete sollten Sie im Gottesdienst vermeiden. Sie ermüden die Gemeinde und wecken einen stillen inneren Unwillen. Wenn Sie dagegen Ihre Gebete vorher gut durchdenken und sauber und präzise formulieren, können Sie mit wenigen Sätzen mehr inhaltliche Tiefe erreichen als mit einer endlosen Aneinanderreihung unüberlegter Einzelgedanken.

4) Fertige Gebete: ja oder nein?

Es ist auch durchaus überlegenswert, im Gottesdienst gelegentlich einmal vorformulierte Gebete einzusetzen. In manchem wird bei diesem Gedanken das kalte Grauen aufsteigen: »Was? So etwas wie das persönliche Gebet in sterile und nachgeplapperte Sätze kleiden?! Bei uns nicht. Wir beten jeweils taufrisch vom Herzen weg.« Schön, wenn das der Fall ist. In der Praxis erlebt man aber auch viele stereotype und inhaltlich flache Gebete, die nur den Anspruch erheben, gerade eben »taufrisch aus dem Herzen« geflossen zu sein. Wir neigen dazu, uns immer in denselben Gedankenwelten und Formulierungen zu bewegen. Da kann ein am Schreibtisch unter Flehen entstandenes und aufgeschriebenes Gebet ein wahrer Segen sein. Und Gebete von anderen Menschen, die ihr Innerstes in Worte gefasst haben, können auch zu unseren Gebeten werden und uns unserem Herrn näher bringen. Wie viele Glaubenslieder sind ihrem Wesen nach nichts anderes als Gebete. Sie stammen nicht von uns, und wir singen und beten sie trotzdem, ohne dabei ein schlechtes Gewissen zu haben. Sicherlich ist das freie Gebet die Regel und nicht die Ausnahme. Aber vorformulierte Gebete an der richtigen Stelle können eine wertvolle Ergänzung sein.

Solche »fertigen« Gebete findet man in vielen Arten christlicher Literatur. Ob es sich um Biographien handelt, um Zeitschriften und Kalenderzettel, ob es Strophen aus dem Liederbuch sind, Gebetssammlungen oder Texte aus meditativen Bildbänden – Auswahl für alle Gelegenheiten gibt es genug. Man muss nur darauf achten und einen Blick dafür entwickeln. Manche Gebete, auf die Sie stoßen, werden Sie vielleicht nicht in genau dieser Formulierung übernehmen wollen oder können. Oft lassen sie sich aber mit einigen wenigen Änderungen dennoch verwenden.[3]

5) »Ich will noch eben schnell mit uns beten«

Zu den Aufgaben des Gottesdienstleiters gehört es nicht nur, Gebete im Programm einzuplanen, sondern auch, sie anzukündigen. Dazu haben sich feste Wendungen eingebürgert: »Wir erheben uns zum Gebet.« »Wir wollen zusammen beten.« »Lassen Sie uns zum Gebet aufstehen.« Mit diesen kurzen Sätzen ist die Gemeinde hinreichend über das informiert, was geschehen soll. Wenn Sie denen, die eventuell aus gesundheitlichen

[3] Hinweise auf brauchbare Bücher mit fertigen Gebeten finden Sie im Anhang unter »Literaturhinweise«.

Gründen nicht aufstehen können, eine Brücke bauen möchten, fügen Sie noch hinzu: ». . . soweit das möglich ist.« Auf alle Fälle muss Ihre Ankündigung eindeutig sein. Wenn Sie deshalb zu einer Gebetsgemeinschaft auffordern, müssen Sie das ausdrücklich sagen. Ansonsten betet keiner, und Sie wissen nicht warum. Wenn Sie möchten, dass »einige« beten, dann müssen Sie auch »einige« zu Wort kommen lassen. Wenn Sie wollen, dass »zwei« beten, dann müssen Sie den Zweien Raum dazu geben.

Sie sollten das Gebet immer so ankündigen, dass es als wichtig empfunden wird. Wenn sie sagen: »Lassen Sie uns vor dem Abschlusslied eben noch schnell beten«, erwecken Sie den Eindruck, als wollten Sie eine fromme Pflichtübung im Eilverfahren über die Bühne bringen. Selbst wenn Sie unter Zeitdruck geraten sind, sollten Sie nie »eben mal schnell« beten, sondern das in aller Ruhe, wenn auch kurz, tun. Wenn Sie sich besonders auf Gäste einstellen müssen, könnten Sie die Aufforderung zum Gebet auch zeitgemäßer umschreiben: »Ich bin so froh, dass Gott jederzeit ein offenes Ohr für uns hat. Wir wollen mit ihm sprechen. Ich möchte Sie bitten, sofern Ihnen das möglich ist, zum Gebet aufzustehen.« Wenn wir in der Gemeinde beten, müssen wir uns dafür nicht entschuldigen, auch nicht gegenüber Gästen. Die Wendung: »Ich hoffe, dass es Ihnen nichts ausmacht, wenn ich zum Schluss noch ein Gebet spreche« zeigt, dass Ihnen Ihr Glaube nicht selbstverständlich, sondern eher peinlich ist. Jeder, der in einen Gottesdienst geht, rechnet damit, dass irgendwann auch gebetet wird. Stehen Sie einfach dazu. Dass Sie mit dem »Wir wollen« die Gäste natürlich vereinnahmen, ist klar. Aber jeder versteht, dass Sie es nicht als Zwangsmaßnahme meinen, sondern als Einladung.

Weil man in der Leitung eines Gottesdienstes nie eindeutig genug sein kann, ergibt das Amen zum Abschluss einen doppelten Sinn. Es gibt der Gemeinde die Möglichkeit, mit ihrem eigenen Amen Ihr Gebet zu unterstützen. Und es signalisiert, dass das Gebet zu Ende ist. Es wirkt sehr verunsichernd, wenn die Gemeinde Ihr Amen nicht gehört hat und nicht weiß, was sie jetzt tun soll. Warten, bis noch etwas kommt, oder hinsetzen? Um alle Unklarheiten zu beseitigen, können Sie die Gemeinde auch direkt zum Platz nehmen auffordern, falls sie zum Gebet gestanden hat. Jetzt weiß jeder, dass das Gebet zu Ende ist: »Wir nehmen wieder Platz.«

6) Auf die Haltung kommt es an?!

Eine kontrovers diskutierte Frage ist die nach der Haltung beim Gebet. Weil das Knien im Gottesdienst bei uns unüblich geworden ist, bleiben nur die beiden Möglichkeiten, entweder im Sitzen oder im Stehen zu beten. Ich kenne keine Gemeinde, in der nur im Sitzen gebetet wird. Es gibt aber Gemeinden, die nur im Stehen beten und bei denen das Sitzen bleiben als Ausdruck mangelnder Ehrerbietung gegenüber Gott gewertet wird. Ein eindeutiges und unmittelbares biblisches Gebot oder eine ebensolche eindeutige und unmittelbar biblische Praxis gibt es nicht. Stehen, liegen, knien – all das findet sich als Gebetshaltung in der Heiligen Schrift. Die gemeindliche und kulturelle Prägung sowie das unterschiedliche Verständnis von Ehrerbietung und würdiger Haltung geben den Ausschlag dafür, was in einer Gemeinde praktiziert wird. Der Rückschluss von der Gebetshaltung auf die innere Haltung ist nicht ohne weiteres zulässig. Oberflächlich beten kann man im Sitzen und auch im Stehen. Gott sieht das Herz an.

Trotzdem setzen wir durch unser Verhalten Zeichen. Unsere Gebetshaltung ist in gewissem Sinne auch ein Spiegel unserer Seele. Es macht einen Unterschied, ob ich zur Anbetung Gottes bequem auf dem Stuhl sitze oder dazu aufstehe. Wenn unser Herr würdig ist, alle Ehre von uns zu nehmen, ist es wahrlich keine Zumutung, sie ihm im Stehen entgegenzubringen. Von daher bin ich durchaus dafür, dass sich die Gemeinde in der Regel zum Gebet erhebt. Beim Eingangsgebet und beim Abschlusssegen ist das eigentlich selbstverständlich. Bei längeren Gebetsgemeinschaften kann man überlegen, ob man der Gemeinde ein langes Stehen – vielleicht auch noch in schlechter Luft – zumuten will.

In einer Gemeinde, in der das Aufstehen üblich ist, müssen Sie nur das Gebet als solches ankündigen. Alle werden sich automatisch erheben. Wenn Sie in Ihrer Gemeinde beides praktizieren, müssen Sie für Eindeutigkeit sorgen: »Wir bleiben zum Gebet sitzen.« Oder: »Wir erheben uns zum Gebet.« Wenn diese Hinweise nicht gegeben werden, entsteht Unsicherheit. Sie wollten die Gemeinde aufstehen lassen, haben das aber nicht gesagt. Einige vermuten, dass Sie die Aufforderung zum Aufstehen nur vergessen haben. Sie stehen auf. Ein Teil der Gemeinde zieht nach, nicht alle. Und nun kommt die allgemeine Ratlosigkeit und der hilflose Blick zu Ihnen: »Haben wir etwas falsch gemacht?« »Sollen wir auch aufstehen oder nicht?« Sie müssen dann nachziehen und regelnd eingreifen: »Ja, diejenigen, die aufgestanden sind, haben Recht. Wir wollen uns zum Gebet erheben.« Endlich stehen alle. Aber bei jedem bleibt ein ungutes Gefühl zurück, das hätte vermieden werden können, wenn Sie mit Ihrer Ansage eindeutig gewesen wären.

7) Gebetsgemeinschaften und wie man sie leitet

Das Gebet im Gottesdienst ist natürlich nicht nur dem Gottesdienstleiter alleine vorbehalten. Auch wenn er für die Gemeinde und in ihrem Sinne betet und wenn sich die Gemeinde mit einem kräftigen »Amen« anschließt, wäre es doch unzulässig zu behaupten, er besitze das Gebetsmonopol. Dass die Gemeinde mündig ist und jeder einen Beitrag leisten kann, wird an keiner Stelle so deutlich wie im Gebet. Deshalb gehören Gebetsgemeinschaften zum festen Bestandteil von Gottesdiensten.

Innerhalb des Programmablaufs bietet sich diese Form eher in der Mitte oder am Ende an. Das Eingangsgebet eignet sich weniger, weil die Gemeinde noch keine Anregungen zum Gebet bekommen hat und eine Gebetsgemeinschaft an dieser Stelle meist nur mühsam in Gang kommt. Anders sieht das nach der Predigt aus oder ganz am Schluss. Die vielen Eindrücke, die sich während des Gottesdienstes angesammelt haben, können an dieser Stelle leichter in Worte gefasst werden. Auch die Fürbitte eignet sich für eine Gebetsgemeinschaft und natürlich ebenfalls der Lobpreis. Sie sollten sich deshalb überlegen, an welcher Stelle im Gottesdienst eine Gebetsgemeinschaft wirklich sinnvoll ist und wo die Gemeinde Anregungen zum Gebet bekommen hat.

Ob Gebetsgemeinschaften lebendig sind oder langatmig und lustlos wirken, hängt weitgehend von der Gemeinde selbst ab. Sie können ihr aber durch einige kurze Hinweise helfen. Laden Sie warmherzig ein, sich am Gebet zu beteiligen. Ermutigen Sie dazu, nur wenige kurze Sätze zu formulieren, damit viele drankommen. Wichtig ist auch, dass die einzelnen Beter laut und deutlich sprechen und es den anderen dadurch leicht machen, ihren Worten zu folgen. Um das Gebet in Gang zu bringen, können Sie die Gebetszeit selbst eröffnen; andere schließen sich dann gerne an. Wenn die Gebetsgemeinschaft zur Fürbitte gedacht ist, kann eine Folie mit Gebetsanliegen manchen anregen, sich zu beteiligen. Lange Listen von mündlich vorgetragenen Punkten sind sowieso schnell vergessen. Erinnern Sie daran, dass jeder sein Gebet mit einem »Amen« abschließt, damit alle wissen, dass er fertig ist und jetzt Gelegenheit für den Nächsten besteht.

Wenn Sie die Gebetsgemeinschaft zeitlich begrenzen wollen oder müssen, können Sie auch eine Anzahl von Betern nennen, die zu Wort kommen dürfen: »Ich möchte drei Personen bitten, mit uns zu beten.« Sie sollten sich überlegen, ob Sie der letzte dieser drei sind oder nicht. Wenn nicht, fügen Sie hinzu, dass Sie dann die Gebetsgemeinschaft abschließen. Dadurch nehmen Sie die Unsicherheit, was nach dem Gebet des Dritten passieren soll. Wenn Sie keinen zeitlichen Druck haben, lassen Sie möglichst viele beten und geraten Sie nicht in Panik, wenn über 20 Sekunden nichts geschieht. Viele werden still für sich beten. Irgendeiner macht dann schon die Fortsetzung.

Gebetsgemeinschaften haben aber auch ihre Tücken. Viele Gebete sind zu lang, andere sind zu leise. Es beten immer wieder dieselben. Und inhaltlich sind die Gebete manchmal so unglücklich, dass es einem für die Gäste Leid tut, die gerade heute gekommen sind. Wenn alle Probleme zusammenkommen, kann einem die Freude an Gebetsgemeinschaften gründlich genommen werden. Gegen zu lange Gebete hilft nur die stete Ermutigung, sich kurz zu fassen. Im Notfall wird man mit Bruder X und Schwester Y nach dem Gottesdienst ein privates Gespräch unter vier Augen führen müssen. Während der Gebetsgemeinschaft sollten Sie nur im äußersten Notfall korrigierend eingreifen: »Wenn sich die anderen bitte etwas kürzer fassen würden. Danke.« Vielleicht sind jetzt alle so kurz, dass Sie das »Amen« gleich hätten anfügen können. Dass Gebete zu leise sind, muss nicht nur am Beter liegen. In großen Sälen ist es fast unmöglich, von allen verstanden zu werden. Als Ausweg können Sie Mikrofone im Gottesdienstraum aufstellen und diejenigen, die beten wollen, bitten, es von dort aus zu tun. Oder Sie begrenzen die Zahl und bitten die vier, die mit der Gemeinde beten möchten, nach vorne zu Ihnen zu kommen. Die Hemmschwelle für das Gebet wird natürlich deutlich erhöht. Darauf müssen Sie sich einstellen. Oft sind diejenigen, die zu lange beten, auch die, die immer beten und die anderen nicht zum Zuge kommen lassen.

Auch das müssen Sie nach dem Gottesdienst thematisieren. Wenn Sie ankündigen: »Aber bitte nicht immer dieselben«, wird keiner den Eindruck erwecken wollen, als ob gerade er zu den Dauerbetern gehört und sich jetzt nicht an die Weisung gehalten hat. Wenn Sie einen ausgesprochenen Gästegottesdienst haben, müssen Sie Ihre Gemeinde gut kennen, um zu einer Gebetsgemeinschaft aufzurufen. Falls Sie Sorge haben, dass einige liebe Geschwister unbesonnen loslegen und für die »armen Sünder«, die heute zum Gottesdienst gekommen sind, laut und vernehmlich flehen, dann gehen Sie lieber auf Nummer Sicher und setzen Sie die Gebetsgemeinschaft aus.

Besonders unter jungen Leuten ist das sogenannte »Bienenkorbgebet« beliebt. Immer drei oder vier stellen sich zusammen und beten miteinander. Wenn eine ganze Gottesdienstgemeinde das tut, summt und brummt es im Saal wie in einem Bienenstock. Der Vorteil dieser Form von Gebetsgemeinschaft ist, dass sich viele direkt am Gebet beteiligen können. Genau das ist aber auch der Nachteil. In einem normalen Gottesdienst finden sich immer auch Leute, denen das öffentliche Gebet schwer fällt. In einer offenen Gebetsgemeinschaft können sie sich ruhig verhalten; in einer Kleingruppe fühlen sie sich unter Druck gesetzt und zum Gebet genötigt. Deshalb würde ich in einem Gottesdienst von »Bienenkörben« abraten, wenn Sie Ihre Gemeinde nicht genau kennen und wissen, dass sich keiner zum Beten gezwungen fühlt.

Ein Gedanke zum Schluss: Wenn Sie im Gottesdienst mit der Gemeinde beten und sie zum gemeinsamen Gebet aufrufen, schwingt unbemerkt auch mit, wie Sie Ihr persönliches Gebetsleben zu Hause gestalten. Das Gebet in der Gemeinde sollte nicht nur Pflichterfüllung eines Gottesdienstleiters, sondern auch Ausdruck Ihres eigenen Bedürfnisses sein, mit Ihrem Herrn zu sprechen. Je lebendiger Ihr privates Gebetsleben ist, desto stärker wird Ihre Ermutigung zum Gebet im Gottesdienst ausfallen.

Ideensammlung:

- Wenn Sie die Beteiligung an Gebetsgemeinschaften fördern wollen, können Sie einen Gegenstand wie eine Stafette durch die Gemeinde gehen lassen. Wenn jemand gebetet hat, reicht er die Bibel, das drahtlose Mikrofon oder was auch immer Sie in die Reihen gegeben haben an den nächsten weiter, der danach greift. Viele, die sich vorher scheuten, laut zu beten, werden nun doch die Gelegenheit dazu wahrnehmen, wenn der Gegenstand in ihre Nähe kommt und sie danach greifen können.

- Lieder, meditative Texte, vorformulierte Gebete und freie Gebete lassen sich in einem Block zusammenfassen. Abwechselnd hört, singt und betet die Gemeinde. Wenn sie dazu steht, können sich Lobpreis und Anbetung sehr schön entfalten.

Die Kollekte

Von den Anfängen der frühen Christenheit an gehörte es zum festen Bestandteil des Gottesdienstes, eine Kollekte zu erheben. Das eingesammelte Geld wurde vor allem zur Unterstützung von bedürftigen Gemeindegliedern wie beispielsweise Witwen und Waisen verwendet. Darüber hinaus unterstützten die Christen ihre Missionare und halfen sich auch über die örtlichen Grenzen der Gemeinde hinaus mit finanziellen Mitteln, wie die große Kollektensammlung des Apostels Paulus belegt (2. Korinther 8,1-15; 9,6-15). Paulus empfahl den Korinthern sogar ausdrücklich, an jedem ersten Wochentag einen gewissen Betrag zur Seite zu legen (2. Korinther 16,2). Wenn wir also eine Sammlung zusammenlegen, stehen wir in einer langen, biblisch begründeten Tradition. Tatsächlich gibt es ja auch kaum einen Gottesdienst, in dem nicht das Körbchen herumgereicht wird oder der Klingelbeutel seine Runde macht. Geschieht das nicht, wird spätestens am Ausgang die Gelegenheit geschaffen, sein Portemonnaie zu erleichtern. Einen fröhlichen Geber hat Gott lieb.

Als Gottesdienstleiter müssen Sie sich auch über die Kollekte Gedanken machen, so nebensächlich Ihnen dieser Programmpunkt vielleicht auch erscheinen mag. Wird überhaupt eine Sammlung erhoben? Wie soll sie angekündigt werden? Wo im Programmablauf wird sie untergebracht? Welchen Stellenwert im Gottesdienst soll sie bekommen? Das sind die wichtigsten Fragen, die bedacht werden müssen.

1) Sammeln oder nicht sammeln, das ist die Frage

Wenn es sich um einen normalen Gottesdienst handelt, werden Sie sich über diese Frage keine großen Gedanken machen müssen. Eine Kollekte wird eingesammelt. Das ist für die Gemeinde so normal wie die Predigt und das Amen in der Kirche. Keiner erwartet etwas anderes. Nicht einmal Gäste, die vielleicht nur alle paar Jahre eine Kirche von innen sehen, sind überrascht, dass sie »zur Kasse gebeten« werden. Im Gegenteil, sie würden sich wundern, wenn es nicht geschähe. Wenn es dann noch für einen guten Zweck ist, geben die meisten sogar gerne.

Um der Gäste willen könnte es aber auch gute Gründe geben, einmal auf die Sammlung zu verzichten. Vielleicht ist ein ausgesprochener Gästesonntag oder ein evangelistischer Abend für Gemeindefremde solch ein Anlass. Viele, die sich zu so einer Veranstaltung einladen lassen, sind beladen mit Vorurteilen. Eines davon ist: »Die wollen nur mein Geld.« Vielleicht wäre es eine positive Überraschung für jemanden, der so denkt, wenn er ein Kollektenkörbchen nicht einmal von weitem sehen würde. Wahrscheinlich können Sie als Gottesdienstleiter nicht alleine entscheiden, ob eine Sammlung durchgeführt werden soll oder nicht. Aber Sie sollten überlegen, ob sie in die Veranstaltung, die Sie gerade leiten, wirklich hineinpasst.

2) Wie sag ich's meinem Kinde?

Weil beim Geld bekanntlich der Spaß aufhört, kommt es nun darauf an, dass Sie die Sammlung mit den passenden Worten ankündigen. Sie sollten sachlich mitteilen, worum es geht, und gleichzeitig einladend und ermutigend wirken, damit die Gottesdienstbesucher sich als freudige und großzügige Geber erweisen. Das ist keine leichte Aufgabe, wenn Sie mehr sagen möchten als: »Und nun sammeln wir die Kollekte ein.« In vielen Fällen wird dieser einfache Satz allerdings schon völlig ausreichen. Die Gemeinde weiß, dass eine Sammlung stattfindet. Man weiß auch, dass das

Geld für die eigene Gemeindearbeit bestimmt ist. Viele haben sich ihren Obolus schon bereitgelegt und müssen nur noch in die Tasche greifen, wenn es so weit ist. Weshalb also mehr ansagen als unbedingt nötig. Weil aber jeder, der gibt, gerne weiß, wofür er gibt, sollte man immer über die Zweckbestimmung informieren: »Die Kollekte, die wir jetzt einsammeln, ist für die Aufgaben unserer Gemeinde bestimmt.« Dieser kurze Satz ist schnell gesprochen und schafft Klarheit.

Ein etwas ausführlicherer Hinweis auf die Kollekte ist dann nötig, wenn sie einen besonderen Zweck erfüllt oder wenn Gästen, die die Gepflogenheiten der Gemeinde nicht kennen, Sinn und Zweck der Sammlung erläutert werden soll. Bei einer vom Üblichen abweichenden Bestimmung der Kollekte könnten Sie wie folgt formulieren: »Das Opfer, das wir während des nächsten Liedes einsammeln, ist heute nicht für den allgemeinen Etat unserer Gemeinde bestimmt, sondern für die überörtliche Jugendarbeit in unserem Gebiet.« Jeder kann nun überlegen, ob er für diesen Bereich der Gemeindearbeit geben oder eventuell besonders großzügig spenden will. Bei außergewöhnlichen Sammlungen ist es wichtig, dass Sie das betreffende Projekt mit einigen Sätzen vorstellen: »Die Kollekte ist für die Mission bestimmt«, ist sachlich richtig. Wenn Sie aber sagen können, dass es sich konkret um die Anschaffung von zehn Solarkochern für die Partnergemeinde in Kenia handelt, wird die Spendenfreudigkeit sicherlich zunehmen. Wenn Sie jetzt noch jemanden, der vor kurzem in Kenia war, bitten, das Projekt mit den Solarkochern zu erklären, und wenn Sie diese Sondersammlung schon eine Woche vorher in den Ansagen abkündigen, werden sicherlich viele freudig ins Portemonnaie greifen und im Fach für Geldscheine nach der geeigneten Summe suchen. Erklärungen zur Kollekte können auch für Gäste wichtig sein. »Die Sammlung ist für unsere Missionsverpflichtungen bestimmt«, sagt Gemeindefremden wenig. Sie sollten noch einen ergänzenden Satz hinzufügen: »Wir haben eine Partnergemeinde in Kenia und unterstützen eine Missionarin in Argentinien. Das Geld kommt ihrer Arbeit zugute.« Auf diese Weise werden aus nüchternen Ansagen lebendige Vorstellungen, die zum Geben anregen.

Wichtig ist natürlich auch die Art der Formulierung. Manche meinen, markige Sprüche machen zu müssen: »Heute ein echtes Opfer und keine popelige Kollekte, bitte!« »Als Christen sollten wir Scheinwerfer sein. Lassen Sie die Münzen getrost in Ihrer Geldbörse stecken.« »Wir sammeln heute eine stille Kollekte ein. Ich höre es so gerne, wenn die Scheine leise rascheln.« Es gibt Charaktere, denen man solche Sprüche irgendwie noch abnimmt, ohne ihnen böse zu sein. Meistens aber verunglücken solche verkrampft lustigen »Ermutigungen« und lassen einen schalen Geschmack zurück. Besonders bei Gästen kommen sie nicht gut an, weil deren Vorurteile im Blick auf Kirche und Geld dadurch gefördert werden. Wenn Sie mit normalen, freundlichen Worten die Kollekte ansagen, reicht das völlig aus.

Wenn Sie möchten, können Sie auch eine biblische Verheißung für das Geben mit einbauen: »Einen fröhlichen Geber hat Gott lieb« (2. Korinther 9,7). »Wer reichlich sät, wird reichlich ernten« (2. Korinther 9,6). »Euer Überfluss diene ihrem Mangel« (2. Korinther 8,14). Oder welches Bibelwort Sie auch immer für angemessen und hilfreich halten.

3) Jeder nach seiner Façon

Nun stellt sich noch die Frage, wo im Programmablauf die Kollekte am besten untergebracht wird. Dies hängt mit dem Stellenwert zusammen, den die Sammlung in Ihrer Gemeinde grundsätzlich bekommt. In den meisten Fällen wird die Sache mit dem Geld unauffällig während eines Liedes abgehandelt: »Während wir das Lied Nummer 127 singen, sammeln wir die Kollekte ein.« Jemand reicht unauffällig die Körbchen durch die Reihen, sammelt sie wieder ein, und wenn das Lied zu Ende gesungen ist, ist von der Sammlung nicht mehr die Rede. Mancherorts werden die gefüllten Beutel vorne auf dem Tisch oder dem Altar abgelegt. Dies ist dann ein Zeichen dafür, dass die Gaben dem Herrn gehören. Die eingesammelte Kollekte wird aber nicht mehr mit Worten aufgegriffen. Wenn man so verfährt, ist es relativ gleichgültig, an welcher Stelle im Gottesdienst gesammelt wird. Man sollte es nur nicht unbedingt beim ersten gemeinsamen Lied tun. Sie erwecken sonst den Eindruck, als sei Ihnen das Geld das Wichtigste und als wollten Sie von den Zuhörern am Beginn der Veranstaltung gleich das Eintrittsgeld abkassieren.

Andernorts bekommt die Sammlung den Charakter eines eigenständigen Programmpunktes. Während die Klingelbeutel durch die Reihen gehen, wird weder gesungen noch irgendetwas anderes getan. Die Gaben werden bewusst und fast »feierlich« zusammengelegt. Das Geben bekommt damit eine offensichtliche Bedeutung und wird Ausdruck einer geistlichen Haltung, die im Gottesdienst Raum findet.

In manchen Ländern der Dritten Welt laufen die Gottesdienstbesucher sogar in einer langen Reihe vorne am Altartisch vorbei und werfen vor den Augen aller ihre Spende in das Kollektengefäß. In unserem kulturellen Umfeld würde eine solche Betonung der Sammlung sicherlich kaum akzeptiert werden.

Wenn die Kollekte einen eigenen Programmpunkt darstellt, sollte man sie im Gottesdienstablauf nicht ganz an den Rand drängen. Es ist dann auch sinnvoll, in einem Gebet für die Gaben zu danken und zu erbitten, dass sie ihren Zweck erfüllen.

4) Kleine Ursache, große Wirkung

Im Blick auf die Sammlung sollten Sie als Gottesdienstleiter noch einige Kleinigkeiten beachten. Kleine Unachtsamkeiten können zu großen Verlegenheiten führen.

Markieren Sie sich die Sammlung dick und fett in Ihrem Programmablauf. Es ist schnell passiert, dass Sie zwar das Lied angesagt, aber den Hinweis auf die Kollekte vergessen haben. Wenn Sie dieses Missgeschick ausgerechnet im Weihnachtsgottesdienst ereilt, sollten Sie mit dem Kassierer der Gemeinde schon auf sehr gutem Fuße stehen, damit er unter Ihrem Weihnachtsbaum keine Pfändungsaktion startet und sich das Seine auf diese Weise beschafft!

Stellen Sie immer sicher, dass ausreichend Kollektengefäße vorhanden sind und die Person oder die Personen, die diese austeilen und einsammeln, nicht gerade krank oder in Urlaub sind. Wenn man schon zum Portemonnaie greift, will man sein Geld auch wirklich loswerden.

Wenn Sie die Sammlung durchführen lassen, während die Gemeinde singt, muss das Lied ausreichend lang sein. Es ist peinlich, wenn man schon nach einer Minute mit der letzten Strophe fertig ist und alle darauf warten müssen, bis auch die Letzten ihr Geld abgegeben haben.

Ideensammlung:

- Sprechen Sie für die eingesammelten Gaben ein Dankgebet oder bitten Sie ein oder zwei Gemeindeglieder, dies von vorne zu tun.
- Danken Sie einmal der Gemeinde dafür, dass sie so eifrig gegeben hat. Auf den ersten Blick mag Ihnen das vielleicht unangemessen vorkommen, weil das Geld doch dem Herrn gegeben wurde. Aber für viele ist es eine Ermutigung zu sehen, dass ihr Engagement wahrgenommen wird und dass von vorne nicht nur Aufrufe zu noch mehr Spenden zu hören sind, sondern auch Dankesworte.

Der thematische Anriss

Wie wir oben bereits gesehen haben, sollte jeder Gottesdienst möglichst eine inhaltliche Linie verfolgen. Das Thema wird durch die Predigt oder den Anlass vorgegeben. Die Lieder, die Gebete, Zeugnisse und alle anderen Elemente orientieren sich am Leitgedanken und unterstützen ihn auf ihre Weise. Ein Gottesdienstelement, das besonders intensiv auf das Thema und auf die Predigt hinführt, ist der so genannte »thematische Anriss« oder die »Anmoderation«. Dabei handelt es sich um einen kurzen Wortbeitrag, in dem der Gottesdienstleiter oder eventuell auch eine andere Person das Motto des Gottesdienstes einführt und die Gemeinde darauf einstimmt. Seinen Platz findet er deshalb vor der Begrüßung, unmittelbar danach oder an einer anderen Stelle am Anfang des Gottesdienstes, auf alle Fälle aber noch vor der Predigt.

1) Auch ein Anriss ist eine ganze Sache

Ein thematischer Anriss zeichnet sich dadurch aus, dass er kurz und interessant ist und das Wesentliche zur Sprache bringt. Zwei bis drei Minuten reichen dazu völlig aus. Mancher Gottesdienstleiter versteht sich als verhinderter Prediger. Wenn man ihn schon nicht auf die Kanzel lässt, so denkt er, muss er wenigstens seine Chance vor der Kanzel nutzen. Anstatt den Gottesdienst zu leiten und durch das Programm zu führen, lässt er keine Gelegenheit zu einer Kurzpredigt aus. Die Gemeinde wird innerlich unruhig und fragt sich, wann denn die eigentliche Predigt kommt und wie lange der Gottesdienst insgesamt wohl dauern wird. Der Gottesdienstleiter hat tatsächlich eine wichtigere Aufgabe, als Liednummern anzusagen und die Leute zu verabschieden. Er darf und soll geistliche Akzente setzen. Aber es kann sich immer nur um kleine Einheiten handeln und keinesfalls um Ergänzungspredigten. Deshalb ist auch der thematische Anriss kurz und dauert sicherlich nicht mehr als zwei bis drei Minuten. Innerhalb dieser Zeit kann man eine ganze Menge anregender Gedanken vermitteln, wenn man sich gut vorbereitet hat und konzentriert spricht.

Weil der thematische Anriss auf den Leitgedanken des Gottesdienstes hinführt, muss er inhaltlich Wesentliches bringen und genau zur Predigt passen. Das gelingt nur, wenn sich Gottesdienstleiter und Prediger vorher gründlich absprechen. Sonst kommt es zu ungewollten Brüchen. So genügt es beispielsweise nicht, wenn der Verkündiger Ihnen als Gottesdienstleiter mitteilt, dass er über das Thema »Freude« spricht. Dann entwickeln Sie im Anriss dieses Thema in Richtung »Glaube macht glücklich« und der Prediger spricht später über »Freude im Leide«. Die Gemeinde hört es regelrecht knirschen, weil die beiden Gedankengänge wie Eisberge aus entgegengesetzten Richtungen aufeinander treffen. Irgendwie muss der Mann auf der Kanzel in seiner Predigteinleitung dann die Kurve bekommen, was ihm in den meisten Fällen sicher auch gelingt. Eine bessere Absprache hätte das Missgeschick aber von vornherein verhindern können.

Gelegentlich kommt es sogar vor, dass der Gottesdienstleiter in seinem Anriss exakt die gleichen Gedanken entwickelt, die der Verkündiger für die Einleitung seiner Predigt vorgesehen hatte. Der sitzt dann auf seinem Platz, schaut den Gottesdienstleiter verzweifelt an und schreit ihm mit seinen bohrenden Blicken wortlos zu: »Hör auf! Hör endlich auf. Du predigst mir meine Einleitung weg!« Diese Form von unglücklicher Geistesverwandtschaft kann ebenfalls vermieden werden, wenn es eine detailliertere Absprache gibt.

Damit die Gemeinde auf das Thema der Predigt neugierig wird, muss der thematische Anriss natürlich auch interessant und anregend gestaltet sein. Es gibt kaum etwas Öderes als langweilige Vorpredigten. Sie verleiden einem den Geschmack am ganzen Gottesdienst. Wenn Sie dagegen etwas Neues, etwas Unerwartetes und auf alle Fälle Interessantes sagen, wird die Gemeinde Ihnen an den Lippen hängen und auf den ganzen Rest des Gottesdienstes gespannt sein.

Wenn Sie im thematischen Anriss auf den Zentralgedanken der Predigt hinarbeiten, müssen Sie das Motto der Predigt übrigens nicht unbedingt gleich verraten. »Weil unser Pastor heute über das Gebet spricht, möchte ich anfangs ein Gedicht zum diesem Thema vorlesen.« Sie können unter Umständen mehr Spannung aufbauen, wenn Sie Ihr Gedicht einfach vorlesen und in der Gemeinde durch ein nachfolgendes Lied zum Thema »Gebet« langsam die Erkenntnis reifen lassen, dass es in diesem Gottesdienst um das Gebet geht.

2) Viele Wege führen nach Rom

Zur Gestaltung des thematischen Anrisses stehen Ihnen viele Möglichkeiten zur Verfügung. Sie können ein passendes Bibelwort kurz kommentieren und einige zentrale Gedanken dazu weitergeben. Sie können auch von einem Erlebnis berichten und es mit dem Thema des Gottesdienstes in Beziehung setzen. Ob es sich um Ihre eigene Erfahrung handelt oder die eines anderen, spielt keine wesentliche Rolle. Ein interessant vorgetragenes Erlebnis wird bei den meisten Aufmerksamkeit und Interesse wecken. Manchmal ergibt sich ein guter Einstieg auch aus dem Tagesgeschehen oder aus Informationen, die gerade durch die Medien gehen. Alle wissen davon und sind natürlich interessiert zu hören, was Sie dazu zu sagen haben. Wenn die Predigt beispielsweise anhand von Philipper 3,12-15 das Thema »In der Kampfbahn des Glaubens« verfolgt, könnten Sie die vielleicht gerade stattfindende Leichtathletik-Weltmeisterschaft aufgreifen und an ihr den Leitgedanken des Gottesdienstes festmachen. Wenn Sie es gerne poetisch möchten, suchen Sie ein passendes Gedicht aus oder lesen Sie einen meditativen Text aus einem entsprechenden christlichen Bildband. Auch in Andachtsbüchern und Kalendern können Sie fündig werden. In ihnen wird jeweils ein Gedanke kurz und bündig entfaltet und auf den Punkt gebracht. Bücher mit Kurzgeschichten und

Anekdoten sind ebenfalls sehr anregend. Sie können sogar einen Gegenstand mitbringen und an ihn einen geistlichen Inhalt anknüpfen, der zum Thema hinführt. Auf das Thema »In der Kampfbahn des Glaubens« könnten Sie beispielsweise auch mit einem Turnschuh hinarbeiten, den Sie in der Hand halten und den Sie zum Ausgangspunkt für einige ins Geistliche übertragene Gedanken werden lassen. Der Phantasie sind fast keine Grenzen gesetzt. Wichtig ist, dass Ihr Anriss die Gemeinde anregt, sich innerlich auf das Thema des Gottesdienstes einzulassen.

Ideensammlung:

- Schießen Sie sich nicht auf eine Form des thematischen Anrisses ein, sondern wechseln Sie von Gottesdienst zu Gottesdienst ab.
- Sie können den Gottesdienst auch mit einer interessanten Geschichte beginnen und erst dann zur Begrüßung übergehen. Die Gemeinde wird von Anfang an wach dabei sein.
- Der thematische Anriss lässt sich in kurze Liedverse und Gebete einkleiden, so dass er nicht aus einem einzigen Wortbeitrag besteht, sondern aus einer Reihe von Einzelgedanken, die durch Lieder und Gebete miteinander verbunden sind.
- Um im richtigen Moment etwas Passendes zur Hand zu haben, lohnt es sich, Kurzgeschichten, Kalenderblätter, Anekdoten, Zeitungsausschnitte usw. zu sammeln und zu sortieren. Wenn Sie öfter einen Gottesdienst leiten, sollten Sie sich angewöhnen, stets mit offenen Augen nach Ideen und Materialien Ausschau zu halten.

Das Interview

Innerhalb eines Gottesdienstes können über die Predigt und die Moderation des Gottesdienstleiters hinaus verschiedenartige andere Wortbeiträge Platz finden. Ein Gast richtet etwas ausführlichere Grüße aus, ein Gemeindeglied gibt ein Zeugnis, der Jugendleiter informiert über die gerade zu Ende gegangene Freizeit oder ein Gemeindeglied, das für mehrere Wochen einen Missionar auf dem Feld besuchte, gibt einen kurzen Bericht. Fast immer haben diese Wortbeiträge die Form eines kleinen Vortrags, den einer vor versammelter Gemeinde hält. Im Laufe eines Gottesdienstes können auf diese Weise schon einige »Kurzreferate« zusammenkommen. Die starre und immer wiederkehrende Form des Berichtes lässt sich durch die Form des Interviews aufbrechen. Aus diesem Grund wird das Interview als Baustein des Gottesdienstes auch immer häufiger eingesetzt.

1) Sinn und Zweck des Interviews

Die besonderen Vorteile eines Interviews bestehen darin, dass es lebendiger wirkt als ein Bericht, dass es eine sehr persönliche und natürliche Atmosphäre schafft und dass der Interviewer, in den meisten Fällen also der Gottesdienstleiter, durch gezielte Fragen auf genau das zu sprechen kommt, was für die Gemeinde und die Zuhörer wichtig ist.

Grob gesagt, gibt es drei verschiedene Zielrichtungen, die man mit einem Interview verfolgen kann. Das Interview zur Sache will Informationen und Fakten herausarbeiten und vermitteln. Das wäre beispielsweise der Fall, wenn Sie das oben erwähnte Gemeindeglied über die Situation auf dem besuchten Missionsfeld befragten oder den Gast aus dem Sudan über die Lebenssituation der dortigen Christen. Das Interview zur Person ist am Menschen interessiert. »Wie ist es Ihnen ergangen? Wie haben Sie sich gefühlt? Was hat Ihre Persönlichkeit am meisten geprägt? Was bedeutet Ihnen Jesus Christus?« Diese Art des Interviews eignet sich besonders gut, um zeugnishaft über den Glauben zu sprechen. Deshalb wird sie auch bei Evangelisationen gerne eingesetzt. Das Meinungsinterview erfragt die Bewertung eines Vorgangs oder einer Situation. Im Gottesdienst kommt es eher selten vor. Als Vorbereitung auf die Predigt könnte man allerdings durchaus einmal einen Experten befragen: »Frau Sparkassendirektorin, über wie viel Sparvermögen verfügt eine normaler Bundesbürger?« Die Predigt, die sich dann anschließt, handelt natürlich davon, dass wir uns Schätze im Himmel sammeln können.

2) Eine gute Vorbereitung ist die halbe Miete

Um ein gutes Interview in den Gottesdienst einzufügen, ist schon einiges an Vorbereitung und Planung nötig. Zunächst müssen Sie überlegen, welches Ziel Sie verfolgen wollen. Geht es Ihnen darum, der Gemeinde Sachinformationen oder Meinungen oder Erlebtes zu vermitteln? Je nach Fall werden Sie andere Fragen stellen oder sich einen anderen Gesprächspartner wählen. Danach geht es darum, sich zum Thema sachkundig zu machen. Wenn Sie bisher gar nichts über die Situation der Christen im Sudan wissen, wird es Ihnen sehr schwer fallen, gute Fragen zu stellen. Wenn Ihr Gesprächspartner dann nicht von selbst fundiert antwortet, hat das Interview inhaltlich so gut wie nichts gebracht. Dann wäre es besser gewesen, Sie hätten den Bruder einen Bericht geben lassen, in dem er viele wichtige Informationen hätte unterbringen können. Oft ist es auch nötig, das Gesprächsthema einzugrenzen. Sie können natürlich fragen: »Was hast Du in den fünf Jahren, in denen Du Christ bist, mit Jesus erlebt?« Vermutlich werden Sie nun viele Einzelerfahrungen zu hören bekommen. Es wäre aber sicherlich sinnvoll, bei einer einzigen Erfahrung zu bleiben und diese dafür etwas gründlicher zu besprechen.

Weil zu einem Interview immer zwei gehören, geht es als Nächstes darum, den geeigneten Gesprächspartner zu finden. In der Regel müssen Sie auf jemanden zugehen, von dem Sie wissen, dass er etwas zur Sache zu sagen hat und dass er auch in der Lage ist, vor Publikum darüber zu sprechen. Manchmal ist das nicht einfach: Derjenige, der etwas zu sagen hätte, würde nie etwas sagen, weil er vor lauter Zittern und Zagen keine drei Worte in der Öffentlichkeit sprechen kann. Und der, der prima reden kann, hat leider nichts zu sagen. Wenn Ihnen selbst niemand einfällt, der wirklich passt, können Sie auch andere aus der Gemeinde fragen, ob die sich eine geeignete Person vorstellen könnten. In einem Vorgespräch müssten Sie sich jetzt über Ihren Interviewpartner kundig machen. Name, Titel, Funktion, eventuell das Alter oder der Wohnort oder Familienverhältnisse usw. Sie wollen Ihr Gegenüber ja auch angemessen vorstellen und begrüßen und sich ein Bild davon verschaffen, auf welchem Hintergrund die möglichen Antworten zu verstehen sind.

Die Fragen, die man stellen will, sollte man vorher nicht mit seinem

Interviewpartner besprechen. Das spätere Interview verliert sonst viel an Spontaneität. Die Gemeinde merkt, dass es sich um ein »abgekartetes Spiel« handelt. Außerdem wird Ihr Gesprächspartner sich die Antworten vielleicht noch schriftlich ausarbeiten und auf einem Spickzettel notieren, den er dann mehr oder weniger vorliest. Unerwartete Fragen führen meist zu ehrlicheren Antworten, auch wenn die dann nicht so geschliffen formuliert und gedanklich unpräziser sind. Wann immer möglich, sollten Sie Ihre genauen Fragestellungen nicht im Voraus preisgeben. Denkbar ist, dass Sie Ihrem Gesprächspartner die grobe Richtung des Interviews skizzieren. Natürlich kann es auch Ausnahmen geben. Wenn Sie ganz sicher sein wollen, dass ein Interview nicht missglückt, dann können Sie auch alle Fragen gemeinsam entwickeln und einen kleinen Gesprächsverlauf aufstellen. Trotzdem würde ich mir vorbehalten, zumindest eine einzige unbekannte Frage einzustreuen, damit die Natürlichkeit nicht ganz auf der Strecke bleibt.

3) Das Interview als Dreiecksgeschichte

Ein Interview ist in einem gewissen Sinne vergleichbar mit einem Dreiecksverhältnis. Der Interviewer stellt die Fragen an seinen Gesprächspartner. Aber die Fragen und Antworten zielen auf einen Dritten ab, nämlich die Gemeinde. Sie ist die eigentliche Hauptperson, weil es ja darum geht, gerade ihr etwas zu sagen. Deshalb müssen Sie schon in der Planung und dann bei der konkreten Durchführung immer von den Zuhörern aus denken: »Was könnte die Gemeinde interessieren? Was will sie wissen? Welche Fragen und Vorbehalte hat ein Nichtchrist dem Glauben gegenüber? Welche Antwort könnte ihn dem Glauben an Jesus Christus ein Stückchen näher bringen?« Sie erfragen deshalb nicht, was Sie persönlich interessiert, sondern was die Zuhörer wissen wollen, sollen und müssen. Natürlich kleiden Sie das sprachlich in die Ichform: »Ich würde gerne wissen, wie . . .« Sie sagen sicherlich nicht: »Ich weiß ja, wie die Situation der Christen im Sudan aussieht. Aber sagen Sie doch bitte mal meiner Gemeinde, wie . . .« Es erfordert ein ordentliches Maß an Umdenken und Selbstdisziplin, vom Hörer her zu denken und zu fragen.

Als Interviewer sind Sie außerdem nur eine Art Mittler zwischen Interviewpartner und Gemeinde. Sie müssen gar nicht groß in Erscheinung treten. Wenn Sie ständig Ihre persönliche Meinung zur Sache einstreuen und die Aussagen Ihres Gesprächspartners kommentieren oder richtig stellen, sollten Sie gleich auf das Interview verzichten und eine Predigt halten. Die Zuhörer wollen hören, was Ihr Gast zu sagen hat, nicht, was Sie ihnen sagen wollen. Deshalb sollten Sie sich als Interviewer nicht in den Vordergrund drängen, sondern dezent am Rande bleiben.

4) Fragen will gelernt sein

Die Hauptaufgabe des Interviewers besteht darin, Fragen zu stellen. Das ist schwerer als gedacht. Ungeeignet sind Fragen, die sich mit Ja oder Nein beantworten lassen: »Gibt es Christen im Sudan?« »Ja.« »Das habe ich fast vermutet. Ich nehme an, es sind etwa an die zwei Millionen.« »Nein.« »Weniger?« »Nein.« »Ach, dann sind es mehr!« »Ja.« ... »Ich danke Ihnen für Ihre wertvollen Ausführungen und den tiefen Einblick, den Sie uns in die Situation der Christen im Sudan gegeben haben.« Um ein Interview nicht zu einer solchen Karikatur verkommen zu lassen, sollten Sie überwiegend offene Fragen stellen: »Können Sie uns kurz die gegenwärtige Situation der Christen im Sudan schildern.« »Welche Probleme bedrücken die Gemeinden zur Zeit am meisten?« »Was können wir für unsere Glaubensgeschwister im Sudan tun?« Auf diese offenen Fragen kann Ihr Gesprächspartner gut eingehen, weil Sie ihm Spielraum für Antworten lassen. Unglücklich sind auch Doppel- oder Mehrfachfragen: »Wie ist das Verhältnis der Christen zu den Muslimen, und wie können wir den Gemeinden helfen?« Ihr Interviewpartner muss sich jetzt entscheiden, auf welche der beiden Fragen er eingeht. Meist fällt bei der Beantwortung die zweite unter den Tisch, oder Sie werden aufgefordert, die Frage noch einmal neu zu stellen. Sie sollten es auch vermeiden, die Antworten Ihres Gegenübers wie ein Papagei zu wiederholen. »Im Sudan werden Christen massiv verfolgt.« »Ach, tatsächlich. Im Sudan werden Christen also massiv verfolgt.«

Zu einer guten Fragetechnik gehört auch, dass Sie die Fragen, die Sie im Gesprächsverlauf stellen, trichtern. Damit ist gemeint, dass Sie sich vom Allgemeinen zum Speziellen vorarbeiten. Nachdem der Gast Gelegenheit hatte, sich vorzustellen, folgt eine sehr weit gefasste Frage. Dann wird es immer spezieller und geht gezielt auf die eigentliche Thematik zu: »Welche Religionsgemeinschaften gibt es im Sudan?« – »Wie ist das Verhältnis zwischen Muslimen und Christen?« – »Welches Ausmaß haben die Christenverfolgungen in Ihrem Land?« – »Wie gehen die Gemeinden damit um?« – »Was können wir tun?« Durch dieses Trichtern wird das Interview logisch und erhält Struktur.

Als Interviewer sollten Sie die Führung des Gesprächs nicht aus der Hand geben. Sie steuern den Verlauf, und Sie geben die Richtung an, in die es gehen soll. Wenn jemand gar nicht aufhören will zu erzählen, dann müssen Sie ihn auf freundliche Weise stoppen. Wenn jemand einer Frage aus dem Weg geht, dann müssen Sie überlegen, ob Sie nachfassen oder auf die Antwort verzichten wollen. Wenn jemand die Gelegenheit nutzt, sich zu produzieren oder sein spezielles Anliegen unabgesprochen an den Mann zu bringen, dann müssen Sie ihm höflich seine Grenzen zeigen. Damit Ihnen die Zügel nicht aus der Hand genommen werden, sollten Sie auch das Mikrofon nicht aus der Hand geben. Technisch wäre es zwar kein Problem, zwei Mikrofone anzuschließen. Wenn aber nur Sie eines in der Hand halten und es nicht aus der Hand geben, können Sie Ihr Gegenüber notfalls technisch ausbremsen. Aber bitte bedenken Sie: Weil alles vor versammelter Gemeinde geschieht, darf die Höflichkeit nie auf der Strecke bleiben. Mit einem netten Satz lässt sich manches Problem sanft abfangen: »Ich sehe schon, es gibt viele Dinge, die wir über die Verhältnisse im Sudan nicht wissen. Ich wollte Sie aber gerne noch fragen: Wie steht es . . .«

5) Auch das Auge hört mit

Zum Abschluss noch einige Hinweise zum Äußeren. Obwohl Sie das Interview für die Gemeinde machen, führen Sie ein wirkliches Gespräch mit Ihrem Interviewpartner. Schauen Sie deshalb nicht immer in den Gemeinderaum, sondern halten Sie mit den Augen Kontakt zu Ihrem Gegenüber. Wenn Sie das Mikrofon in der Hand halten, zwingen Sie übrigens auch Ihren Gast dazu, in Ihre Richtung zu schauen, wenn er Ihnen antwortet. Lockerer wirkt die Gesprächsatmosphäre, wenn Sie gemeinsam an einem etwas höheren Bistrotisch stehen. Sie können dann auch Ihren Fragezettel unauffällig vor sich hinlegen oder Ihre Hand auf den Tisch legen. Wenn der Raum es gestattet, können Sie sich natürlich auch sitzend unterhalten. Auch das wirkt sehr natürlich und entspannt. Die Stühle müssen sich in diesem Fall schräg gegenüberstehen, damit sich alle gegenseitig gut sehen können.

Ideensammlung:

- Vergessen Sie nicht, sich bei Ihrem Interviewpartner zu bedanken. Vielleicht geben Sie ihm sogar ein kleines Geschenk mit auf den Weg.
- Ein längeres Interview kann man durch einen Musikbeitrag unterbrechen. Das lockert auf und fördert die Konzentration.
- Sie können auch mehrere Gesprächspartner gleichzeitig interviewen. Achten Sie dann aber darauf, dass Sie jeden zum Zug kommen lassen und sich nicht ausschließlich mit einer einzigen Person beschäftigen.

Zeugnisse

Im Gottesdienst möchte die Gemeinde auf Gott hören und dafür offen sein, dass er zu ihr spricht. Das geschieht natürlich vornehmlich durch die Predigt. Aber auch Berichte von Gemeindemitgliedern, die Erfahrungen mit ihrem Herrn gemacht haben, können dazu beitragen, die Wirklichkeit Gottes tiefer zu verstehen und Gott im Leben Einzelner wirken zu sehen. Natürlich sind zeugnishafte Berichte immer persönlich gefärbt und nicht der Heiligen Schrift gleichzusetzen. Aber gerade die Bibel zeigt z.B. in den Psalmen, wie wichtig es ist, Erfahrungen, die man mit Gott gemacht hat, vor der Gemeinde zu bezeugen: »Deine Gerechtigkeit habe ich nicht verborgen im Innern meines Herzens; deine Zuverlässigkeit und deine Hilfe habe ich ausgesprochen, deine Gnade und deine Treue nicht verhehlt vor der großen Versammlung« (Psalm 40,11). Auch die Gottesdienste der neutestamentlichen Gemeinde ließen für spontane Erlebnisberichte und Beiträge Raum (1. Korinther 14,26). Solche Elemente führen zum Lob Gottes, stärken den Glauben derer, die zuhören, ermutigen zur Fürbitte und regen Nichtchristen an, den Glauben an Jesus Christus zu wagen. Zeugnisse sollten deshalb einen festen Platz im Gottesdienst haben.

1) Schlechte Noten für schlechte Zeugnisse

So wichtig Zeugnisse und Erfahrungsberichte im Gottesdienst auch sein mögen, sie sind ihrem Wesen nach heikle und schwer kalkulierbare Programmelemente. Darauf sollten Sie sich als Gottesdienstleiter von vornherein einstellen. Pannen kann es im Blick auf die äußeren Planungsfaktoren wie beispielsweise die Länge des Berichts geben. Aber auch die Inhalte der Zeugnisse haben es manchmal in sich. Eine kleine Liste der am häufigsten vorkommenden Probleme dieser Art habe ich hier zusammengestellt:

- Das Zeugnis ist viel zu langatmig und wird von uninteressanten und belanglosen Details überwuchert.
- Das Zeugnis wirkt aufschneiderisch. Das Erlebte wird verklärt wiedergegeben und mit mehr oder weniger erfundenem »Füllmaterial« ausgeschmückt. Es kommt dabei nicht selten vor, dass absolute Banalitäten zu riesigen geistlichen Erfahrungen hochstilisiert werden. Dabei will ich nicht verkennen, dass das, was die Betroffenen berichten, subjektiv gesehen sehr wichtig und bedeutsam für sie gewesen sein kann, und dass Gottes Treue sich auch in den kleinsten Kleinigkeiten des Alltags erweisen kann. Den einen oder anderen mag selbst so ein Zeugnis ermutigen.
- Das Zeugnis wird zur Selbstdarstellung missbraucht und dient nicht dazu, Gott zu verherrlichen. In vielen Fällen besteht es aus zwei Teilen, einem interessanten Teil, in dem die frühere sündhafte Vergangenheit als »Heldenleben« geschildert wird, und einem langweiligen Teil, der von der jetzigen Nachfolge spricht.
- Das Zeugnis erhebt im Blick auf die gemachten Erfahrungen einen verallgemeinernden Anspruch und legt es den Zuhörern nahe, dass sie genau die gleiche Erfahrung machen müssten, wenn Sie nur in der gleichen geistlichen Haltung stünden.

Es wäre natürlich falsch, aus dem möglichen Missbrauch zu schließen, dass man Zeugnisse am besten erst gar nicht zulässt. Aber es ist wichtig, dass Sie als Gottesdienstleiter die Gemeindeglieder auf das Zeugnisgeben gut vorbereiten, es wachen Auges begleiten und notfalls sogar helfend und korrigierend eingreifen. Wer sich für diese Aufgabe zu unsicher fühlt, sollte auf einen Zeugnisteil im Gottesdienst vielleicht zunächst einmal verzichten.

2) Zwei Wege - ein Ziel

Es gibt zwei unterschiedliche Wege, Zeugnisse in den Gottesdienst einzubinden. Sie können ganz gezielt auf einzelne Personen zugehen und sie bitten, von ihren Glaubenserfahrungen zu berichten. Eine Variante dieser Form ist, dass umgekehrt jemand auf Sie zukommt und fragt, ob es möglich ist, ein Zeugnis zu geben. Auf jeden Fall wissen Sie genau, wer sich vor die Gemeinde stellt. Sie wissen, wie viele Personen es sind, und Sie können durch ein paar Worte, die Sie vorher mit den Betreffenden gewechselt haben, Einfluss auf die Länge und eventuell auch auf den Inhalt nehmen: »Schön, dass Du heute ein Zeugnis geben willst. Du kommst nach dem Chorlied dran und hast vier Minuten Zeit, aber nicht mehr. Sag mir doch bitte ganz kurz, was der Kern Deines Berichts sein wird. Und vergiss nicht: Der Herr soll groß herauskommen, nicht du!« Dieser Weg, Zeugnisse in das Programm einzufügen, ist der sichere Weg. Sie sollten ihn immer dann wählen, wenn Sie eine ganz spezielle Zielsetzung auch ganz bestimmt erreichen wollen. So ein Fall wäre eine evangelistische Veranstaltung, in die ein genau zur Predigt passendes Zeugnis eingebunden werden soll. Das müsste nach allen äußeren und inhaltlichen Gesichtspunkten wirklich »sitzen«.

Der andere Weg ist, dass Sie während des Gottesdienstes einen Zeitraum einplanen, in dem jeder, der spontan ein Zeugnis geben möchte, nach vorne kommen kann. Sie wissen nicht, wer oder ob sich überhaupt jemand auf den Weg macht. Sie wissen nicht, welchen Charakter und welchen Inhalt die Berichte haben, und Sie können auch nur schwer steuern, wie viel Zeit sich der Einzelne nehmen wird. In der Einführung zu diesem Zeugnisteil im Gottesdienst haben Sie allerdings die Möglichkeit, Eckdaten zu setzen: »Es gibt jetzt die Möglichkeit, kurz über geistliche Erfahrungen zu berichten, die Einzelne von uns gemacht haben und an denen sie uns gerne Anteil geben möchten. Ich bitte darum, dass sich jeder möglichst kurz fasst, damit viele zum Zug kommen können. Überlegen Sie sich bitte auch, ob das, was Sie sagen möchten, für die anderen eine Ermutigung oder eine geistliche Herausforderung ist. Nur das sollte von hier vorne gesagt werden.«

Welchen Weg Sie im Gottesdienst einschlagen, den eher geplanten oder den mehr spontanen, hängt von vielen Faktoren ab: von der Zeit, die zur Verfügung steht, vom Charakter des Gottesdienstes, von der konkreten Zielsetzung, die mit den Zeugnissen verbunden wird, von der Gewohnheit der Gemeinde und von den Erfahrungen, die diese im Umgang mit Zeugnissen im Gottesdienst bisher gemacht hat, und nicht zuletzt auch von Ihrer eigenen Erfahrung als Gottesdienstleiter.

3) Guten Zeugnissen auf den Weg verhelfen

Im Folgenden möchte ich Ihnen einige Anregungen und praktische Hinweise geben, wie Sie mit Zeugnissen im Gottesdienst angemessen umgehen können.

Im Rahmen geblieben

Bei der Planung des Gottesdienstablaufes müssen Sie sich zunächst einmal die Frage stellen, ob Sie überhaupt ein Zeugnis oder einen Zeugnisblock einbauen wollen. Grundsätzlich sollte man sich die Offenheit bewahren, in jedem Gottesdienst einen spontanen Erlebnisbericht zuzulassen. Es ist aber gewiss auch nicht nötig, ihn für jeden Sonntag fest einzuplanen. Vielleicht überfordern Sie die Gemeinde damit und provozieren oberflächliche Beiträge. Wenn Sie aber gerade heute einen Erfahrungsbericht einfügen wollen, dann sollten Sie wissen warum.

Weil Erlebnisberichte einige Minuten dauern können und die meisten sich nicht an die vorgegebene Zeit halten, muss im Programm ausreichend Zeit zur Verfügung stehen. Rechnen Sie getrost vier Minuten pro Person ein. Wenn es kürzer wird, freuen Sie sich. Wenn es länger dauert, wundern

Sie sich nicht. Wer eben mal schnell ein Zeugnis ins Programm einfügen will, wird ebenso schnell feststellen, wie lang es in der Praxis werden kann.

Fördern, nicht fordern!

Weil die wenigsten Menschen so spontan sind, dass sie auf die Aufforderung zum Zeugnis hin sofort aufstehen und sich vor die Gemeinde stellen, ist es hilfreich, ihnen Zeit zu lassen, sich innerlich darauf einzustellen und sich noch ein paar Gedanken zurechtzulegen. Sie können schon ganz zu Anfang auf die Möglichkeit zu Berichten hinweisen: »Im Verlauf dieses Gottesdienstes möchte ich Gelegenheit geben, kurz über Erfahrungen zu berichten, die Sie in der letzten Zeit mit Jesus gemacht haben. Überlegen Sie sich doch bitte schon einmal, ob Sie etwas sagen möchten.« Diesen Hinweis können Sie auch unmittelbar vor dem Zeugnisblock anbringen. Damit jeder Zeit zum Überlegen hat, lassen Sie die Gemeinde nach Ihrer Ankündigung ein gemeinsames Lied singen. Dann geht es los. Auch wenn Sie ganz gezielt jemanden um ein Zeugnis bitten, darf das nicht auf den letzten Drücker geschehen. Nicht jeder ist so spontan, dass er aus dem Stegreif eine Rede halten kann. Wenn Sie dann noch jemanden vor versammelter Mannschaft nach vorne zitieren, dann grenzt das fast an Nötigung: »Willi, als ich dich letzte Woche im Krankenhaus besuchte, hast du mir erzählt, wie geborgen du dich in Jesus fühlst. Komm doch mal schnell nach vorne und erzähle uns allen davon. – Stell dich nicht so an, komm schon!« Wenn Willi dann vor dem Mikrofon zittert und stottert und sich an den nächsten Sonntagen hinter einer dicken Säule versteckt, müssen Sie sich nicht wundern. Vielleicht sitzt auch der Rest der Gemeinde unauffällig auf seinem Platz und denkt sich: »Hoffentlich werde ich nicht aufgerufen!« Es gehört zu einem liebevollen Umgang, dass man dem anderen auch den Raum für ein unauffälliges »Nein« lässt. Auf der anderen Seite wäre es natürlich ungeschickt, wenn Sie bei Ihrer Einladung, nach vorne zu kommen, große Hemmschwellen aufrichteten: »Jetzt haben wir Raum für Zeugnisse. Wer hat den Mut, etwas zu sagen? Bitte nicht länger als zwei Minuten und keine Dinge, die länger als vierzehn Tage her sind. Es sollte eine wirklich frische Erfahrung mit dem Herrn sein, die uns alle ermutigt und die wirkliche Tiefe hat.« Wer jetzt noch aufsteht, muss den Mut eines Daniel in der Löwengrube mit dem geistlichen Erfahrungsschatz eines Paulus in sich vereinigen. Es könnte still werden.

Wenn alles schweigt und (k)einer spricht

Zu den ganz schwierigen Momenten im Leben eines Gottesdienstleiters gehört es, einen Zeugnisblock eröffnet zu haben und erleben zu müssen, dass niemand etwas sagen will. Über dem Saal liegt eine fast unheimliche Stille. Nichts regt sich. Keiner macht sich auf den Weg. Die erwartungsvolle Haltung »Wer wird es sein?« macht langsam einer inneren Unruhe Platz, die sich von Sekunde zu Sekunde steigert. Da ist guter Rat teuer. Nun, weil es die meisten eine ziemliche Überwindung kostet, vor die Gemeinde zu treten und etwas zu sagen, könnten Sie mit lieben Worten noch einmal dazu ermutigen, nach vorne zu kommen. Manche brauchen einen kleinen erneuten Anstoß. Sie kommen dann gerne. Wenn das Eis erst einmal gebrochen ist, schließen sich vermutlich auch noch einige andere an. Auf keinen Fall sollten Sie Leute in dieser Situation nötigen und unter Druck setzen, indem Sie die geistliche Haltung der Gemeinde in Frage stellen (»Macht hier keiner praktische Erfahrungen im Glauben? Das kann ich nicht verstehen!«) oder sich enttäuscht zeigen (»Jetzt bin ich aber sehr enttäuscht, dass niemand etwas sagen will. Ich hatte mich schon so auf einige Erfahrungsberichte gefreut!«). Wenn wirklich keiner ein Wort hat, dann hat eben keiner eines. Am besten ist es, wenn Sie das ganz nüchtern feststellen und den Zeugnisteil beenden. »Offensichtlich haben wir heute niemanden, der uns etwas von seinen Glaubenserfahrungen mitteilen möchte. An einem anderen Sonntag gebe ich wieder einmal Gelegenheit zu einem Zeugnis. Wir singen jetzt . . .« Ein solcher Abschluss wirkt nicht peinlich und keiner verliert dabei das Gesicht. Natürlich verschiebt sich nun der Programmablauf. Zehn Minuten, die für Zeugnisse eingeplant waren, haben sich auf eine Minute verkürzt. Vielleicht haben Sie mit einem solchen Ausgang aber schon gerechnet und ein zusätzliches Lied oder einen anderen Programmpunkt in Reserve gehalten.

Loben hebt nach oben

Wenn jemand ein Zeugnis gegeben hat, ist es durchaus angemessen, dass er auch ein kurzes »Dankeschön« zu hören bekommt. Das ermutigt und zeigt, dass der Beitrag geschätzt wurde. Sehr zurückhaltend sollten Sie damit sein, das Gehörte zu kommentieren: »Dieses Zeugnis hat mir aber sehr gut gefallen. Also, ich finde, es hat uns alle ganz stark ermutigt.« Ob alle so denken, wissen Sie nicht. Und was soll der denken, der von Ihnen kein solches Lob bekommen hat? Ähnlich verfänglich können vermeintlich helfende Worte sein: »Vielen Dank für dieses Zeugnis. Wir merken, Reinhard ist noch nicht so lange Christ und hat die Dinge nicht ganz auf die Reihe gebracht. Aber wir danken Dir trotzdem herzlich.« In den meisten Fällen genügt ein einfaches »Dankeschön«. Eine kleine theologische Unrichtigkeit oder eine ungeschickte Darstellungsweise braucht nicht unbedingt vor allen richtig gestellt zu werden. Wenn wirklich einmal mehr gesagt werden muss, dann überlegen Sie sich nicht nur, was Sie sagen, sondern auch wie Sie es sagen und wie es auf die Gemeinde und den, der sein Zeugnis gegeben hat, wirkt.

Weil der Begriff »Zeugnis« oder »Zeugnis geben« für Menschen, die dem Glauben und der Kirche entfremdet sind, unverständlich oder missverständlich ist, sollten Sie in offenen Gottesdiensten oder in evangelistischen Veranstaltungen nach Alternativen suchen. Formulierungen wie »Erfahrungsbericht« oder »Erlebnisbericht« treffen die Sache ebenso. Sie können auch auf Umschreibungen zurückgreifen: »Herr Meier möchte uns berichten, welche Bedeutung Jesus Christus für ihn gewonnen hat.«

Ideensammlung:

- Sie können einen offenen Zeugnisblock damit beginnen, dass jemand, den Sie vorher gebeten haben, den Anfang macht. Damit das nicht wie ein billiger Trick aussieht, können Sie dazu ganz offen stehen: »Damit es etwas leichter fällt, etwas vor der Gemeinde zu sagen, habe ich Martina gebeten, den Anfang zu machen. Sie berichtet uns davon, wie Gott ihr im Studium geholfen hat.«
- Wenn Sie von jemandem vermuten, dass er sehr nervös oder innerlich ergriffen ist und sein Zeugnis kaum zu Ende bringen kann, dann bleiben Sie einfach neben der betreffenden Person stehen. Sie können dann notfalls das Mikrofon übernehmen und mit ein paar liebevollen Sätzen die Situation entschärfen.
- Ein Zeugnis wirkt oft lebendiger und natürlicher, wenn es nicht in der Form einer kleine Rede, sondern in der eines Interviews vorgetragen wird.

Anspiele und Theaterstücke

Zu den Gottesdienstelementen, die es schon lange gibt, die aber in den letzten Jahren neu ins Blickfeld gerückt sind, gehören kleine szenische Aufführungen. Ob man sie nun Anspiele, Spielszenen, Sketche oder Theaterstücke nennt oder ob sie als Pantomime aufgeführt werden, ändert wenig an ihrem Charakter. Allemal haben sie die Aufgabe, mit den Mitteln der Schauspielerei Aufmerksamkeit und Interesse zu wecken und geistliche Inhalte zu transportieren. Weil der Aufwand für solche Inszenierungen recht hoch ist, beschränken sich die meisten Gemeinden darauf, Spielszenen nur zu besonderen Anlässen einzusetzen, etwa bei Evangelisationen oder in thematisch orientierten Gottesdiensten wie Erntedank oder Weihnachten. Eine feste Gruppe von Mitarbeitern, die sich der Schauspielerei verschrieben hat, gibt es in der Regel nicht. Die Teams finden sich spontan zusammen oder bilden sich aus bestehenden Kreisen wie der Sonntagsschule oder der Jugendgruppe.

Mit Blick auf Menschen, die der Kirche und dem Glauben entfremdet sind, und in Anbetracht der hohen Aufmerksamkeit, die Anspiele in unserer fernsehgewöhnten Gesellschaft erzielen, gehen aber immer mehr Gemeinden dazu über, kleine Theaterstücke häufiger oder sogar regelmäßig in ihre Gottesdienste einzubinden. Es entstehen Anspielteams, die es als ihren besonderen Beitrag sehen, solche szenischen Darstellungen auszuarbeiten, einzuüben und dann im Gottesdienst aufzuführen. Nicht jeder steht dieser Entwicklung positiv gegenüber. Viele haben die Sorge, dass man im Gottesdienst zu viel des Guten tut, dass die Theateraufführung von der Predigt ablenkt, dass ein unverhältnismäßig hoher Aufwand betrieben wird und man Erweckung einfach herbeispielen will. Diese Befürchtungen sind ja auch nicht ganz unbegründet. Spielszenen dürfen immer nur einen dienenden und auf die Predigt hinführenden Charakter haben. Wenn Sie den Gottesdienst dominieren, die Predigt an den Rand drücken und zur erwecklichen Wunderwaffe erhoben werden sollen, hat man ihre Möglichkeiten überschätzt. Diese Maxime gilt schon immer, auch für das gute alte idyllisch-romantische Krippenspiel im Heiligabendgottesdienst, das der Predigt oftmals nur noch eine kleine zeitliche Nische übrig lässt. Der Missbrauch schließt den gesunden Gebrauch nicht aus. Das gilt auch für Spielszenen und Theaterstücke im Gottesdienst.

Weil ich mich in diesem Buch mit den Aufgaben des Gottesdienstleiters beschäftige und nicht grundsätzlich mit dem Thema »Anspiel«, beschränke ich mich jetzt auch auf die Aspekte, die die Gottesdienstleitung betreffen. Wer Abhandlungen über die Schauspielerei im christlichen Umfeld sucht oder gar fertige Theaterstücke, kann auf gute Literatur zurückgreifen. Ein paar Titel habe ich im Literaturverzeichnis aufgeführt.

Um im Gottesdienst ein Anspiel sinnvoll einfügen zu können, müssen zunächst einmal die Rahmenbedingungen abgesteckt werden: Wie viel Zeit steht zur Verfügung? Welchen technischen Aufwand erfordert das Stück? Fügt es sich inhaltlich nahtlos in die Linie des Gottesdienstes? Und gibt es einen gut eingespielten Kreis von Mitarbeitern? An der letzten Frage wird sich schon viel entscheiden.

1) Eine starke Truppe

Wenn Sie gerne ein Anspiel in Ihrem Gottesdienst aufgeführt hätten und Ihre Gemeinde über kein festes Team von Mitarbeitern verfügt, müssen Sie sich erst einmal auf die Suche nach einer geeigneten Schauspieltruppe machen. In der Regel greift man auf eher junge Leute zurück, weil die sich unbefangener geben und viel Freude an szenischen Darstellungen haben. Am sinnvollsten ist es, die Aufgabe einem festgefügten Kreis oder einer bestehenden Gruppe zu übergeben. So könnten Sie die Teenagergruppe oder einen Hauskreis bitten, für das Erntedankfest ein passendes Anspiel vorzubereiten und aufzuführen. Normalerweise brauchen Sie bei einer solchen Verfahrensweise einen großen zeitlichen Vorlauf. Bis die Gruppe sich entschlossen hat, die Aufgabe anzunehmen, bis sich die Spieler gefunden haben und das Stück ausgesucht ist, können schon einige Wochen vergehen. Wenn Sie zu spät mit der Planung beginnen, sollten Sie deshalb niemandem böse sein, wenn er Ihre Anfrage ablehnt.

Viel seltener kommt es vor, dass sich bei Ihnen jemand mit einem fertigen Anspiel meldet und fragt, wann und wo es aufgeführt werden kann. In einem solchen Fall wären Sie nicht gut beraten, wenn Sie ablehnen würden. Wahrscheinlich melden sich die Spielwilligen so schnell nicht wieder, weil sie den Eindruck haben, nicht erwünscht zu sein. Falls Sie tatsächlich eine feste Theatergruppe in der Gemeinde haben, können Sie natürlich langfristiger planen und einen regelrechten Projektplan für das laufende Jahr ausarbeiten.[4]

2) »Darf es etwas mehr sein?«

Die Frage, wie viel Zeit innerhalb des Gottesdienstes zur Verfügung steht, muss als Nächstes geklärt werden. Vom kurzen Sketch in Zwei-Minuten-Länge bis zum ausgewachsenen Theaterstück gibt es eine große Bandbreite von Möglichkeiten. Als Standardlänge kann man eine Aufführungsdauer zwischen fünf und zehn Minuten annehmen. Alles, was diesen Rahmen sprengt, nimmt in einem normalen Gottesdienst schon einen außergewöhnlich großen Rahmen ein. Sie müssten dann sicherstellen, dass für die anderen Programmpunkte und die Predigt noch ausreichend Zeit zur Verfügung steht. Weil man sich bei der Länge eines Anspiels schnell verkalkuliert, sollten Sie nicht nur die reine Spielzeit rechnen, sondern auch Auftritt und Abgang sowie technisch bedingte Verzögerungen vor oder nach dem eigentlichen Stück berücksichtigen. Aus eigener leidvoller Erfahrung weiß ich, dass man auch mit den Zeitangaben eines Anspielteams nicht vorsichtig genug umgehen kann. In den meisten Fällen dürfen Sie getrost 50 % auf den angegebenen Wert aufschlagen. Selbst wenn Sie die Gruppe bitten, das Stück genau mit der Stoppuhr abzumessen, werden Sie wahrscheinlich immer noch sehr optimistische Angaben erhalten. Als Faustregel gilt: Trauen Sie nie der Zeitangabe eines Anspielteams und lassen Sie sich auf keine ungefähren Zeitwerte ein: »Wir haben nur ein kurzes Stück. Es dauert wirklich höchstens drei oder vier Minuten. So ganz genau weiß ich es auch nicht. Aber länger auf keinen Fall.« Wenn Ihnen diese Information genügt, sind Sie selber schuld.

[4] Einige Sammlungen fertiger Theaterstücke finden Sie im Anhang unter »Literaturhinweise«.

3) Aufwand und Effekt

Neben der Zeit, die für ein Anspiel zur Verfügung steht, muss auch der technische Aufwand dafür bedacht werden. Ein Pantomimestück erfordert vielleicht nicht mehr als einen Schauspieler und ein Requisit. Sie können aber auch so inszenieren, dass Beleuchtungsanlage, Verstärkeranlage und ein aufwendiges Bühnenbild erforderlich werden. Eine begeisterte Truppe stellt Ihnen Ihren Gottesdienstraum für ein dreiminütiges Stück so sehr auf den Kopf, dass Sie ihn nicht wiedererkennen. Sicherlich wird vielen Gottesdienstbesuchern allein schon dieser außergewöhnliche Anblick im Gedächtnis haften bleiben. Aber Aufwand und Effekt stehen in diesem Fall vermutlich in keinem ausgewogenen Verhältnis. Eine schauspielerisch gute Gruppe kann mit erstaunlich wenigen Requisiten auskommen; eine schlechte Truppe dagegen hat deren meist nie genug. Wenn Sie also ein Anspiel vereinbaren, besprechen Sie am besten auch, welcher Aufwand betrieben werden soll. Sie können dann entscheiden, ob Sie in diesem speziellen Gottesdienst so viel Bühnentechnik zulassen wollen oder nicht und ob sich ein derartiges Anspiel überhaupt lohnt.

4) Auf den Inhalt kommt es an

Eine weitere Frage, die unbedingt geklärt werden muss, ist die thematische Ausrichtung des Gottesdienstes, in die sich die Spielszene einfügen muss. Dazu ist es erforderlich, dass Sie auch den Verkündiger mit in die Planung einbeziehen. Er kann am besten entscheiden, ob ein Anspiel zur Predigt passt oder nicht. Er wird sicher auch inhaltlich auf ihm aufbauen wollen und schon in seiner Predigteinleitung auf das zurückgreifen, was die Gemeinde gerade zu sehen bekam. Ich empfinde es als sehr unglücklich, wenn der Verkündiger von einem Anspiel überrascht wird oder zu spät davon erfährt, besonders wenn er ein Gast ist. Auf die Schnelle muss er sehen, wie er einen Bezug zu seiner Predigt herstellen kann. Wenn ihm das aus irgendeinem Grund nicht gelingt, entsteht ein thematischer Bruch im Gottesdienst. Das Anspiel war schön. Aber keiner weiß so richtig, was es mit der Predigt zu tun hatte. Ohne genaue Absprachen geht es deshalb nicht. Am besten können sich Gottesdienstleiter und Prediger auf das Stück einstellen, wenn sie vorher das Drehbuch zu lesen bekommen haben. Auf einer kurzen inhaltlichen Beschreibung des Stücks sollten Sie aber immer bestehen.

Manche Anspielteams entwickeln einen regelrechten Feuereifer für ihre Sache. Darüber vergessen sie manchmal gewisse Grenzen, die man nicht ungestraft überschreiten darf. In schauspielerischer Freiheit werden der Gemeinde Inhalte zugemutet, die nicht unbedingt in einen gottesdienstlichen Rahmen gehören und die von den Zuschauern nur schwer zu verarbeiten sind. Dazu gehört beispielsweise eine Sprache, die sich an der Jugendszene orientiert. Wenn es sich nicht gerade um einen reinen Teenagergottesdienst handelt, werden viele Gemeindeglieder innerlich auf Distanz gehen und sich abgestoßen fühlen. Genauso verhält es sich mit schrillen oder skurrilen Requisiten oder - sagen wir es einmal dezent und zurückhaltend - »ungünstigen« Kostümierungen. Selbst die weiß bemalten Gesichter der Pantomimen stoßen manche empfindliche Zeitgenossen ab. »Die sehen ja schrecklich aus! Und so was bei uns im Gottesdienst!« Der problematischste Fall ist ein Stück, das mit Dingen, die uns heilig sind, spielerisch lässig bis fahrlässig umgeht und sich gefährlich nahe an die Grenze zum Lästerlichen begibt. Wenn eine Theatertruppe Ihnen mitteilt, dass sie in ihrem Stück auch den Teufel auftreten lässt, sollten Sie sehr hellhörig werden und fragen, in welcher Weise dieser Auftritt gedacht ist. Hört man aus dem Bühnenhintergrund die einschmeichelnde Stimme des Versuchers oder tanzt er in schwarz-rotem Kostüm mit Pferdehuf, Hörnern und Schwanz feurig und schrecklich brüllend vor dem Abendmahlstisch herum? Genauso problematisch ist die Darstellung der Person Jesu. Viele haben grundsätzliche Probleme, wenn er in einem Theaterstück als Person auftritt. Vielleicht sollte man deshalb auf seine Darstellung verzichten und die Rolle in die eines Sprechers umwandeln. Wenn man sich aber dennoch dazu entschließt, Jesus Christus zu spielen oder spielen zu lassen, ist eine wirklich gute schauspielerische Leistung nötig. Andernfalls erscheint er in einem peinlichen und unwürdigen Licht. Die Gemeinde wird sich begründet dagegen wehren. Wenn die Sache also irgendwie schief geht, wird man das in jedem Fall auf das Konto des Gottesdienstleiters buchen, und das mit Recht. Er übernimmt die Verantwortung für das, was geschieht. Mit einem »Das habe ich nicht gewusst« kann er sich nicht aus der Affäre ziehen. Er hätte es wissen müssen. Gerade bei unerfahrenen Anspielgruppen sollten Sie sich deshalb als partnerschaftlicher Berater verstehen, der die Truppe begleitet und ihr hilft, ihre Aufgabenstellung innerhalb eines Gottesdienstes zu verstehen und ihr gerecht zu werden. Als Gottesdienstleiter üben Sie auch im Blick auf das Verhältnis von Anspieltruppe und Gemeinde eine gewisse Brückenfunktion aus. Beim Theaterspiel kann der Unterschied der Generationen sehr stark in den Vordergrund treten. Notfalls ist es Ihre Aufgabe, für gegenseitiges Verständnis einzutreten.

5) Die Bühnentechnik und ihre Tücken

Weil ein Anspiel in der Regel einigen Platz an Spielfläche braucht, ergeben sich für den Gottesdienstleiter ein paar technische Fragen. Er muss abklären, ob er von der gewohnten Stelle aus den Gottesdienst leiten kann oder ob er den Ort wechseln muss. Er muss klären, ob er an dieser neuen Stelle von allen gesehen wird und ein Mikrofon und ein Pult zur Verfügung hat. Wenn diese Dinge nicht sorgfältig geplant werden, muss die Gemeinde während des Gottesdienstes lange Zeit zuschauen, wie Sie alles spontan regeln und organisieren.

Für das Bühnenbild muss man gelegentlich auch Einrichtungsgegenstände umstellen oder Bilder abhängen. Manche Anspielgruppe geht mit solchen Veränderungen recht großzügig um. Aber auch das kann ins Auge gehen. Wenn beispielsweise das schlichte alte Holzkreuz abgenommen und durch eine Leuchtreklame ersetzt wird, können das nicht immer alle nachvollziehen. Um unnötigen Ärger zu vermeiden, sollten Sie auch auf solche Kleinigkeiten achten und notfalls ein paar hilfreiche Worte an die Gemeinde richten.

Damit das Anspielteam seine unmittelbar vor dem Beginn notwendigen Vorbereitungen noch rechtzeitig treffen kann, muss es vor dem Gottesdienst genau wissen, wann es dran ist. Es kommt gelegentlich vor, dass der Gottesdienstleiter die Truppe mit der Ankündigung überrascht, dass sie nun an der Reihe sei. Die verzweifelte Antwort lautet: »Aber wir müssen uns doch erst noch umziehen! Drei bis vier Minuten dauert das.« Die Armen werden in Panik in ihre Umkleideräume stürmen, während Sie aus lauter Verzweiflung ein Wunschlied singen lassen müssen.

Ein Gedanke zum Schluss. Es gibt immer wieder Gemeindeglieder, die mit Aufführungen im Gottesdienst Mühe haben. Oft machen sie das am Begriff »Theater« fest. Wenn Sie die Sorge haben, dass in Ihrer Gemeinde diesbezüglich ein Problem besteht, vermeiden Sie diese Bezeichnung und sprechen Sie lieber von einem Anspiel oder einer Spielszene. An der Sache ändert das zwar nichts, aber Sie haben ein Reizwort vermieden, das von vornherein vielen das Zuhören erschwert.

Ideensammlung:

- Wenn Sie in Ihrer Gemeinde keine Anspielgruppe zustande bekommen, können Sie sich umhören, ob in einer anderen Gemeinde ein solches Team besteht. Vielleicht lässt es sich zu einem besonderen Gottesdienst einladen.
- Anstelle eines Anspiels können Sie auch eine Sprechmotette einsetzen. Sie brauchen lediglich einige Leute, die ihre Texte gut einüben und dann lebendig im Wechsel vortragen. Diese Art von »Live-Hörspiel« ist weniger aufwendig als ein Anspiel, weil kein Bühnenbild und keine darstellerischen Fähigkeiten erforderlich sind. Eine überzeugend vorgetragene Sprechmotette mit gutem Inhalt kann manche Spielszene »in die Tasche stecken«.

Die Ansagen

Zum festen Bestandteil des Gottesdienstes gehören die Ansagen. Sie werden auch Bekanntmachungen oder Abkündigungen genannt. Sie fehlen in keinem Gottesdienst und haben in jedem Programmablauf irgendwo ihren Platz. Schließlich gibt es eine Menge Informationen, an die die Gemeinde erinnert werden muss oder die sie zum ersten Mal erfahren soll. Zum Kernbestand der Ansagen gehören zum Beispiel Hinweise auf die Veranstaltungen der kommenden Woche und bevorstehende Sonderveranstaltungen. Es werden Kranke in der Gemeinde, Geburtstage und eventuell familiäre Anlässe wie Geburten, Taufen oder Hochzeiten erwähnt. Vielleicht geht es auch um den Verwendungszweck der heutigen Kollekte, wenn die bisher noch nicht eingesammelt wurde. Darüber hinaus kommen fast jeden Sonntag zusätzliche Informationen hinzu. Nichts schießt so schnell ins Kraut wie die Menge der Ansagen.

Wer nun denkt, dass es ein Leichtes sei, der Gemeinde die Bekanntmachungen angemessen zu verabreichen, der irrt. Es gibt genügend Stolpersteine, über die der Gottesdienstleiter fallen kann, wenn er diesen Teil seiner Aufgabe nicht gründlich durchdacht und geplant hat. Der übersehene Hinweis auf die Seniorenfahrt am Samstag wirkt da genauso verheerend wie eine unklar oder widersprüchlich angesagte Uhrzeit für den Teenagerkreis am Mittwoch. Damit Sie also keinen Nebel verbreiten und der Gemeinde zu einer klaren Sicht verhelfen, einige Hinweise dazu, wie man es richtig macht.

1) »Und nun die siebenundzwanzigste und letzte Ansage: . . .«

Zunächst sollten Sie darauf achten, dass Sie so wenige Ansagen wie möglich machen. Lange Informationsblöcke wirken wegen ihres inhaltlichen Überangebots unübersichtlich und verwirrend. Sie ermüden alle diejenigen, die für sich selbst kaum etwas Brauchbares darin finden. Und sie verzögern den zeitlichen Ablauf des Gottesdienstes. Der alte Slogan »Weniger ist mehr« gilt gerade für die Ankündigungen. Nicht alles, was irgendwie interessant sein könnte, wird in die Ansagenliste aufgenommen, sondern nur das, was wirklich wichtig und von allgemeinem Interesse ist. Wenn Ihre Gemeinde einen Gemeindebrief herausgibt, der über alle regelmäßigen Veranstaltungen informiert, könnten Sie vielleicht auf viele Ansagen verzichten und stattdessen auf diesen Infobrief verweisen: »Die regelmäßigen Veranstaltungen der kommenden Woche finden planmäßig statt. Nähere Informationen finden Sie in unserem Gemeindebrief.« Auf Außergewöhnliches sollten Sie natürlich trotzdem hinweisen: »Der Gottesdienst am nächsten Sonntag findet wie üblich um 10 Uhr statt. Er wird dieses Mal aber von unserer Jugendgruppe gestaltet. Wir freuen uns darauf.«

Um die Fülle der Ansagen zu reduzieren, kann man auch ein Informationsblatt herausgeben, das zu jedem Gottesdienst erstellt wird und am Ausgang mitgenommen werden kann. Dies macht natürlich Arbeit, kostet ein paar Mark und setzt voraus, dass alle, die wichtige Informationen mitteilen möchten, sich spätestens am Vortag bei Ihnen gemeldet haben.

Man sollte die Bemühungen, die Bekanntmachungen so kurz wie möglich zu halten, aber auch nicht übertreiben. Gerade die Informationen, die Menschen unmittelbar betreffen, sind sehr wichtig. Geburtstage, Jubiläen, Familiäres und die Kranken und Notleidenden der Gemeinde sollten als Ausdruck herzlicher Gemeinschaft und aufrichtigen Interesses aneinander unbedingt Erwähnung finden. Deshalb sind Ansagen auch nicht ein lästiges Anhängsel an den Gottesdienst, sondern Ausdruck eines lebendigen Gemeindelebens.

2) Der Stoff, aus dem die Ansagen sind

Bevor Sie die Ansagen der Gemeinde vortragen können, müssen die Fakten erst einmal gesammelt, sortiert und aufgeschrieben werden. Sie sollten sich also gründlich kundig machen, was in der Gemeinde in der kommenden Woche und darüber hinaus geschieht. Es ist äußerst peinlich für Sie und zudem sehr zeitaufwendig, wenn die Gemeinde Sie korrigieren oder ergänzen muss: »Bruder Müller, Sie haben vergessen, unsere Jungscharstunde am Donnerstag anzukündigen. Die fällt nicht etwa aus.« »Hallo, spreche ich laut genug?«, so meldet sich jemand aus der letzten Reihe, »ich wollte nur noch sagen, dass Bruder Müller für unser Frauenfrühstückstreffen wieder einmal eine falsche Uhrzeit genannt hat. Wir treffen uns um 9 Uhr, nicht um 10 Uhr, wie es eben angesagt wurde.« Nicht immer ist der Gottesdienstleiter an solchen Pannen schuld. Wer das Geschäft der Ansagerei schon einmal betrieben hat, weiß ein Lied davon zu singen, wie unpräzise und oft verspätet Informationen, die noch auf die Liste sollen, an einen herangetragen werden. Die Gemeinde sollte deshalb dazu erzogen werden, möglichst bis zum Vorabend alle Ansagen zu melden. Das ist anfänglich zwar ein harter Kampf, aber auf Dauer lohnt es sich, ihn durchgestanden zu haben. Nur in Ausnahmen wird dann noch Spontanes auf die Liste genommen. Problematisch ist es auch, die Ansagen während des Gottesdienstes aus der Gemeinde abzurufen: »Wer kann mir sagen, um wieviel Uhr das Frauenfrühstück beginnt?« Kaum haben Sie diese Frage gestellt, beginnt der Frauenfrühstücksvorbereitungskreis während des Gottesdienstes mit einer spontanen öffentlichen Sitzung und erwägt das Für und Wider eines früheren Beginnes um 8 Uhr. Ebenso gefährlich ist die Frage: »Habe ich sonst noch etwas vergessen oder hat jemand anderes noch eine Ansage?« Dieser dahingeworfene Satz kann Sie ohne weiteres 5-10 Minuten kosten und Ihnen und der Gemeinde engagiert vorgetragene Belanglosigkeiten bescheren. Lassen Sie auch niemanden im Gottesdienst an das Mikrofon, der Ihnen auf die Schnelle mitteilt, er müsse noch eine dringende Ansage machen. Fragen Sie immer, worum es sich handelt, und überlegen Sie, ob Sie die Sache nicht besser selbst ansagen wollen.

Manchmal kann es angebracht sein, eine Information durch eine betroffene Person selbst vortragen zu lassen. Vielleicht kann der Leiter des Seniorenkreises kompetenter und warmherziger für die geplante Ausflugsfahrt einladen, als Sie das täten, der Sie nicht zu den Senioren gehören. Sicherlich aber dauert diese Ansage länger als bei Ihnen, weil jemand erst den Weg nach vorne unter die Füße nehmen muss und er im Eifer des Gefechts vielleicht zu ausführlich berichtet.

Wenn Sie auf diese vielen Kleinigkeiten nicht achten, sind Pleiten, Pech und Pannen geradezu vorprogrammiert. Sie sollten Ihre Daten also vor dem Gottesdienst zusammentragen, sauber recherchieren, thematisch sortieren, gut durchdenken und abschließend ausformulieren und übersichtlich aufschreiben. Das ist der sicherste Weg zu knappen und bündigen Ansagen.

3) »Alle Klarheiten beseitigt?«

Wenn Sie nun wissen, was angesagt werden soll und wer es tut, kommt es auf die richtige Darstellung der Informationen an, damit keine Missverständnisse entstehen. Am besten orientiert man sich an den berühmten W-Fragen: Wer? Wann? Wo? Warum? Was? Wie? Ein Beispiel: »(Wer?)

Der Jugendkreis trifft sich (wann?) am kommenden Mittwoch um 19 Uhr (wozu?) zu seinem Grillabend (wo?) am Gemeindehaus. (Was und wie?) Getränke werden kostenlos gestellt, Würstchen, Brötchen und Salate bringt jeder nach Bedarf mit.« Jede einzelne Information dieser Ansage ist wichtig, wenn es keine Missverständnisse oder Unklarheiten geben soll. Wenn Sie nur sagen, dass sich der Jugendkreis am Mittwoch trifft, bleiben Uhrzeit und Treffpunkt offen. Vergessen Sie den Hinweis auf Würstchen, Brötchen und Salate, wird es viele hungrige Mägen geben, die dieses Leiden auf Ihr Konto buchen werden. Und wenn Sie statt »der Jugendkreis« verallgemeinernd von »die jungen Leute« sprechen, werden sich alle unter vierzig ebenfalls eingeladen fühlen. Ansagen müssen also immer so präzise, eindeutig und unmissverständlich sein wie möglich. Um so zu formulieren, ist es hilfreich, sich in die Zuhörer hineinzuversetzen und von ihnen aus zu denken. Welchen Informationsstand können Sie voraussetzen? Was könnte missverständlich klingen? Wichtige Ansagen können Sie übrigens auch getrost wiederholen: »Also noch einmal: Nächsten Samstag um 14 Uhr findet die Ausflugsfahrt des Seniorenkreises statt. Treffpunkt ist unser Gemeindehaus.«

Besonders wichtig ist es, auf Abweichungen vom üblichen Veranstaltungsablauf hinzuweisen. Sie könnten sagen: »Am kommenden Sonntag treffen wir uns um 10 Uhr an der Waldkapelle zum Waldgottesdienst.« Besser wäre aber: »Am kommenden Sonntag haben wir keinen Gottesdienst hier in unserer Gemeinde. Stattdessen treffen wir uns um 10 Uhr an der Waldkapelle zu einem Waldgottesdienst.« Mit dieser Formulierung haben Sie nicht nur gesagt, was stattfindet, sondern auch, was nicht stattfindet. Das schafft Klarheit.

Wenn Sie zu besonderen Veranstaltungen einladen wollen, sollten Sie der Gemeinde Geschmack darauf machen. Sie könnten ansagen: »Am kommenden Samstag, den 7. Juni, findet um 20 Uhr in unserer Gemeinde ein Konzert statt.« Motivierender klingt es, wenn Sie sagen, um was für ein Konzert es sich handelt und wer die Interpreten sind. Vielleicht wurde ein gesonderter Handzettel gedruckt. Den sollten Sie in der Hand halten, deutlich zeigen und darauf hinweisen, dass er am Ausgang zum Mitnehmen bereitliegt.

Manche Gottesdienstleiter neigen dazu, den trockenen Ansagenteil durch humorvolle Formulierungen und Einlagen aufzulockern. Das klingt durchaus nett und ansprechend. Wenn der Gottesdienst vielleicht schon Überlänge hatte und die Gemeinde nun auch noch die Bekanntmachungen über sich ergehen lassen muss, sind locker vorgetragene Ansagen noch einmal wie frischer Wind im Gottesdienstgeschehen. Dennoch sollten Sie sich mit einem blumigen Stil etwas zurückhalten. Zum einen kostet er wertvolle Zeit, zum anderen vergreift man sich schnell im Ton und wirkt unangemessen: »Am kommenden Mittwoch stopft sich die Jugend von 19 bis 22 Uhr ihre hungrigen Mägen mit Würstchen und Salaten voll. Ich höre es schon schmatzen! Am Samstag stillen die Senioren ihren Appetit, wenn sie sich um 14 Uhr zu ihrer jährlichen Kaffeefahrt aufmachen. Das wird eine kalorienreiche Gemeindewoche!« Lustig wäre es, aber ob alle lachen? Auch hier gilt: Weniger ist mehr!

4) Ansagen richtig platziert

Die Ansagen sind zwar ein wichtiger Bestandteil des Gottesdienstes, aber inhaltlich gehören sie eher an den Rand des Geschehens. Es ergibt wenig Sinn, sie unmittelbar vor oder nach der Predigt einzuplanen. Dort würden sie nur stören und die gedankliche Linie des Gottesdienstes unterbrechen. Am sinnvollsten ist es, sie an den Anfang oder an das Ende zu setzen. Ein Platz ganz zu Beginn des Gottesdienstes ist insofern günstig, als der weitere Gottesdienstverlauf dann frei ist von sachlichen Gemeindeinformationen. Für das Ende spricht, dass die Gemeinde die Ansagen noch frisch im Gedächtnis hat und beispielsweise Handzettel und Einladungen, auf die hingewiesen wurde, am Ausgang wirklich mitnimmt. Ein geistlich inspirierender Gottesdienst ist auf der anderen Seite mit einem Infoteil schlecht abgeschlossen. Wie immer Sie es handhaben, rücken Sie die Ansagen im Programmablauf nicht zu sehr in den Mittelpunkt und geben Sie ihnen einen »unauffälligen« Platz.

Ideensammlung:

- Eine besonders wichtige Ansage kann man auf eine Overheadfolie bringen und vor der Gemeinde auf diese Weise optisch unterstreichen.

- Sie brauchen die Ansagen nicht alleine zu machen. Sie können Blöcke von unterschiedlichen Personen gestalten lassen. Vielleicht werden die Geburtstagskinder vom Leiter des Besuchskreises vorgelesen und mit einem Bibelwort bedacht.
- Die Ansagen lassen sich auch mit Gebet verbinden. Bitten Sie drei oder vier Personen der Gemeinde nach vorne und lassen Sie diese für die Anliegen beten: Einer bittet für die Wochenveranstaltungen, ein anderer für die Kranken und die Geburtstagskinder, ein dritter für die bevorstehende Evangelisation. Auf diese Weise werden trockene Fakten mit Leben gefüllt.

Der Abschlusssegen

Alles hat ein Ende, auch der schönste Gottesdienst. Bevor Sie aber Ihre Siebensachen zusammenpacken und sich entspannt unter die Gemeinde mischen können, bleibt Ihnen noch eine letzte Aufgabe, nämlich den Gottesdienst zu einem guten Abschluss zu bringen.

Dabei korrespondieren Anfang und Ende miteinander. So wie die Gemeinde anfangs begrüßt wurde, wird sie nun verabschiedet. Unausgesprochen tragen wir alle die Erwartung in uns, dass etwas, das einen klaren Anfang hatte, auch zu einem harmonischen Ende kommt. Ganz abgesehen davon ist es ein Ausdruck der Höflichkeit, wenn der Gottesdienstleiter als eine Art Gastgeber die Gemeinde und die Gäste verabschiedet.

Aber es besteht noch eine andere Verbindung zwischen Anfang und Ende des Gottesdienstes. Die Gemeinde wurde im Namen Gottes empfangen, und für die gemeinsame Zeit wurde sein Segen erbeten. Nun wird die Gemeinde im Namen Gottes entlassen und erneut seinem Segen anbefohlen. Weil der Gottesdienst keine Unterhaltungsveranstaltung ist, darf auch sein Abschluss nicht dem einer Unterhaltungsveranstaltung gleichen: »Ich hoffe, Sie hatten viel Spaß an unserem Programm. Ich wünsche Ihnen alles Gute und hoffe, dass wir uns nächste Woche wiedersehen. Das war's. Bis zum nächsten Mal. Tschüss.«

Natürlich können und sollen Sie mit ein paar netten Sätzen auf den kommenden Sonntag verweisen und den Leuten noch einen schönen Tag wünschen. Vielleicht wollen Sie auch darauf hinweisen, dass alle noch herzlich zu einem Stehkaffee eingeladen sind. Das alles wäre in einem gewissen Sinn ein netter Abschluss. Entscheidend aber ist, dass die Gemeinde den Gottesdienst im Namen Gottes beendet und unter seinem Segen den Weg nach Hause antritt.

1) An Gottes Segen ist alles gelegen

Im Blick auf den Abschlusssegen stellt sich immer wieder die Frage, was es eigentlich damit auf sich hat. Ist er bloß eine liturgische Wendung? Ist er ein frommer Wunsch des Gottesdienstleiters für die Gemeinde? Ist er eine Formel, die etwas Geheimnisvolles bei den Gesegneten bewirkt? Und überhaupt: Wer segnet wen? Bitten wir Gott darum, dass er uns alle, einschließlich des Leiters, segnet? Oder segnet der Gottesdienstleiter die Gemeinde?: »Ich segne euch im Namen des Vaters und des Sohnes und des Heiligen Geistes. Amen.«

Tatsächlich ist der Segen, wie wir ihn in der Heiligen Schrift beschrieben finden, mehr als nur ein frommer Wunsch. Er ist aber auch keine Zauberformel, die eine geheimnisvolle göttliche Kraft auf einen Menschen legt. Wenn Menschen andere Menschen im Namen Gottes segnen, erbitten sie vollmächtig, dass Gott den Gesegneten umfassendes Heil schenkt und sie mit dem ausstattet, was sie brauchen. Sie unterstellen andere der Gnade Gottes und befehlen sie seiner Fürsorge an. Wer andere so segnet, tritt in einem gewissen Sinne als Sprachrohr Gottes auf: »Ich segne dich im Namen des Vaters, des Sohnes und des Heiligen Geistes.« Die andere Möglichkeit besteht darin, sozusagen auf der Seite der Gemeinde zu stehen und in der Wir-Form gemeinsam um den Segen Gottes zu bitten: »Wir bitten dich, Herr, segne uns.« Als Gottesdienstleiter schließen Sie sich in diese Segensbitte mit ein. Beide Formen des Segens sind in gleichem Maße biblisch, das Zusprechen des Segens und das gemeinsame Erbitten des Segens. Für die Praxis des Gottesdienstes scheint es mir nicht entscheidend zu sein, welche der beiden Formen gewählt wird. Natürlich braucht auch der Gottesdienstleiter den Segen Gottes. Er steht der Gemeinde nicht als Spender irgendeiner sakramentalen Gnade gegenüber, sondern gehört auf ihre Seite. Es ist aber in gleichem Maße biblisch, wenn wir uns gegenseitig der göttlichen Fürsorge anbefehlen und füreinander den Frieden und Segen Gottes erbitten. Ich habe deshalb keine grundsätzlichen Bedenken, wenn ein Abschlusssegen in der Ichform gehalten ist. Auch die Frage, ob dabei die Hände zeichenhaft erhoben werden oder nicht, hat keine Auswirkung auf die innere »Qualität« des Segens. In den Gemeinden, in denen man davon absieht, hat man in der Regel ja auch keine Besorgnis, wenn man die andere zeichenhafte Haltung bei speziellen Segnungen praktiziert, nämlich das Auflegen der Hände. Beides, das Erheben der Hände und das Auflegen der Hände, ist biblisch belegt und hat zeichenhaften Charakter. Nicht mehr, aber auch nicht weniger. Ob Sie in der Ich-Form oder Wir-Form beten und ob Sie dabei die Hände erheben oder nicht, hängt von Ihrer eigenen Einschätzung und sicherlich von der Sicht und der Tradition ab, die in Ihrer Gemeinde vorherrscht. Wenn Sie von der üblichen Praxis abweichen, sollten Sie gute Gründe dafür haben.

2) Keine Sorgen vor dem Segen!

Normalerweise sollte jeder Gottesdienst mit einem Segensgebet abschließen. Wenn Sie unter Zeitdruck geraten sind, streichen Sie lieber die letzte Strophe des letzten Liedes als den Abschlusssegen. Wer am Segen spart, spart an der falschen Stelle. Natürlich gibt es besondere Gottesdienste, in denen man auf den Segen verzichten kann oder muss. Ein ausgesprochener Gästegottesdienst mit einem Programm, das von liturgischen Elementen weitgehend absieht, könnte solch ein Anlass sein.

Weil die Gemeinde im Abschlusssegen bewusst Gottes Gnade unterstellt wird, sollten Sie die Gemeinde auf alle Fälle dazu aufstehen lassen. Damit setzen Sie ein wichtiges Zeichen. Wenn wir Gott bitten, dass er uns mit großem Segen beschenkt, sollten wir dabei nicht den Eindruck erwecken, als wären wir unsererseits zu bequem, uns dafür ehrerbietig in Bewegung zu setzen und zu erheben.

Der Abschlusssegen sollte wirklich ein Segensgebet sein. Manche machen daraus eine lange Predigt, in der sie noch einmal den ganzen Gottesdienstablauf Revue passieren lassen: »Herr, wir danken dir für diesen Gottesdienst. Wir haben uns gefreut, dass die Kinder ein frisches Lied gesungen haben. Und dann danken wir dir für die Predigt, in der uns Bruder Müller so wunderbar auf deine Liebe hingewiesen hat. Er tat das mit der Stelle aus dem Johannesevangelium . . .« Viele verbinden das Segensgebet mit einem allgemeinen Fürbittegebet. Dagegen ist grundsätzlich nichts zu sagen. Trotzdem sollten Sie sich kurz halten und über Fürbitte und Dank hinaus wirklich zum Segen kommen.

Das eigentliche Segensgebet kann auf unterschiedliche Weise gestaltet werden. Zum einen eignen sich Segensworte aus der Heiligen Schrift. Besonders bekannt sind der sogenannte aaronitische Segen (4. Mose 6,24-26) oder auch Abschlusssätze aus biblischen Büchern wie beispielsweise 2. Korinther 13,13. Als Segensspruch häufig verwendet wird auch Philipper 4,7. Sie können einen Segen natürlich auch völlig frei formulieren und ganz eigene Worte finden.

Um etwas Abwechslung zu schaffen, greifen manche auch gerne auf vorformulierte Segensgebete zurück oder auf Strophen aus den so genannten »Abschlussliedern« im Liederbuch der Gemeinde. Gelegentlich helfen neue Formulierungen, festgefahrene Erwartungen aufzubrechen, und veranlassen zum bewussten Hinhören. Auf der anderen Seite müssen Sie nicht von Mal zu Mal mit immer neuen Segensgebeten aufwarten. Wenn Sie an Stelle des Sätzchens »Wir erheben uns zum Segen« einige hinführende Worte sagen, können Sie auch mit einer bekannten Gebetsformulierung wieder neue Aufmerksamkeit erwecken: »Am Ende dieses Gottesdienstes könnte ich jetzt einfach ›Auf Wiedersehen‹ sagen. Aber das wäre mir doch zu wenig. Wir wollen diesen Gottesdienst, den wir in Jesu Namen begonnen haben, auch in seinem Namen schließen. Wir wollen darum bitten, dass er in der kommenden Woche mit uns ist. Deshalb erheben wir uns und bitten um Gottes Segen.«

Wie bei allen Formulierungen und Wendungen, die immer wieder vorkommen, muss man bei vorformulierten Segensgebeten sehr aufpassen, dass man nicht ins Stocken gerät. Der aaronitische Segen beispielsweise hat so seine Tücken. Wenn man nicht ganz konzentriert bei der Sache ist, hat man sich schnell verhaspelt und ihn auf den Kopf gestellt. Weil der Herr bekanntlich das Herz ansieht, entsteht kein geistlicher Schaden. Leider sieht die Gemeinde nicht immer nur das Herz an. Wenn Sie deshalb sicher sein wollen, dass Sie sich nicht noch auf der Zielgeraden ein Schmunzeln einfangen, sollten Sie den Text des Segensgebets ablesen oder zumindest vor sich liegen haben.

Anstatt einen Segen zu sprechen, können Sie natürlich auch ein Segensgebet singen lassen. Die ganze Gemeinde bittet gemeinsam um Gottes Zuwendung und singt sich in einem gewissen Sinne den Segen gegenseitig zu. Am bekanntesten ist wohl das Lied »Die Gnade«, das in vielen Gemeinden im Anschluss an das Segensgebet gesungen wird. Es gibt aber auch eine Reihe neuerer Lieder, die sich als gesungene Segensgebete bestens eignen (»Geh unter der Gnade . . .«, »Herr, wir bitten, komm und segne uns . . .«).

Ideensammlung:

- Der Abschlusssegen muss nicht automatisch vom Gottesdienstleiter gesprochen werden. In vielen Gemeinden wird der Prediger gebeten, das zu tun. Er tritt dadurch am Ende noch einmal in Erscheinung und erinnert damit die Gemeinde beiläufig an die Predigt. Wenn Sie allerdings noch ein paar eigene Worte anschließen wollen oder müssen, empfiehlt sich dieses Verfahren nicht.
- Der Abschlusssegen kann in musikalischer Form auch vom Gemeindechor gestaltet werden. Bei einem kürzeren Lied kann die Gemeinde aufstehen; bei einem längeren bleibt sie sitzen. Wichtig ist, dass der Chor schon vorne steht oder sehr zügig nach vorne kommt. Eine lange Pause zum Schluss macht sich nicht gut.

Kinder im Gottesdienst

Zwar kein eigener Programmpunkt, aber gleichwohl eine Herausforderung sind Kinder im Gottesdienst. Sie sind bekanntlich eine Gabe Gottes, werden aber während des Gottesdienstes nicht immer als solche wahrgenommen. In vielen Gemeinden nehmen sie nicht einmal an ihm teil. Dort finden die Sonntagsschule oder der Kindergottesdienst parallel zum Gemeindegottesdienst statt. Schon an der Eingangstür wird der Nachwuchs in besondere Räume umgeleitet und zu einem eigenen Programm geführt. Mancherorts kommen die Kinder auch erst nach dem Gottesdienst der Erwachsenen zusammen. Aus organisatorischen Gründen lässt es sich nicht anders regeln.

Die Folge ist, dass viele Jahre vergehen, bis die Kinder zum ersten Mal zusammen mit ihren Eltern aus demselben Liederbuch singen und gemeinsam einer Predigt lauschen. Sie haben sich bis dahin daran gewöhnt, dass ihre gottesdienstliche Welt mit der der Erwachsenen wenig oder nichts zu tun hat. Und das ist schade. In den meisten Gemeinden, die ich kenne, nehmen deshalb die Kinder am Gottesdienst teil. Sie bleiben aber nicht die ganze Zeit über mit den Erwachsenen zusammen, sondern gehen nach etwa 15–20 Minuten zu einem eigenen Programm in ihre Gruppenräume. Auf diese Weise gewöhnen sie sich an den »normalen« Gottesdienst. Die spätere Umstellung fällt weniger schwer. Und die Gemeinde sieht etwas von dem Reichtum, der ihr durch die Kinder geschenkt ist, besonders dann, wenn sie vielleicht einmal ein Lied singen oder einen Beitrag geben. Wenn in Ihrer Gemeinde regelmäßig Kinder am Gottesdienst teilnehmen, werden Sie sich als Gottesdienstleiter natürlich auch mit der Frage beschäftigen müssen, wie Sie es mit ihnen halten. Dazu nun einige Gedanken und Anregungen.

1) Die liebe Not mit den lieben Kleinen

Im Blick auf Kinder ergeben sich für den Gottesdienstleiter besonders zwei Probleme. Das erste ist die mehr oder weniger große Unruhe, die sie verbreiten. Sie stören die andächtige Stille, lenken die Aufmerksamkeit der Gemeinde ab und nagen an der Konzentrationsfähigkeit des Leiters. Das zweite Problem besteht darin, dass der Gottesdienstleiter zu Erwachsenen spricht und oft nicht recht weiß, was er mit dem Jungvolk anfangen soll. In der Praxis werden die Kinder deshalb meist einfach ignoriert. Direkt angesprochen werden sie nur dann, wenn sie zur Ruhe ermahnt werden oder das Zeichen bekommen, jetzt ganz schnell und leise in ihre Gruppenräume zu verschwinden. Wenn bis dahin keiner vom Stuhl gefallen ist, es keine Prügelei auf der Kindersitzbank gegeben hat und die junge Mutter, die ihr Neugeborenes allen stolz präsentiert hat, endlich doch noch den Weg mit ihrem Schreihals in den Mutter-Kind-Raum gefunden hat, dann hat es der Gottesdienstleiter geschafft. Der Rest der Zeit kann in der nun kinderfreien Zone endlich ungestört und geordnet verstreichen. Diese eher passive und defensive Art des Umgangs mit Kindern ist nicht unbedingt falsch. Sie müssen nicht immer zu einem besonderen Programmpunkt im Gottesdienst werden. Trotzdem ist es schöner, wenn Sie sich als Gottesdienstleiter bewusst auf die Kinder einstellen und aktiv auf sie eingehen.

2) »Herzlich willkommen!«

Ein erster Weg, Kinder in den Gottesdienst mit einzubeziehen, ist die Begrüßung. Natürlich begrüßen wir zu Anfang nicht alle Altersstufen und soziologischen Gruppierungen: die Senioren, die Verheirateten und die Singles, die Berufstätigen und Schüler. Aber bei den Kindern könnten wir das sicherlich hier und da tun. »Ich freue mich sehr, dass auch ihr Kinder bei unserem Gottesdienst mit dabei seid.« Wenn sie mit ein paar freundlichen Worten angesprochen werden, merken sie, dass sie wahrgenommen worden sind. Sie hören Ihnen - zumindest für einige Momente - zu und werden in das Geschehen eingebunden. Gästen wird deutlich, dass sie in eine kinderfreundliche Gemeinde gekommen sind und dass eine offene und herzliche Atmosphäre herrscht.

Wenn man Kinder in den Gottesdienst einbeziehen möchte, ist es hilfreich, wenn sie nicht im ganzen Gottesdienstraum verstreut neben ihren Eltern sitzen, sondern einen gemeinsamen Platz vorne haben. Manche ganz Kleinen werden sich nicht von ihren Eltern trennen lassen wollen. Aber die etwas älteren Kinder genießen es, zusammenzusitzen. Dass ein Erwachsener in der Nähe Platz nimmt und etwas auf Ruhe und Ordnung achtet, empfiehlt sich sehr. Aber als Gottesdienstleiter können Sie in der Begrüßung und auch im weiteren Programmverlauf viel leichter auf die Kinder eingehen. Sie sitzen ja alle beieinander. Und wenn die Unruhe doch einmal zu groß wird, können Sie während eines Liedes die Kinder mit drei, vier Schritten erreichen und leise und mit lieben Worten zur Ordnung rufen.

3) Gottesdienstleiter fragen – Kinder antworten

Eine weitere Möglichkeit, Kinder in den Gottesdienst einzubeziehen, besteht darin, ihnen Fragen zu stellen. Der leichteste Weg ist der über eine Frage. Nehmen wir an, dass Sie den Gottesdienst zum ersten Advent leiten. Sie könnten die Kinder fragen, was für ein besonderer Sonntag heute ist, ob eine Kerze auf dem Frühstückstisch gebrannt hat und was sie bedeutet. Durch ein oder zwei weitere Fragen führen sie unmittelbar auf den Leitgedanken des Gottesdienstes hin: Advent und die Ankunft Jesu. Auch wenn es durch die spontanen und für uns Erwachsenen oft lustigen Antworten nicht ganz so still und feierlich beginnt wie sonst, werden die Kinder aber ganz dabei sein und auf ihre Weise zum Gelingen des Gottesdienstes beitragen. Die Fragen, die man stellt, muss man sich natürlich gut überlegen. Sie müssen kindgerecht sein und gleichzeitig Niveau haben. Sicherlich wäre es überzogen, wenn jeder Gottesdienst mit einer Fragestunde für die Kleinen beginnen würde. Aber es könnte ohne großen Aufwand viel öfter geschehen.

4) Die Jungschar singt ein Lied

Eine andere Möglichkeit, Kinder in den Gottesdienst einzubeziehen, ist es, ihnen einen Teil des Programms zu übertragen. So könnte eine Gruppe der Sonntagsschule ein Lied oder ein Gedicht vortragen, das sie gelernt hat. Vielleicht gibt es eine interessante Bastelarbeit, die die Kinder der Gemeinde vorstellen und erläutern können. Oder die Mädchenjungschar berichtet von ihrer Wochenendfreizeit und gibt einige Höhepunkte zum Besten. Solche Programmelemente müssen natürlich geplant und mit den entsprechenden Mitarbeitern abgesprochen werden.

Es wäre übertrieben, wenn an jedem Sonntag eine Kinder- oder Jugendgruppe einen solchen Beitrag im Gottesdienst geben sollte. Aber wenn man sich darauf verständigt, dass dies einmal im Monat geschieht, ist schon viel gewonnen. Im Laufe eines Jahres könnte jede Gruppe etwa ein- bis zweimal vor der Gemeinde stehen und sich wieder ins Bewusstsein bringen. Den Kindern wird vermittelt, dass sie dazugehören und dass der Gottesdienst auch ihre Sache ist. Wenn Sie als Gottesdienstleiter dann noch die Gelegenheit nutzen, für die Kinder und auch für die Jugendmitarbeiter zu beten und deren spezielle Anliegen aufzugreifen, runden Sie den Beitrag inhaltlich vollends ab.

5) Die »Kinderpredigt«

Manche Gemeinden gehen im Blick auf die Kinder noch einen Schritt weiter. Zum festen Bestandteil ihres Gottesdienstes gehört eine auf die Kinder abgestimmte Kurzpredigt. Diese baut thematisch auf der »großen« Predigt und auf dem Leitgedanken des Gottesdienstes auf. Sie dauert nicht länger als drei oder vier Minuten und ist nicht monologisch gestaltet, sondern bezieht die Kinder durch Fragen mit ein. Mit dieser Form der Kinderkurzpredigt werden mehrere Ziele erreicht. Die Kinder gewöhnen sich an die Predigt, der sie später folgen müssen. Sie beschäftigen sich mit demselben Leitgedanken des Gottesdienstes wie die Eltern, so dass später ein Gespräch am Mittagstisch leichter möglich ist. Es wird deutlich, dass die Kinder fest zur Gemeinde gehören. Sie warten von Anfang des Gottesdienstes an auf ihren speziellen Programmpunkt. Und – ein Faktor, den man nicht übersehen sollte – die Erwachsenen und auch Gäste bekommen in kindgerechter Verpackung eine Extraportion gesunder geistlicher Nahrung. Deshalb sind die meisten Erwachsenen genauso gespannt auf die Kinderpredigt wie die Kinder selbst.

Wer sich zu dieser besonderen Form, Kinder in den Gottesdienst einzubeziehen, entschließt, muss natürlich damit rechnen, dass es etwas unruhiger ist als sonst, und dass im Programmablauf immer eine feste Zeit eingeplant werden muss. Die eigentliche Herausforderung aber liegt in der Art und Weise, wie die Kinderpredigt gestaltet ist. Sie erfordert pädagogisches Geschick und die Fähigkeit, gesunde biblische Theologie so zu vermitteln, dass sie Kindern gerecht wird und gleichzeitig die Erwachsenen nicht aus dem Auge verliert. Vielleicht fühlen Sie sich als Gottesdienstleiter damit überfordert. Unter Umständen ist es kein Problem, den jeweiligen Verkündiger mit der Kinderkurzpredigt zu beauftragen. Es kann ihm nur gut tun, wenn er seine Predigt von einer intellektuelleren Ebene auf die Ebene der kindlichen Vorstellungswelt herunterholen muss. Ansonsten nimmt sich vielleicht ein Mitarbeiter aus dem Bereich der Kinder- und Jugendarbeit dieses Programmpunkts an.

6) Das große Rennen

Irgendwann ist es dann so weit. Vor der Predigt klinken sich die Kinder aus dem laufenden Gottesdienst aus und starten in ihr eigenes Programm. Als Gottesdienstleiter haben Sie die Aufgabe, den genauen Zeitpunkt auszusuchen und anzusagen. Weil eine ziemliche Unruhe entstehen kann, sollten Sie eine Stelle im Programmablauf wählen, an der etwas Lärm wenig stört. Günstig ist es, die Kinder vor einem gemeinsamen Lied in ihre Gruppenräume zu schicken. Während die Kinder losstürmen, schlägt die Gemeinde die Liederbücher auf. Direkt vor der Predigt dagegen wirkt ein Massenexodus störend. Viele Mitarbeiter legen Wert darauf, dass sie die Ansagen noch mitbekommen, bevor sie mit den Kindern den Raum verlassen. Natürlich ist dieser Programmpunkt nicht unbedingt ein inhaltlicher Höhepunkt für die Kinder. Aber für die Mitarbeiter, die sowieso wenig vom Gottesdienst mitbekommen, ist es wichtig, auf dem Laufenden zu sein. Nachdem Kinder und Mitarbeiter in die Gruppenräume gegangen sind, könnte sich auch ein Gebet für die Sonntagsschule anschließen. Die Gemeinde macht sich dadurch bewusst, dass während »ihres« Gottesdienstes noch mehr geschieht, als sie wahrnimmt.

7) Sonntagsschule und Gottesdienstlänge

Ein besonderes Problem für die Mitarbeiter der Sonntagsschule ist es, wenn die Länge der Gottesdienste stark variiert. An einem Sonntag holen ihnen die Eltern die Kinder aus dem laufenden Programm, weil die Predigt kürzer war und sie keine Lust haben, auf ihre Sprösslinge zu warten. Am nächsten Sonntag wird der Gottesdienst um dreißig Minuten überzogen, und die Mitarbeiter wissen nicht, wie sie die Horde noch länger im Zaum halten sollen. Wenn Sie die Gottesdienstleitung haben, sollten Sie deshalb immer auch für die Sonntagsschule mitdenken und sich überlegen, welche Folgen sich aus Ihrer Leitung für die Kindergruppen ergeben. Erfahrene Sonntagsschulleiter werden aus leidvoller Erfahrung sowieso permanent beobachten, was über oder neben ihnen geschieht. Ein Optimum von Zusammenarbeit aber holen Sie heraus, wenn Sie im Vorfeld Notwendiges bedenken und gemeinsam besprechen. »Erika, nächsten Sonntag dauert der Gottesdienst voraussichtlich eine Viertelstunde länger. Ich wollte Euch das nur sagen, damit Ihr Euch darauf einstellen könnt.« Leider wird die Sonntagsschule in den meisten Fällen böse überrascht, weil wieder einmal niemand an sie gedacht hat und sie nun wieder gezwungen ist zu improvisieren. Ärger ist damit vorprogrammiert.

Es gibt natürlich noch andere Wege, Kinder in den Gottesdienst mit einzubeziehen. Denkbar sind beispielsweise spezielle Familiengottesdienste, die ab und an durchgeführt werden. Sie erfordern eine besonders gründliche Planung und genaue Absprachen zwischen Ihnen als Gottesdienstleiter und den anderen Mitarbeitern.[5] Wenn Sie einmal den Gottesdienst an eine spezielle Gruppe übergeben und beispielsweise einen »Sonntagsschulgottesdienst« oder »Jungschargottesdienst« vorsehen, können Sie als Leiter im Hintergrund bleiben oder sogar ganz pausieren. Entscheidend ist, welche Kultur im Umgang mit Kindern Sie in Ihrer Gemeinde entwickelt haben und wie wichtig für Sie Kinder im Gottesdienst sind. Rangieren sie eher am Rande oder gehören sie wirklich dazu? Wenn man bedenkt, mit welcher Aufmerksamkeit unser Herr sich Kindern zugewandt hat, wäre das Letztere sicherlich das Angemessenere. Kinder sind keine Störung, sondern Gabe Gottes.

[5] Bücher mit fertigen Entwürfen für Familiengottesdienste finden Sie in den Literaturhinweisen im Anhang.

Ideensammlung:

- Größere Kinder können Sie an Lesungen beteiligen. Voraussetzung ist, dass Sie ihnen die Bibeltexte rechtzeitig nennen und sie bitten, ihren Abschnitt gründlich zu üben.
- Ältere Kinder, aber wohl eher Teenager und Jugendliche, können sich auch an Gebeten beteiligen. Den Inhalt sollten Sie mit ihnen genau absprechen und ihnen am besten ein Thema nennen, das sie im Gebet aufgreifen.
- Um die »Kinderkurzpredigt« anschaulicher zu machen, kann man sie mit Folien unterlegen. Manche Erzählbücher mit Kurzgeschichten sind ansprechend illustriert und können als Kopiervorlage benutzt werden.[6]

[6] Ein Beispiel findet sich als Literaturhinweis am Ende des Buches.

Rhetorik und Organisation

Es ist eine Sache, einen Gottesdienst vorzubereiten und ein gutes Programm aufzustellen. Es ist aber eine andere Sache, vor der Gemeinde zu stehen und sie durch das Programm zu führen. Für die meisten Menschen gibt es kaum eine beängstigendere Vorstellung als die, sich mutterseelenallein vor Publikum präsentieren zu müssen, den Blicken aller Anwesenden ausgesetzt zu sein und gleichzeitig zu wissen, dass jede Bewegung und jedes Wort von allen genau beobachtet werden. Sie würden lieber einen Monat lang die Toiletten im Gemeindehaus putzen, als ein einziges Mal einen Gottesdienst zu leiten, selbst wenn sie einen wunderbaren Gottesdienstentwurf zu Hause am Schreibtisch hinbekommen hätten. Aber es gehört nun einmal zur Aufgabe des Gottesdienstleiters, für alle sichtbar und gleichsam auf dem Präsentierteller vor der Gemeinde zu stehen und sie durch den Gottesdienst zu führen.

Sobald jemand vor einer Gruppe von Menschen stehen und zu ihr sprechen soll, fragt er sich, wie man das am besten macht: »Welche Worte wähle ich?« »Spreche ich laut genug?« »Kann mich jeder gut sehen?« »Darf ich die Hände in die Hosentaschen stecken?« Und vieles mehr. Wer solche Überlegungen anstellt, denkt über Rhetorik nach. Rhetorik ist nicht etwa die Kunst, Leute zu manipulieren oder ihnen gegen ihren Willen etwas aufzudrängen. Sie ist vielmehr die Kunst zu kommunizieren. Und gerade das will ein Gottesdienstleiter. Er will sich der Gemeinde verständlich machen und ihr dadurch dienen, dass er sie auf gute und ansprechende Art und Weise durch die gemeinsame Zeit führt. Der Gemeinde soll ja nicht »Hören und Sehen vergehen«. Im Gegenteil, sie soll am Gottesdienst Freude gewinnen.

Nach meinen Erfahrungen gibt es viele engagierte und begabte Gottesdienstleiter. Viele haben aber über die Frage, wie sie ihr Anliegen auch von der äußeren Form her der Gemeinde ansprechend und motivierend vortragen, wenig nachgedacht. Deshalb kommt es zu Ungeschicklichkeiten und manchmal auch zu peinlichen Situationen, die ohne großen Aufwand hätten vermieden werden können. Deshalb möchte ich Sie mit den folgenden Kapiteln in die Fragestellungen einer rhetorisch ansprechenden Gottesdienstleitung hineinnehmen.

Die Anrede

Gleich zu Beginn des Gottesdienstes stellt sich eine wichtige Frage: »Wie rede ich meine Zuhörer eigentlich an? Mit »Du« oder mit »Sie«?« Diese Überlegung scheint auf den ersten Blick ziemlich nebensächlich zu sein. Aber die Form der Anrede schafft Atmosphäre und setzt Signale. Deshalb will sie gut bedacht sein.

Tatsächlich gehen die Vorstellungen dazu weit auseinander. Den einen ist das »Sie« zu förmlich und zu distanziert. Wenn man bedenkt, dass die Gemeinde immerhin aus »Brüdern und Schwestern im Herrn« besteht, läge es doch nahe, im Gottesdienst »per Du« miteinander zu verkehren. Den anderen ist das »Du« zu plump vertraulich und zu anbiedernd. Die Höflichkeit gebietet ihnen, eine gesunde Distanz zu wahren. Wir haben es schließlich mit Erwachsenen zu tun. Und außerdem wird das »Sie« Gästen gerecht, die bestimmt nicht gekommen sind, um sich gleich vereinnahmen zu lassen. Wer sich zwischen beiden Verfahrensweisen nicht entscheiden kann, flüchtet sich in das kollektive »Wir« oder springt zwischen »Du« und »Sie« ständig hin und her. Was also ist zu tun?

Um es gleich vorab zu sagen: Es gibt keine feste Regel. Jeder Gottesdienstleiter muss seinen eigenen Weg finden und sich auch bei der Wahl der Anrede auf die konkrete Situation einstellen. Aber es gibt einige Grundsätze, die weiterhelfen können.

1) Auf die Einstellung kommt es an

Wichtiger als die Form der Anrede ist die Einstellung, die Sie den Gottesdienstbesuchern entgegenbringen. Wer aufrichtiges Interesse an den Leuten hat und ihnen innerlich wohlgesonnen und nahe ist, kann sich getrost auch ein »Sie« erlauben. Ihre warmherzige und werbende Art wird die Menschen erreichen, auch wenn Sie die formal distanziertere Anrede wählen. Demgegenüber wird ein Gottesdienstleiter, der die Gemeinde mit dem vertraulichen »Du« anspricht, trotzdem keine Nähe zu ihr bekommen, wenn er innerlich uninteressiert ist und lediglich seinen Job tut.

Als Zuhörer spürt man ziemlich schnell, ob die Form der Anrede ehrlich und echt gemeint ist. Und dann ist es oft gar nicht so entscheidend, ob man mit »Du« oder »Sie« angesprochen wird. Entwickeln Sie also ein echtes Interesse an den Gottesdienstbesuchern, lassen Sie diese Haltung in Ihr ganzes Auftreten ausstrahlen – dann wird die Gemeinde Ihnen ein »Du« und auch ein »Sie« abnehmen.

2) »Das ist bei uns so üblich«

In jeder Gemeinde gibt es im Blick auf die Anrede eine eigene Tradition. »Bei uns ist es üblich, dass wir uns duzen«, kann man dann hören. In anderen Gemeinden erlebt man gleiche Herzlichkeit, die sich aber in einem höflichen »Sie« ausdrückt. Für die eine Gemeinde wäre es sehr befremdlich, wenn der Gottesdienstleiter seine Leute plötzlich siezen würde: »Jetzt ist er durchgedreht. Er macht einen auf vornehm!« Umgekehrt würde es genauso verunsichern, wenn das allgemein gepflegte »Sie« unvermittelt in ein vertrauliches »Du« umgewandelt würde. Sie sollten deshalb in der Tradition Ihrer Gemeinde bleiben und bei der Gottesdienstleitung die Form der Anrede wählen, die für Ihre Gemeinde auch sonst üblich ist. Meiner Erfahrung nach wird das in vielen Fällen das »Du« sein.

3) Das kollektive »Wir«

Weil der Gottesdienstleiter zu einer ganzen Gruppe von Menschen spricht, tritt die Anredeform für den Einzelnen weitgehend in den Hintergrund. Keiner wird sagen: »Schlage in deinem Liederbuch die Nummer 127 auf.« Es wird heißen: »Schlagt in euren Liederbüchern die Nummer 127 auf.« Oder noch häufiger: »Wir schlagen unser Liederbuch bei Nummer 127 auf.« Das kollektive »Wir« herrscht besonders bei den kleinen Regieanweisungen, die während des Gottesdienstes nötig sind, vor. Außerdem kann man damit in vielen Fällen das steifere »Sie« umgehen. Statt »Stehen Sie bitte zum Gebet auf«, sagen wir: »Wir stehen zum Gebet auf.« Auch wenn Sie die Gemeinde sonst durchgängig siezen, fällt eine Wir-Anrede in diesem Fall nicht negativ auf.

4) Wenn Gäste kommen

Wenn Gäste im Gottesdienst sind, die Sie auf der Straße mit »Sie« ansprechen würden, oder wenn Sie einen speziellen Gästegottesdienst für Kirchendistanzierte anbieten, sieht das mit der Anrede schon anders aus. Hier sollten Sie als Gottesdienstleiter wohl besser auf das Distanz wahrende und offiziellere »Sie« setzen. Gäste müssen erst Vertrauen gewinnen. Sie wollen nicht gleich auf Tuchfühlung gehen, sondern sich zunächst eine eigene Meinung und Vorstellung bilden. Dem sollten Sie auch in Ihrer Anrede Rechnung tragen und durchgängig auf der Sie-Ebene bleiben. Ein kollektives »Wir« können Sie trotzdem gelegentlich einfügen. Außerdem wissen die Gäste, dass die meisten Gottesdienstbesucher Gemeindeglieder sind. »Der Jugendchor singt uns ein Spiritual« ist also ganz in Ordnung. Sie können natürlich auch formulieren: »Der Jugendchor singt Ihnen ein Spiritual.« Falls Sie aber doch einmal bewusst ein »Du« einsetzen wollen, dann nur, wenn Sie damit etwas ganz Besonderes ausdrücken möchten. Vielleicht leiten Sie Ihre Aussage noch mit einer kleinen Erklärung ein: »Sie entschuldigen bitte, wenn ich Sie an dieser Stelle einmal ganz persönlich anspreche. Hast du dir schon einmal bewusst gemacht . . .« Auf keinen Fall aber dürfen Sie anbiedernd und billig wirken!

5) Von Hü und Hott

Wenn man sich unsicher fühlt, kann man versucht sein, die Anredeform ständig zu wechseln. »Du«, »Sie«, »Wir«, »Euch«, »Ihr« – alle Varianten werden bunt durcheinander gewürfelt. Mit dieser Taktik scheint man es allen recht machen zu können. Jeder darf sich aussuchen, wo und wie er sich angesprochen fühlen will. Keiner kann sagen, dass man es falsch gemacht hätte. Diese Taktik wirkt auf die Zuhörer allerdings wenig überzeugend. Das Anredechaos verwirrt und verunsichert. Der ständige Wechsel zwischen Distanz und Nähe, Förmlichkeit und Ungezwungenheit lässt eine klare Linie und ein System vermissen. »Ich freue mich, dass ihr alle zum

Gottesdienst gekommen seid. Schlagen Sie nun doch bitte Lied Nummer 127 auf. Ich hoffe, dass du dieses Lied kennst.«

Sie sollten sich wirklich für eine Anredeform entscheiden und sie während des ganzen Gottesdienstes konsequent beibehalten. Wenn Sie mit den Leuten »per Du« sind, dann bleiben Sie durchgängig dabei. Und wenn Sie auf »Sie« gegangen sind, halten Sie auch diese Anredeweise durch.

Natürlich gibt es Ausnahmen. Sie duzen die Gemeinde, wollen aber besonders die Gäste, die zu diesem offenen Gottesdienst gekommen sind, zum Mitsingen ermuntern. Dann könnten Sie wie folgt formulieren: »Ich begrüße euch bzw. Sie, liebe Gäste, ganz herzlich.« Oder: »Wir singen gemeinsam das Lied Nummer 127. Es ist den meisten von uns bekannt. Unseren Gästen möchte ich sagen: Hören Sie sich in die Melodie hinein und lassen Sie sich von der Gemeinde im Gesang mitnehmen.«

Die Frage der Anrede ist sicherlich auch eine Frage des Typs und des allgemeinen Trends in unserer Gesellschaft. Das Empfinden für das Angemessene und Richtige wandelt sich auch in der Gemeinde. Einfühlsamkeit und Achtung voreinander sind deshalb besonders wichtig – gerade für Leiter, die die Atmosphäre im Gottesdienst ganz wesentlich prägen.

Stimme und Sprache

Wenn Sie die Gemeinde durch den Gottesdienst führen, sind Ihre Stimme und Ihre Sprache die wichtigsten Werkzeuge. Die Stimme ist die instrumentale Seite. Mit ihr formen Sie die Worte, die Sie an die Gemeinde richten. Die Sprache ist die inhaltliche Seite, denn sie ist der eigentliche Träger der Informationen, die Sie weitergeben wollen. Stimme und Sprache greifen ineinander. Wer beispielsweise heiser ist und nur noch krächzt, kann sich die schönsten Worte überlegt haben, es wird ihm aber kaum gelingen, sie an den Mann bzw. an die Frau zu bringen. Wer dagegen eine wunderschöne Stimme besitzt, aber keine drei Sätze hintereinander formulieren kann, ist mit der Aufgabe der Gottesdienstleitung wohl auch überfordert. Weil also Stimme und Sprache die wichtigsten Mittel sind, um seine Aufgabe gut zu erfüllen, möchte ich zunächst auf diese beiden näher eingehen.

1) Mit der Stimme stimmt was nicht

Was die Kelle für den Maurer, das ist die Stimme für den Gottesdienstleiter. Sie ist das Werkzeug, mit dem wir die Sprache formen. Meist gehen wir intuitiv und unbewusst mit unserer Stimme um. Erst wenn sich Probleme einstellen oder der berühmte Frosch im Halse steckt, wird sie uns bewusst. Vielleicht bekommen wir auch Rückmeldungen aus der Gemeinde: »Du sprichst zu leise. Du nuschelst; man kann dich nicht verstehen. Du redest so langsam wie eine Schlaftablette; sprich doch etwas schneller.« Solche Äußerungen zeigen, dass mit der Stimmführung etwas nicht in Ordnung ist und dass der betreffende Gottesdienstleiter auf diese scheinbare »Nebensächlichkeit« mehr achten sollte.

Die Atmung

Die Atmung geschieht unbewusst und lässt sich nur sehr begrenzt durch den Willen steuern. Normalerweise merken wir nicht einmal, dass wir überhaupt atmen. Das kann sich aber plötzlich ändern, wenn wir vor Menschen stehen und zu ihnen sprechen müssen. Die innere Anspannung hemmt den harmonischen Atemvorgang, weil sich die Muskulatur verkrampft. Wir werden kurzatmig und atmen gegen den natürlichen Rhythmus. Es kann sogar vorkommen, dass es uns schwindelig und schwarz vor Augen wird. Das ist eine schlimme Situation, wenn man vor der Gemeinde steht und vielleicht nur einen wackeligen Notenständer vor sich hat, an dem man sich nicht einmal festhalten kann.

Es kann auch noch andere Probleme mit der Atmung geben. Wenn man nämlich an der falschen Stelle Luft holt, entsteht ein unnatürlicher und abgehackt wirkender Sprechrhythmus. Die kleinen Pausen zum Luft holen sind nicht an den Stellen, an denen sich in den Formulierungen Sinneinheiten ergeben.

Ein Beispiel: Bei richtiger Atmung würde man während der Begrüßungssätze so sprechen: »Ich möchte Sie herzlich zu diesem Gottesdienst willkommen heißen. – (atmen) – Ich freue mich, dass wir viele Gäste unter uns haben« – (atmen). Gegen den Rhythmus geatmet würde der Satz z.B. lauten: »Ich möchte Sie herzlich – (atmen) – zu diesem Gottesdienst – (atmen) – willkommen heißen. – (atmen) – Ich freue mich – (atmen) –, dass wir so viele – (atmen) Gäste unter uns haben« – (atmen). Ich gebe zu, dass diese Atemfrequenz nur zu einer außergewöhnlich nervösen Person passt. Aber das Problem wird deutlich.

Unter Stress fallen manche in die gegenteilige Atemweise. Sie reden ohne Punkt und Komma mehrere Sätze durch. Erst wenn ihnen die letzte Puste ausgegangen ist, tanken sie tief und für alle hörbar Frischluft nach. Auf die Gemeinde wirkt die Stimme dann sehr gezwungen und gehetzt.

Um diesen Atemproblemen zu begegnen, ist es zuerst wichtig, die Nervosität abzubauen. Während Sie noch auf Ihrem Platz sitzen und Ihrem Auftritt entgegensehen, atmen Sie am besten ganz normal und ruhig ein und aus und zwingen Sie sich dabei zum langsamen Atmen. Atemfrequenz und Puls werden dadurch auf normale Werte gedrückt. Sie werden ruhiger. Atmen Sie aber nicht zu tief. Sie hyperventilieren sonst und atmen sich den Schwindelanfall selbst herbei.

Wenn Sie dann vorne stehen, achten Sie auf einen normalen Atemrhythmus und holen Sie die nötige Luft, wenn Sie am Ende eines Satzes oder einer Sinneinheit sind und sich die Gelegenheit dazu von selbst ergibt. Weil dieser Vorgang des »Nachtankens« meist unbewusst geschieht, nennt man ihn die »reflektorische Luftergänzung«. Nun finden Sie zu einer richtigen Atmung und einem ungehemmten Redefluss, der nicht durch künstliche Unterbrechungen gestört wird.

Die Resonanz

Jeder, der schon einmal mit einer Stimmgabel gespielt hat, kennt das Phänomen der Resonanz. Die Schwingungen der Stimmgabel übertragen sich auf einen Körper, der mitschwingt und den Ton dadurch verstärkt. Mit geringem Aufwand wird ein Maximum an Lautstärke erreicht. So arbeitet auch die menschliche Stimme. Die Stimmbänder im Kehlkopf werden durch die vorbeiströmende Luft in Schwingungen versetzt und erzeugen einen Ton. Je nach Anspannung der sogenannten Stimmlippen variieren Tonhöhe und Klangfarbe der Stimme. Die Lautstärke wird aber wesentlich von den sogenannten Resonanzräumen bestimmt. Das sind in diesem

Fall der Brustkorb, die Flanken, die Kehle und auch der Mund- und Rachenraum. Manche haben nun den Eindruck, sie müssten, wenn sie vorne stehen, mit besonderer Lautstärke zur Geltung kommen. Sie versuchen, dies durch Anstrengung der Stimmbänder und des Kehlkopfs zu erreichen. Der Erfolg ist, dass ihre Stimme unnatürlich hoch und verengt klingt. Man hat als Hörer den Eindruck, sich stellvertretend räuspern zu müssen.

Eine kraftvolle Stimme wird also nicht mit dem Kehlkopf erzwungen, sondern durch einen ausreichend großen Resonanzraum gewährleistet. Der Ton muss aus dem Brustkorb kommen. Die Stimme wird dann durch das Zwerchfell vom Bauchraum her gestützt. Deshalb redet man auch vom »gestützten Sprechen«. Dadurch klingt die Stimme tiefer und sonorer. Sie hält auch bei größerer Lautstärke problemlos durch. Das kann für Sie als Gottesdienstleiter besonders wichtig werden, weil Sie vielleicht nicht immer ein Mikrofon zur Verfügung haben oder weil es manchmal unpraktisch ist, sich erst dorthin zu bewegen. Das gilt vor allem für manche kurzen Regieanweisungen (»Wir wollen zur letzten Strophe aufstehen«) oder wenn der Geräuschpegel im Gottesdienstraum besonders hoch ist.

Die Aussprache

Es ist sehr wichtig, dass der Gottesdienstleiter deutlich spricht. Die ganze Gemeinde soll ja verstehen, was er sagt. Wer undeutlich redet, nuschelt oder sich etwas in den Bart hineinflüstert, wird nicht oder nur schwer verstanden. Wenn es unmöglich ist, den Gottesdienstleiter zu verstehen, schaltet die Gemeinde innerlich ab. Deutlich zu sprechen kostet viel Kraft. Und wenn es trotz aller Mühe nicht gelingt, sind die Leute frustriert und nehmen nicht mehr wahr, was der Gottesdienstleiter zu sagen hat. Wer andere durch Worte leitet, braucht also eine deutliche Aussprache.

Ursachen für eine undeutliche Artikulation können eine Mundart, ungenügende Übung im öffentlichen Sprechen oder Nervosität sein. Wer ängstlich ist, redet eher leise vor sich hin und nuschelt seine unsicheren Gedanken vorsichtig ins Mikrofon. Eine deutliche Aussprache ist deshalb auch Ausdruck eines gesunden Selbstbewusstseins: »Ich stehe hier, weil man mich gebeten hat, diesen Gottesdienst zu leiten. Ich sehe darin eine Aufgabe, an die mich Gott gestellt hat. Ich habe mich gründlich vorbereitet und alles gut durchdacht. Jetzt tue ich meinen Mund weit auf.« Sie werden sehen, dass sich allein schon aufgrund dieser Einstellung Ihre Aussprache verbessert. Aber das geschieht nicht immer. Wer Sprachschwierigkeiten hat oder einen ausgeprägten Dialekt spricht, wird daran arbeiten müssen, seine Aussprache auf Vordermann zu bringen.

Die deutliche Aussprache hängt vor allem vom richtigen Einsatz der Sprechwerkzeuge ab. Das sind der Unterkiefer, die Zunge und die Lippen. Wer seinen Kiefer nicht bewegt und damit die Zähne nicht auseinander bekommt, ist wie ein Blechbläser, der seinen Trompetentrichter mit einem Handtuch verstopft. Man kann den Ton noch hören, aber er klingt gedämpft und unklar. Auch die Zunge muss sich kräftig bewegen, denn sie erweitert oder verengt den Mundraum und formt dadurch die Klänge mit. Die Lippen schließlich tragen ein Weiteres zur deutlichen Aussprache bei. Besonders die Labiale (Lippenlaute wie p und b) werden von ihnen geformt. Je intensiver Kiefer, Zunge und Lippen eingesetzt werden, desto klarer wird die Artikulation. Undeutliche Aussprache hat deshalb oft ihre Ursache in einer gewissen »Mundfaulheit«, die man nur durch aktives Training überwinden kann.

Das gepflegte und bis in die Ecken hinein betonte Hochdeutsch empfinden viele Redner zunächst als unnatürlich und künstlich. Aber wenn Sie vor der Gemeinde stehen, dürfen Sie getrost übergenau artikulieren. Bis die Stimme den Raum zum Hörer überwunden hat, verliert sie etwas an Deutlichkeit, so dass die Aussprache dann genau richtig ist. Vor allem ältere Menschen, die oft Hörprobleme haben, werden Ihnen dankbare Zuhörer sein!

Eine Unart unter Gottesdienstleitern ist es, mit einem Bonbon in der Backentasche vor die Gemeinde zu treten. Manche trennen sich nicht einmal für eine Gottesdienstlänge von ihrem Kaugummi. Dadurch erwecken sie nicht nur den Eindruck, als gehörten sie zur Gattung der Wiederkäuer, sie neigen automatisch auch zu einer undeutlichen Aussprache. Deshalb kann man die alte Tischregel auch auf den Gottesdienst übertragen: »Mit vollem Munde spricht man nicht.«

Die Redegeschwindigkeit

Wer einen Gottesdienst leitet, sollte auch darauf achten, dass er beim Sprechen das richtige Tempo anschlägt. Manche reden sehr schnell, weil es nun einmal ihre Art ist. Auch im Alltag sind sie von der schnellen Truppe. Viele dieser Hochgeschwindigkeitsredner werden auch von der Nervosität getrieben. Sie merken nicht, wie hektisch sie wirken und dass die Gemeinde gedanklich kaum hinterherkommt. Wer schnell spricht, neigt außerdem zum Nuscheln. Die Gemeindeglieder müssen sich deshalb gegenseitig aushelfen: »Welches Lied sollen wir singen?«, wird dann der Sitznachbar gefragt: »Um wie viel Uhr beginnt der Gemeindeausflug? Das ging mir alles zu schnell.« Auf diese Weise entstehen Unruhe und Unmut.

Andere dagegen mögen's bedächtig. Sie reden so langsam und getragen, dass die Gemeinde den letzten Gedanken schon fünfmal hin und her gewendet, durchgekaut und verdaut hat. Es will einfach kein neues »Gedankenfutter« nachkommen. Wenn der Gottesdienst dann noch länger dauert als gewöhnlich, wird man das dem Gottesdienstleiter aufs Konto buchen: »Der leitet alles so langatmig und langweilig. Wir hätten gut 10 Minuten früher fertig sein können.« Auch für dieses Schneckentempo sind wieder die persönliche Eigenart und die Nervosität zuständig: »Nur nicht hektisch werden. Ganz ruhig bleiben!« Wer sich ständig mit solchen Sätzen beruhigt, muss aufpassen, dass er nicht auf der anderen Seite vom Pferd fällt und müde und langweilig wirkt.

Die Wahrheit liegt wieder einmal in der goldenen Mitte. In einem Gottesdienst mit gemischtem Publikum ist ein zügiges und dynamisches Tempo angemessen. Bei einer Seniorenfeier darf alles etwas bedächtiger vonstatten gehen. Viele werden ein Hörgerät tragen und dadurch beim Verstehen behindert sein. Wenn der Gottesdienstraum eine sehr schlechte Akustik mit viel Nachhall hat, muss die Redegeschwindigkeit ebenfalls heruntergefahren werden. Ansonsten verwischen die Worte und sind schwer verständlich. Das Gleiche gilt bei einer schlecht eingestellten Mikrofonanlage.

Natürlich müssen Sie sich nicht auf ein Tempo einschießen und es auf alle Fälle während des ganzen Gottesdienstes beibehalten. Bei der Begrüßung dürfen Sie getrost zügig und dynamisch sprechen. Während der Schriftlesung werden Sie Ihre Geschwindigkeit sicherlich etwas drosseln. Auf diese Weise kommt Abwechslung in Ihre Stimmführung. Das wirkt lebendig und macht der Gemeinde das Zuhören leicht.

Vielleicht wissen Sie schon, ob Sie zum schnellen oder zum langsamen Reden neigen. Dann können Sie bewusst gegensteuern. Wenn nicht, sollten Sie einmal andere fragen, wie sie Ihr Redetempo empfinden und einschätzen.

Die Lautstärke

Neben der Redegeschwindigkeit spielt auch die Lautstärke eine wichtige Rolle bei der Wirkung der Stimme auf die zuhörende Gemeinde. Auch hier gibt es wieder die beiden Extreme. Die einen neigen von Natur aus dazu, sehr laut zu sprechen. Die anderen reden so, als wäre nur die erste Reihe besetzt. Zu große Lautstärke wirkt auf die Zuhörer aggressiv. Jeder versucht, sich gegen diese akustische Bedrohung zu wehren. Weil das natürlich nicht gelingt, stellen sich innere Unruhe und Unmut ein. Laut sprechende Gottesdienstleiter wirken außerdem sehr dominant. Auch das reizt zum Widerspruch.

Die Leiseredner machen es der Gemeinde auf ihre Weise schwer. Sie fordern ihren Zuhörern viel Konzentration ab und ermüden sie dadurch schnell. Wer leise redet, erweckt auch den Eindruck, dass er unsicher ist und etwas zu verbergen hat. Solchen Menschen vertraut man sich als Zuhörer nicht gerne an.

Wenn die Gemeinde einen fähigen Techniker am Verstärker sitzen hat, wird der sicherlich versuchen, die Lautstärke auf ein richtiges Maß zu regulieren. Trotzdem wirkt eine heruntergeregelte laute Stimme von der Klangfarbe her immer noch laut und eine heraufgeregelte leise Stimme immer noch leise. Besser ist es, wenn Sie sich mit Ihrer Stimme gleich selbst auf die passende Lautstärke einstellen. Sie vermeiden dadurch auch peinliche Rückmeldungen aus der Gemeinde: »Könntest du bitte etwas lauter reden, hier hinten versteht man gar nichts.« »Du musst nicht so laut reden; wir haben ja eine Verstärkeranlage.«

Jeder muss lernen, sein Stimmvolumen selbst einzuschätzen. Wenn man sich selbst gut kennt, kann man an seinen Schwächen arbeiten. Andere können einem dabei durch gelegentliche Rückmeldungen helfen. Wenn Sie ohne eine Verstärkeranlage arbeiten, sollten Sie sich an den Zuhörern in der letzten Reihe orientieren. Auch die sollen noch gut verstehen können. Außerdem ist es hilfreich, wenn man nicht nur redet, sondern auch in den Saal hineinhört. Wie »verströmt« sich die Stimme im Raum und wie kommt sie wieder zurück? Eine »weiche« Saalakustik braucht mehr Lautstärke, eine »harte« weniger. Am anstrengendsten ist es, wenn man im Freien sprechen muss. Ein Waldgottesdienst stellt extreme Anforderungen an die Lautstärke und an eine deutliche Aussprache. Wie sich übrigens die Redegeschwindigkeit den Inhalten anpasst, so verhält es sich auch mit der Lautstärke. Beim Gebet wird die Stimme vermutlich etwas gedämpfter sein als bei der Begrüßung. Wer Abwechslung schafft, erleichtert das Zuhören.

Der Sprechausdruck

»Der Ton macht die Musik«, sagt ein altes Sprichwort. Gemeint ist, dass wir unseren Worten durch den Ausdruck, den wir in die Stimme legen, unterschiedliche Färbungen und damit auch Bedeutungen geben. Was wir meinen und wie wir es meinen, teilen wir nicht nur durch die Sprache mit, sondern auch durch die Stimme. Weil die sehr facettenreich ist, gibt es viele feine Töne und Untertöne, die wir mitschwingen lassen können.

Ein Gottesdienstleiter sollte sich vor zwei Extremen hüten. Das eine ist ein überzogener Sprechausdruck, der pathetisch und künstlich klingt. Jedes Wort wird zelebriert und mit feierlichem Tonfall in den Gottesdienstraum hineingerufen. Meist verbindet sich damit auch eine etwas altertümliche Sprache: »Liebe Gemeinde, wir grüßen uns in dieser Morgenstunde mit einem Worte aus dem Munde des Psalmisten David.« Sie ahnen, wie es weitergeht. Sie haben bestimmt genug Phantasie, um sich vorzustellen, wie es klingt. Pathos wirkt unnatürlich und erweckt den Eindruck, als sei man in einer künstlichen Welt. Das kommt heute nicht mehr an. Es stößt ab und führt zu der Annahme, dass Kirche und Glauben tatsächlich etwas Altmodisches und Überholtes seien.

Das andere Extrem ist ein monotoner Tonfall. Wie der Begriff »monoton« schon sagt, bewegt sich die Stimme vorwiegend auf einer einzigen Ebene. Es fehlen ihr Höhen und Tiefen. Sie klingt flach, spannungsarm und dadurch langweilig. Wer so spricht, schläfert seine Zuhörer langsam ein und vermittelt ihnen das Gefühl, dass sich nichts Interessantes abspielt und dass es sich nicht lohnt zuzuhören. Ein lebendiger Sprechausdruck dagegen weckt Erwartungen und ermutigt die Gemeinde zu konzentrierter Aufmerksamkeit.

Sie sollten versuchen, sich in der Art Ihrer Stimmführung selbst einzuschätzen. Neigen Sie eher zum ruhigen, vielleicht sogar monotonen Sprechen, oder legen Sie viel Ausdruck in Ihre Stimme hinein, vielleicht zuviel, so dass es schon unnatürlich klingt? Am besten ist es, wenn man eine gesunde Mitte hält. Die erreicht man dadurch, dass man vor der Gemeinde so normal spricht, als ob man vor einem Freund steht und ihm etwas Interessantes erzählt. »Ach, guten Tag, Erwin. Schön, dass ich dich sehe. Ich wollte dir etwas Wichtiges sagen.« Vermutlich würden Sie diesen Satz weder monoton vor sich hinflüstern noch ihn mit Pathos unterlegen, aber er würde fröhlich und lebendig klingen und vor allem natürlich und ungezwungen. Genauso sollte es auch im Gottesdienst sein.

2) Dem Volk aufs Maul geschaut

Ist die Stimme mehr die instrumentale Seite des Sprechens, dann formen die Worte die eigentlichen Inhalte. Sprache ist sehr individuell und persönlich, auch wenn wir uns bemühen, ein offizielles Hochdeutsch zu sprechen. Jeder trifft eine etwas andere Wortwahl, spricht bildreich oder abstrakt und bildet besondere Satzkonstruktionen, die gerade ihn auszeichnen. Diese sprachliche Vielfalt ist eine Bereicherung und gibt jedem Gottesdienst durch die Besonderheit des jeweiligen Leiters eine eigene Färbung. Deshalb darf jeder Gottesdienstleiter auch im Blick auf seine Sprache einen eigenen Stil entwickeln. Er muss nicht versuchen, ein irgendwie geartetes »Liturgisch« zu lernen und dann in genormten Redewendungen und Floskeln die Gemeinde durch den Gottesdienst zu führen. Trotzdem muss die Sprache aber gewissen allgemeinen Anforderungen gerecht werden, damit die Leitung gelingt und es zu einer guten Verständigung mit der Gemeinde kommt. Auf einige wichtige Merkmale einer lebendigen und angemessenen Sprache möchte ich im Folgenden eingehen.

Natürlich und zeitgemäß sprechen

Wenn jemand einen Gottesdienst leitet, übernimmt er eine wichtige und verantwortungsvolle Aufgabe. Er führt die Gemeinde nicht nur durch ein Programm, sondern hilft ihr, sich Gott nahe zu wissen und gemeinsam vor ihn zu treten. Dadurch bekommt der Gottesdienst eine gewisse »Würde«, die sich leider sehr schnell in festgefügten Abläufen und in einer formelhaften und erstarrten Sprache äußern kann. In den Jahrhunderten der

Kirchengeschichte haben sich auf diese Weise Liturgien entwickelt, die weihevoll sind, aber inhaltlich und sprachlich wenig Spielraum lassen. Die Redeweise, die in solchen Gottesdiensten gepflegt wird, empfinden wir heute oft als unnatürlich und wenig zeitgemäß. Aber auch wo Gottesdienste keinen festen liturgischen Regeln unterliegen, schleicht sich schnell eine besondere Kirchensprache ein, die nach Vorgestern klingt und bei der Gemeinde unbewusst die Frage aufkommen lässt, ob hier das wirkliche Leben verhandelt wird. Zu solchen sprachlichen Altertümern gehören:

- die Häufung von Konjunktiven:
  »Möge der Herr uns heute ein gesegnetes Zusammensein schenken.« Oder: »Wir danken für die Predigt, die wir eben gehört haben. Möge sich das Gehörte tief in unsere Herzen senken.« Warum nicht: »Mein Wunsch ist, dass Gott unseren Gottesdienst segnet«? Oder: »Vielen Dank für die Predigt. Wir wollen Gott bitten, dass uns das, was wir gehört haben, von innen her verändert«?
- veraltete Ausdrucksweisen:
  Dazu gehört beispielsweise die berühmte »Morgenstunde«, die immer wieder heraufbeschworen wird: »Wir grüßen uns zu dieser Morgenstunde.« Zum einen grüßt der Gottesdienstleiter die Gemeinde, so dass das »Wir« sachlich nicht stimmt. Zum anderen ist die »Morgenstunde« absolut out und kann problemlos weggelassen werden. Dass um 10 Uhr noch Morgen ist, weiß sowieso jeder. »Ich begrüße Sie herzlich zu unserem Gottesdienst« reicht völlig aus.
- formelhafte Wendungen:
  »Wir hören auf die Lesung aus der ersten Epistel Petri.« »Wir neigen uns zum Gebet.« »Wir erheben uns zum Segen.« Natürlich versteht jeder, was gemeint ist. Die Sprache aber wirkt schwerfällig und steif. »Ich lese einen Abschnitt aus dem ersten Petrusbrief.« »Nun wollen wir mit unserem Herrn reden und beten.« »Ich möchte Sie bitten, zum Segen aufzustehen.« Das alles klingt wesentlich natürlicher und lebensnaher.
- Übertreibungen und Pathos:
  Manche Gottesdienstleiter lieben Übertreibungen und Pathos: »Oh, wie habe ich mich auf diesen Gottesdienst gefreut«, bekennen sie gleich am Anfang. »Am Ende dieses so sehr gesegneten Gottesdienstes bleibt mir nur noch, allen einen wunderschönen Sonntag zu wünschen. Unser Herr, der alle unsere Wege kennt und immer mit uns geht, gehe auch

mit Ihnen.« So ähnlich klingt es dann zum Schluss. Solches Pathos klingt unglaubwürdig und oft sogar lächerlich.

- unüblicher Wortgebrauch:
  Das Tätigkeitswort »dürfen« beispielsweise ist in der deutschen Sprache völlig unauffällig. Manche Gottesdienstleiter setzen es aber derart inflationär ein, dass auch hier die Sprache aus den Fugen gerät: »Ich darf Sie heute morgen ganz herzlich zu unserem Gottesdienst begrüßen. Wir dürfen ihn im Namen unseres Herrn beginnen. Ich darf Ihnen sagen, dass ich mich freue, dass wir diese Zeit zusammen verbringen dürfen. Und nun darf ich Ihnen zunächst die Abkündigungen weitergeben. Sie dürfen dabei sitzen bleiben.« Auch wenn wir wissen, dass alles Gnade ist, lässt uns unser Gott viele Dinge selbständig und ohne Sondererlaubnis erledigen. Weil Ihnen auch niemand anders eine außergewöhnliche Erlaubnis zur Begrüßung erteilt hat, können Sie einfach ohne »dürfen« begrüßen. Wenn ich deshalb einen Wunsch äußern dürfte: Verbannen Sie das Wort »dürfen« so weit wie möglich aus Ihrem Gottesdienstleitersprachschatz.

Wenn Sie bei sich beobachten, dass Sie zu unzeitgemäßer und unnatürlicher Sprache neigen, oder wenn andere Sie darauf ansprechen, dann bemühen Sie sich fortan darum, ganz normal und alltäglich mit der Gemeinde zu reden. Überlegen Sie sich schon bei der Vorbereitung, wie Sie das machen wollen. Als Hilfe können Sie sich Ihre Sätze auch wörtlich aufschreiben. Aber lesen Sie bitte im Gottesdienst nicht von Ihrem Blatt ab. Das wirkt auf andere Weise unnatürlich.

Korrekt sprechen

Die Umgangssprache leistet sich eine Vielzahl von Ungenauigkeiten und kleinen Fehlern, die wir als solche teilweise nicht mehr wahrnehmen. Wem fällt schon der kleine Unterschied zwischen »anscheinend« (»dem Anschein nach«) und »scheinbar« (»zum Schein«) auf? Und wie war das mit dem heutigen Gemeindeausflug? Findet er trotz »des Regens« oder trotz »dem Regen« statt?

Es gibt aber auch unkorrekte Ausdrucksweisen, über die die Zuhörer gedanklich stolpern. Artikel werden vertauscht, der Kasus falsch gesetzt, Pluralbildungen missglücken oder das Relativpronomen wird falsch erweitert. So hören wir von »Petrus, der wo in das Schiff stieg« oder von

Missionaren, die statt ihrer Visa ihre »Visume« noch nicht erhalten haben. Besonders fehleranfällig sind Fremdwörter. Da hat sich wohl jeder schon einmal einen Lapsus geleistet.

In den meisten Fällen wird ein fehlerhaftes Deutsch kein großes Problem darstellen. Die Gemeinde ist gutwillig und erträgt vieles. Wenn es allerdings so heftig kommt, dass sich die Gottesdienstbesucher schämen müssen oder die Freude verlieren, Gäste mitzubringen, dann wird die Sache schwierig. Wer einen Gottesdienst leitet, sollte bewusst auf seine Sprache achten und sie pflegen und kultivieren.

Angemessen sprechen

Ein anderer Gesichtspunkt der Sprache ist, dass sie dem Gottesdienst oder dem besonderen Anlass angemessen sein muss. Pastorales Pathos passt sicherlich nicht zu einem fröhlichen Familiengottesdienst. Auf der anderen Seite wird man das Abendmahl nicht mit lockeren Sprüchen und saloppen Wendungen einleiten. Alles an seinem Ort und zu seiner Zeit. Wenn Sprache und gottesdienstliches Geschehen nicht zueinander passen, wird es peinlich. Die Gemeinde fühlt sich unwohl und merkt, dass irgendetwas nicht stimmt.

Natürlich lässt sich nur schwer bestimmen, was angemessen ist. Jeder hat ein etwas anderes Empfinden. Das trifft nicht nur auf den Gottesdienstleiter, sondern auch auf die Gemeinde zu. Mancherorts gilt es schon als unfein, wenn die Gemeinde von vorne zu einem verhaltenen Lächeln gebracht wird. Die Würde des Gottesdienstes steht so sehr im Vordergrund, dass Humor schon vom Ansatz her unerwünscht ist. Andere Gemeinden dagegen empfinden es als schwer erträglich, wenn man nicht mindestens einmal kräftig gemeinsam gelacht hat. »Nur nicht steif und verkrampft werden«, heißt die Devise. Beide Ansätze können auf ihre Weise zu einem würdigen Gottesdienst führen. Als Gottesdienstleiter muss man sich auf die »Betriebstemperatur« der Gemeinde einstellen – auch sprachlich. Wer seine Gemeinde dauerhaft »gegen den Strich bürsten« und zum Gegenteil manipulieren will, wird sicherlich Schiffbruch erleiden.

Trotzdem gibt es auch sprachliche Grenzen, die man nirgendwo ungestraft überschreiten darf. Dazu gehören lose Sprüche, Zweideutigkeiten, Fäkalsprache, Unanständiges, Albernes, Possenreißereien und sprachliche Effekthaschereien. In den meisten Fällen kommt sich der Gottesdienstleiter, der sie anbringt, sehr unkonventionell und originell vor. Er will Pluspunkte sammeln und den Eindruck erwecken, als sei er besonders pfiffig und gewitzt. Vielleicht will er sich auch einer besonderen Gruppe von Gottesdienstbesuchern anbiedern, beispielsweise den Teenagern oder der Jugend. Und deshalb lässt er sprachlich »die Sau raus«. Dass der Rest der Gemeinde geschockt ist und den Kopf schüttelt, interessiert ihn wenig. Es ist nichts dagegen zu sagen, wenn jemand markant und originell formuliert. Er muss aber trotzdem immer im Rahmen dessen bleiben, was gerade hier und jetzt passt und angemessen ist.

Lebendig und bildhaft sprechen

An vielen Stellen des Programmablaufs kommt der Gottesdienstleiter mit wenigen kurzen Sätzen aus: »Vielen Dank für die Kollekte, die Sie zusammengelegt haben. Vor der Predigt singen wir jetzt noch gemeinsam das Lied Nummer 298.« Solche kurzen sachlichen Hinweise für die Gemeinde erfordern natürlich keine besonders bildreiche Sprache. Wie wir aber bereits gesehen haben, gibt es auch Programmelemente, bei denen Sie als Gottesdienstleiter länger zu Wort kommen: die Begrüßung, die Vorstellung von Gästen, das Interview oder der thematische Anriss, um nur einige wenige zu nennen. An diesen Stellen ist es wichtig, dass Sie lebendig, ausdrucksstark und bildhaft sprechen.

Eine bildhafte Redeweise ist das genaue Gegenteil eines abstrakten Sprachstils. Diesen erkennt man beispielsweise an:

- umständlichen Formulierungen:
  »Der Chor unserer hiesigen Gemeinde bietet nun eine Motette aus den Werken Johann Sebastian Bachs dar.« Besser: »Unser Gemeindechor trägt uns nun eine Bachmotette vor.«
- an zahlreichen Fremdwörtern und Fachbegriffen:
  »Die Perikope des heutigen Sonntags erfolgt aus dem Buch Numeri.« Besser: »Den Bibelabschnitt für den heutigen Sonntag finden wir im 3. Buch Mose.«
- an Substantivkonstruktionen:
  »Ihr Kommen freut mich.« Besser: »Es freut mich, dass Sie gekommen sind.«

- an Häufungen von komplizierten Nebensatzkonstruktionen: »Der Bruder, der uns heute das Wort Gottes auslegt, kommt aus Nebenstadt, wo er seit vielen Jahren zur Leitung der Gemeinde gehört und durch überörtliche Kontakte, die wir auf Allianzbasis pflegen, mit mir bekannt geworden ist, so dass ich ihn für heute zu uns eingeladen habe.« Besser: »Der Bruder, der uns heute das Wort Gottes auslegt, kommt aus Nebenstadt. Er gehört dort seit vielen Jahren zur Gemeindeleitung. Wir haben uns in einer Allianzveranstaltung kennen gelernt. Und nun habe ich ihn für heute zu uns eingeladen.«

An den alternativen Formulierungen erkennen Sie schnell den Unterschied zwischen abstrakter und lebendiger Sprache. Wenn Sie jetzt noch Sprachbilder, Redewendungen und Vergleiche einsetzen, wird Ihnen die Gemeinde mit Sicherheit an den Lippen hängen und gespannt zuhören. Bilder nämlich wecken die Phantasie der Zuhörer und regen sie zum Mitdenken an. Außerdem schaffen sie klare Vorstellungen und halten die Konzentration länger wach. Wenn Sie beispielsweise die Gemeinde auf einen langen Ansagenteil vorbereiten wollen, können Sie natürlich einfach sagen: »Ich bitte um Verständnis; ich habe heute viele Ansagen. Es wird etwas länger dauern als sonst.« Sie könnten dasselbe aber auch etwas bildhafter ausdrücken: »Ich bin froh, dass ich die vielen Ansagen für die kommende Woche auf eine Seite bekommen habe. Es hat sich vieles angesammelt. Aber ich denke, Sie werden mir nicht böse sein, wenn es heute etwas länger dauert.« Durch den Hinweis auf die volle Seite, die über und über mit Ansagen bedeckt ist, weckt man die Phantasie der Zuhörer. Das hilft beim Zuhören.

Hörerbezogen sprechen

Der Weg zum Herzen des anderen führt über die Sprache. Wer in seinem Italienurlaub den Kellner auf Deutsch anspricht, wird in den meisten Fällen verstanden und richtig bedient werden. Wer sich allerdings die Mühe gibt, ihn mit ein paar italienischen Worten zu bedenken, wird merken, dass ein ganz anderer Kontakt entsteht. Der Mann spürt, dass Sie sich angestrengt haben, auf ihn einzugehen. Das vermerkt er positiv.

Ganz ähnlich ist es im Gottesdienst. Je nach Alter oder sozialer Herkunft pflegt die Gemeinde eine andere Sprachkonvention. In einer neu gegründeten Gemeinde, in der viele Jugendliche und junge Familien zu

Hause sind, redet man anders miteinander als in einer gesetzten Gemeinde mit einem hohen Anteil älterer Menschen. Es macht sicherlich auch einen Unterschied, ob man in einem eher dörflichen Umfeld wohnt oder eine Großstadtgemeinde vor sich hat. Als Gottesdienstleiter sollte man sich auf diese sprachlichen Unterschiede möglichst einstellen und - in unserem Beispiel - etwas jugendlicher oder eben etwas gesetzter sprechen. Den Übersetzern hat Martin Luther den Rat gegeben, »dem Volk aufs Maul zu schauen«. Dieser Grundsatz gilt auch für Gottesdienstleiter. Wer sprachlich aus der Rolle fällt, erschwert sich den Zugang zur Gemeinde. Wer dagegen ihre Sprache trifft, kommt ihr näher.

Gestik, Mimik, Blickkontakt

Stimme und Sprache sind die Elemente des Vortrags, die die Gemeinde mit dem Ohr aufnimmt. Aber auch das Auge bekommt etwas zu tun. Wenn die Zuhörer nach vorne zum Gottesdienstleiter schauen, sehen sie seine Körperhaltung, seine Kleidung, seine Bewegungen (die Gestik), den Gesichtsausdruck (die Mimik) und auch seine Augen. Sie alle sprechen - ohne Worte - eine deutliche Sprache und unterstützen oder behindern das, was der Leiter sagen will.

1) Kleider machen Leute

Wer als Gottesdienstleiter vor die Gemeinde tritt, sollte durchaus auf sein Äußeres achten. Für die Gemeinde ist es ein netter Anblick, wenn sie eine gut angezogene Person vor sich stehen sieht, auch wenn sich die meisten dessen nicht unbedingt bewusst sind. Eine verknöpfte Jacke, eine schief hängende Krawatte, ein nach oben abstehender Hemdzipfel, eine ungekämmte Sturmfrisur - das alles kann die Aufmerksamkeit der Zuhörer gewaltig in Beschlag nehmen und ablenken. Das Auge kommt von solchen Denk- und Merkwürdigkeiten einfach nicht los. Genauso verhält es sich mit jeder Art von auffälliger Kleidung. Wer sich in Sweatshirt und Schlabberhose vor die Gemeinde stellt, wird vielleicht die Jugend schnell auf seine Seite bringen, er wird dafür aber die ganze ältere Generation innerlich verlieren. Eine kurze Hose im Sommer mag sich zwar angenehm tragen, aber Sie werden mit dieser Form von Mini im Gottesdienst kaum auf großes Verständnis stoßen. Wer dagegen ordentlich, nett und angemessen angezogen ist, kann sich immer vor der Gemeinde sehen lassen. Innerhalb dieser Grenzen gibt es genügend Spielraum für eigenen Geschmack und Stil. Eine Besonderheit gibt es für die Männerwelt zu beachten, und zwar im Blick auf Anzugjacke oder Jackett. Sie sollten es geschlossen haben, bevor Sie sich auf den Weg zum Pult machen. Manche Gottesdienstleiter stehen vor der Gemeinde, sprechen schon die ersten Worte und kämpfen gleichzeitig verzweifelt und einarmig mit der Knopfleiste, während sie mit der anderen Hand ihre Bibel und ihr Programm festhalten. Wenn sich dann herausstellt, dass sich die Krawatte vorlaut vor die Jacke geschoben hat, werden alle Zeugen eines weiteren Versuchs, der Bekleidung Herr zu werden. Deshalb mein Ratschlag: Ordnen Sie Jackett und Krawatte schon im Sitzen.

2) Haltung bewahren!

Unsere Körperhaltung ist ein Spiegel unserer Seele. Der innerlich gebeugte Mensch wird vielleicht auch äußerlich gebeugt erscheinen. Der aufrechte Mensch zeigt Haltung. Die Körperhaltung, mit der Sie als Gottesdienstleiter vor der Gemeinde stehen, kann deshalb durchaus ein Signal Ihrer inneren Befindlichkeit sein. Die Gemeinde schaut Sie an und weiß unbewusst, wie Sie sich fühlen. Wer langsam nach vorne schleicht, gesenkten Hauptes und mit hängenden Schultern hinter seinem Mikrofonständer vor den »feindlichen« Blicken Schutz sucht und dabei sein Konzept fest umklammert hält, der wird in der Gemeinde eine große Gebetsfreudigkeit wecken: »Herr, hilf ihm, dass er überhaupt ein Wort herausbekommt, nicht stecken bleibt und merkt, dass wir es alle so lieb mit ihm meinen!« Wer dagegen nach vorne stürmt, die Gemeinde mit wild entschlossenem Blick durchbohrt und weit ausladend gestikuliert, der wird auf seine Weise zum Gebet ermutigen:

»Herr, bewahre uns vor diesem Gipfelstürmer! Er will uns bezwingen.«

Um vor der Gemeinde die richtige Figur abzugeben, sollten Sie aufrecht, gerade und in normalem Schritttempo nach vorne gehen. Sie müssen weder hetzen noch sich übermäßig beeilen. Wenn Sie Stufen steigen müssen, dann nehmen Sie eine nach der anderen und versuchen Sie nicht, mit Hüpfern und Doppeltritten schneller nach oben zu kommen. Falls Sie stolpern, erreichen Sie den gegenteiligen Effekt; und außerdem haben Sie sich zusätzlich ein wohlwollend schadenfreudiges Gelächter eingefangen. Ruckartige und hektische Bewegungen wirken übrigens ungünstig; ruhige und harmonische dagegen angenehm. Bibel, Programmablauf und anderes, das Sie mit sich führen, sollten Sie locker in den Händen halten und sich nicht daran verkrampfen. Am besten ist es, wenn Sie das kleine Handgepäck schon vorher auf das Pult gelegt haben. Dann kommen Sie frei und unbeschwert an Ort und Stelle.

Wenn Sie dann das Mikrofon erreicht haben, stellen Sie sich aufrecht dahinter und nehmen am besten die Haltung ein, die die alte Soldatenregel beschreibt: Kopf hoch und Brust raus. Sie sollten darauf achten, dass Sie ruhig auf beiden Füßen stehen. Manche Gottesdienstleiter reagieren ihre innere Anspannung dadurch ab, dass sie sich ständig in Bewegung halten. Die einen treten von einem Fuß auf den anderen. Die nächsten schwanken hin und her, als hätten sie einen Wackelkontakt. Die dritten wippen auf den Fußspitzen und sehen so aus, als seien sie ständig »auf dem Sprung«. Mit solchen unkontrollierten Bewegungen verrät man nicht nur seine Nervosität und Unsicherheit, man verschafft der Gemeinde auch einen so unruhigen Anblick, dass sie nicht gerne nach vorne schaut. Bleiben Sie also auf beiden Füßen stehen, selbst wenn Ihnen die Knie schlottern. Ab der zweiten Reihe wird das sowieso niemand mehr bemerken.

3) Mit Händen und Füßen

Wenn ich Sie eben ermutigt habe, ruhig vor der Gemeinde zu stehen, meine ich damit natürlich nicht, dass Sie von nun an wie eine Salzsäule erscheinen sollen. Das ruhige Stehen ist sozusagen die Ausgangsposition, von der aus Sie nun gezielte Bewegungen mit Ihrem ganzen Körper, dem Oberkörper und den Händen ausführen können. Wer solche Gestik verwendet, weckt immer wieder neu die Aufmerksamkeit der Zuhörer. Die Gemeinde hört Ihnen einfach konzentrierter zu. Außerdem können Sie mit Gestik Aussagen, die Sie machen, optisch unterstreichen und sogar Gefühle und Empfindungen wie Freude, Trauer oder Erleichterung auf die Zuhörer übertragen. Im Alltag pflegen wir die Körpersprache ganz selbstverständlich. Erst unter Anspannung und Stress beginnt sie zu erstarren. Wenn Sie nicht sowieso schon ein Typ sind, der mit Händen und Füßen spricht, sollten Sie es einmal ausprobieren.

Für Bewegungen mit dem ganzen Körper werden Sie als Gottesdienstleiter in der Regel wenige Möglichkeiten haben. Sie sind vermutlich an den kleinen Spielraum gebunden, den Ihnen die Kanzel, das Stehpult oder das Mikrofon lassen. Es wirkt sehr unruhig, wenn Sie auf dem Podium wie ein Wanderprediger auf und ab laufen und nur gelegentlich einmal am Mikrofon vorbeikommen. Sie können sich aber mit einer kleinen Körperdrehung der einen oder anderen Seite der Gemeinde stärker zuwenden oder einen kleinen Schritt nach hinten machen oder umgekehrt näher auf die Leute zugehen. Mehr ist kaum möglich. Die Gestik konzentriert sich deshalb auf die Bewegungen des Oberkörpers, der Schultern und der Hände. Und damit lässt sich einiges machen.

Besonders wichtig sind die Hände. Während sie uns im Alltag unentbehrliche Dienste leisten, werden sie plötzlich zum Problem, wenn wir vor der Gemeinde stehen. Wohin mit ihnen? Die einen verstecken sie hinter dem Rücken und wirken dadurch wie beidseitig Armamputierte. Die anderen verstauen sie in den Hosentaschen, um sicher zu sein, dass sie sie später auch ganz sicher wiederfinden. Wieder andere versuchen durch unablässiges Festhalten der Kanzel, des Pultes oder des Mikrofonständers deren statisches Verhalten positiv zu beeinflussen. Nun ist es gar nicht so verkehrt, wenn Sie Ihre Hände auf dem Pult einfach »ablegen«. Sie müssen dort nur auch wirklich ruhen und dürfen keine seltsamen Geschäfte treiben. Ansonsten lassen Sie Ihre Arme einfach locker hängen. Mit einem auf die Hörer gerichteten interessierten Blick können Sie Ihr Anliegen in aller Ruhe vortragen. Angenehm wirkt es auch auf die Hörer, wenn Sie Ihre Hände in Bauchhöhe halten. Sie sollten natürlich auch dann auf keinen Fall mit ihnen spielen. In dieser Haltung sind die Hände nicht weit vom Pult entfernt und können jederzeit zur Gestik eingesetzt werden. Bei all diesen Varianten ist vorausgesetzt, dass Sie Ihre Unterlagen, die Sie für die Gottesdienstleitung brauchen, ablegen können und dass beide Hände frei sind. Wenn Sie aber völlig frei stehen oder nur ein Stativ für das Mikrofon vor sich haben, werden Sie mit einer Hand Ihre Papiere und Bücher festhalten müssen. Man trägt sie am besten am langen Arm oder mit beiden Händen vor dem Bauch. Sie sollten auf keinen Fall mit Ihrem Programmzettel, der Bibel und dem Gesangbuch in der Luft herumfuchteln. Die Gemeinde bekommt Angst, dass sie damit beworfen wird, oder sie fiebert erwartungsvoll dem Moment entgegen, an dem Ihnen alles aus den Fingern gleitet.

Mit den Händen steht Ihnen eine breite Palette von Ausdrucksmöglichkeiten zur Verfügung. Sie können ...

- Gegenstände andeuten: »Am kommenden Sonntag findet eine Fahrradtour statt.« – Sie deuten mit den Händen die Pedalbewegung an oder halten einen fiktiven Lenker in der Hand.
- Zahlen zeigen: »In drei Tagen beginnt unsere Glaubenswoche.« – Sie heben eine Hand mit drei gestreckten Fingern.
- Richtungen andeuten: »Sie sind im Anschluss an den Gottesdienst herzlich zum Kaffeetrinken eingeladen. Wir treffen uns im Gemeindesaal.« – Sie zeigen in Richtung des Saals, von dessen tatsächlicher geographischer Lage Sie sich vorher natürlich in Kenntnis gesetzt haben!
- Symbolhafte Bewegungen machen: »Und jetzt eine ganz wichtige Ansage.« – Sie heben den Zeigefinger Ihrer rechten Hand nach oben. Ansonsten sollte man mit dem Zeigefinger als Symbol sehr sparsam umgehen.
- Gefühle und Stimmungen ausdrücken: »Sie sind herzlich willkommen.« – Sie bringen Ihre Hand in Herzgegend.

Um sich eine Vorstellung von den vielfältigen Möglichkeiten der Gestik zu verschaffen, können Sie sich einmal vor einen Spiegel stellen und ausprobieren, was Ihnen einfällt. Sie werden überrascht sein, was Sie mit Ihren Händen und Ihrem Oberkörper alles deutlich machen können. Damit die Gestik natürlich und harmonisch wirkt, muss sie gleichzeitig mit den Worten ausgeführt werden. Es würde sehr eingeübt aussehen, wenn Sie erst die drei Punkte nennen, dann still sind und in die Stille hinein drei Finger abzählen. Sprache und Gestik sind synchron. Sie müssen auch daran denken, dass viele Gemeindeglieder weit von Ihnen entfernt sitzen. Andeutungen von Bewegungen oder ganz kleine Gesten kann man in der letzten Reihe nicht mehr eindeutig erkennen. Sie sollten sich deshalb getrauen, großzügige Gestik einzusetzen, auch wenn das anfänglich ungewohnt erscheint. Auf der anderen Seite sollten Sie auch nicht übertreiben und beständig gestikulieren. Vor allem, wenn Sie an sich ein ruhiger Typ sind, wird Ihnen das niemand abnehmen. Achten Sie auch darauf, dass Ihre Gestik nicht monoton wirkt. Auf Dauer gewöhnt man sich leicht immer wiederkehrende Körperbewegungen an. Die Gestik verarmt dann auf wenige Ausdrucksformen, die die Gemeinde ständig zu sehen bekommt. Der Gottesdienstleiter bewegt sich zwar, aber er wirkt dennoch langweilig, weil er immer ein und dieselbe Geste zeigt. Vielfalt schafft Abwechslung.

4) Vom Spiegel der Seele

Zur Körpersprache gehört auch die Mimik, der Gesichtsausdruck. Manchem Gottesdienstleiter kann man die Würde und Schwere der Aufgabe und die innere Anspannung an der Nase ablesen. Mit zerfurchter Stirn und vor sich hin stierenden Augen begrüßt er die Gemeinde: »Ich freue mich . . .« Aber keiner glaubt es ihm. Sein Gesicht bleibt starr und regungslos. Er verströmt etwa die Wärme eines geöffneten Eisschranks. Dabei könnten ein Lächeln und ein aufgeweckter Blick in die Gemeinde schon die Sonne aufgehen lassen und alle Kälte vertreiben.

Tatsächlich gibt es keine Körperpartie, die mit so vielen feinen Muskeln versehen ist und so differenzierte Ausdrucksmöglichkeiten zulässt wie das Gesicht. In ihm spiegeln sich unsere Empfindungen und Gefühle. Am Gesichtsausdruck lässt sich am deutlichsten erkennen, wie es jemand mit uns meint. Auch wenn manche Gottesdiensträume sehr groß sind und die Gemeinde keine Details im Gesicht des Gottesdienstleiters erkennen kann, wird das Wesentliche dennoch wahrgenommen. Deshalb versteht es sich, dass ein offener und freundlicher Gesichtsausdruck und ein lebendiges Mienenspiel eine große Ausstrahlung auf die Zuhörer haben.

Weil der Gottesdienstleiter in einem gewissen Sinn als Gastgeber auftritt und die Atmosphäre sehr stark prägt, sollte er von Anfang an freundlich schauen und die Gemeinde mit seinem Blick herzlich begrüßen. Es sollte so sein, als würde die Sonne aufgehen. Der freundliche Blick und das Lächeln müssen aber von Herzen kommen. Beim gespielten Lächeln lacht nur der Mund, beim echten Lächeln lachen auch die Augen mit. Deshalb hängt alles von der inneren Einstellung ab. Wer als Gottesdienstleiter nur seinen Job tut, wird kaum eine warmherzige Ausstrahlung haben. Wer wirklich an den Menschen interessiert ist und seine Aufgabe gerne erfüllt, der wird die Gemeinde mit einem aufrichtigen und herzlichen Lächeln empfangen können. Natürlich erschöpft sich die Mimik nicht im Lächeln. Aber wer engagiert bei der Sache ist, wird das auch sonst in seinem Gesichtsausdruck erkennen lassen. Das Gesicht ist ein Spiegel der Seele.

5) »Guck mal, wie der guckt«

Wenn Sie mit jemandem sprechen und Ihr Gegenüber weicht Ihrem Blick ständig aus, werden Sie das gewiss als unangenehm empfinden. Sie fragen sich, ob die Person unsicher ist oder etwas zu verbergen hat. Es will einfach keine gute Gesprächsatmosphäre entstehen. Ganz ähnlich ist das beim Gottesdienstleiter. Wenn er die Gemeinde nicht anschaut, mit seinem Kopf nur über seinem Blatt hängt, tote Ecken fixiert, knapp über die Köpfe der Leute hinwegsieht oder sogar noch eine dunkle Sonnenbrille trägt, dann fühlt sich die Gemeinde ausgeschlossen und auf Distanz gehalten. Und genau dieses Empfinden verhindert eine offene Atmosphäre. Wer die Gemeinde dagegen anschaut und den Augenkontakt mit den Leuten sucht, der schafft eine Atmosphäre der Offenheit und Vertrautheit. Außerdem registriert er die Signale, die meist lautlos und nur in Form von Körpersprache von der Gemeinde her nach vorne dringen. Nur wer sieht, was vor sich geht, kann darauf eingehen, wenn es nötig ist.

Um zu einem guten Augenkontakt mit der Gemeinde zu kommen, ist natürlich ein wenig Erfahrung nötig. Besonders Unsicherheit und Nervosität mindern den »klaren« Blick. Wenn man sich auf der anderen Seite bewusst macht, dass die meisten heilfroh sind, dass sie nicht vorne stehen müssen, dann kann man diesen Leuten auch mit etwas größerem Selbstbewusstsein in die Augen schauen. Ein großes Hindernis für freie Sicht ist auch das Konzept, an dem viele geradezu kleben. Man muss sich schon von ihm lösen, um ein Auge auf die Gemeinde riskieren zu können. Am besten lässt man seinen Blick ruhig von einer Seite des Gottesdienstraumes zur anderen schweifen. Dabei schaut man den Leuten in die Augen. Keiner sollte sich ausgeschlossen fühlen. Wenn Sie unsicher sind, verweilen Sie mit Ihrem Blick bei jemandem, der Sie besonders freundlich anschaut, etwas länger. Damit laden Sie Ihren »Akku« wieder auf. Manchmal gibt es räumliche Hindernisse, die einen guten Augenkontakt zu allen erschweren oder verhindern. Sie haben zum Beispiel einen ungünstigen Standort direkt neben einer Säule oder einem riesigen Zierstrauch gewählt. Dann sollten Sie schon vor Beginn des Gottesdienstes sehen, dass Sie für dieses Problem Abhilfe schaffen. Vielleicht genügt es, wenn Sie Ihr Mikrofon um einen halben Meter verrücken.

Sehr hinderlich für einen guten Augenkontakt zur Gemeinde sind gegenüberliegende Fenster, die Sie blenden, oder Scheinwerfer und Deckenfluter, die das gleiche tun. Sie sprechen dann nur vor den ersten drei Reihen und ahnen, dass weiter hinten noch viele Menschen sitzen müssen, von denen Sie aber nicht wissen, was diese gerade tun. Wenn Sie an einer solchen Situation nichts ändern können, bleibt Ihnen nur übrig, eine ähnliche Gelassenheit und Routine zu entwickeln wie ein Schauspieler auf der Bühne. Sie blicken so in den Saal, als ob Sie bis in die hinterste Reihe sehen könnten, und stellen sich den Rest der Gemeinde mit ein wenig Phantasie einfach vor. Sie werden sehen, es ist gar nicht so schwer.

Pult und Mikrofon

Zum Handwerkszeug des Gottesdienstleiters gehören ein Pult, auf dem er seine Unterlagen ablegen kann, und ein Mikrofon, das ihm das Sprechen erleichtert. Mehr braucht er im Normalfall nicht. Den Kugelschreiber, den er stets in der Jackentasche mit sich führt, um sich spontan Notizen machen zu können, trägt er verdeckt. Er nutzt ihn keinesfalls als Spielzeug, mit dem er vor den Augen der Gemeinde herumfuchtelt oder den er unermüdlich zum Klicken bringt. Obwohl man meinen müsste, dass es beim Umgang mit so wenig Gerätschaft eigentlich keine Probleme geben dürfte, stellt sich die Sache in Wirklichkeit anders dar. Pult und Mikrofon haben so ihre Tücken, die erst einmal beherrscht sein wollen.

1) Kanzel, Stehpult, Notenständer

Je nach den örtlichen Gegebenheiten verrichtet der Gottesdienstleiter seine Aufgabe von einer anderen Stelle aus. Er kann sich von der Predigtkanzel aus an die Gemeinde wenden, oder er steht neben, vor oder unter der Kanzel an einem separaten Pult oder einem Notenständer. In beiden Fällen muss er natürlich von jedem gut gesehen werden können.

Wer den Gottesdienst von der Predigtkanzel aus leitet, hat einen festen Stand und in der Regel auch ausreichend Ablagefläche. Die Kanzel gibt ihm einen wohltuenden Abstand zur Gemeinde und das Gefühl der Sicherheit. Selbst schlotternde Knie werden völlig verdeckt. Nachteilig wirkt sich aber aus, dass der Weg zur Kanzel meist weit und stufenreich ist und dass aus diesem Schutzwall heraus das Gefühl persönlicher Nähe schwer zu vermitteln ist. Der Gemeinde kommen Sie deutlich näher, wenn Sie von einem kleinen Stehpult oder einem breiten Notenständer aus Ihre Leitungsaufgabe verrichten. Sie stehen dann zwar nicht so geschützt und stabil wie auf der Kanzel, dafür sind Sie aber in voller Größe zu sehen und können sich freier bewegen. Außerdem müssen Sie Ihre Unterlagen nicht zur Seite räumen, wenn der Prediger die Kanzel betritt. Alles kann so liegen bleiben, wie Sie es brauchen. Welcher Standort für die Leitungsaufgabe am günstigsten ist, kann letztlich nur vor Ort entschieden werden.

Damit Sie am Pult optimal arbeiten können, sollte die Ablagefläche auf Bauchnabelhöhe eingestellt sein. Wenn es zu niedrig ist, müssen Sie sich tief nach vorne beugen, um Ihre Notizen lesen zu können. Wenn es zu hoch ist, werden Sie zu sehr verdeckt und bekommen Probleme mit der Gestik. Viele Gottesdienstleiter spielen ständig an ihrem Pult bzw. Notenständer herum. Sie rücken es hin und her, verdrehen die Neigung der Trägerplatte und leiern an der Höheneinstellung. Wenn Sie in einer kurzen Stehprobe vor dem Gottesdienst alles passend eingerichtet haben, können Sie das Pult getrost sich selbst überlassen.

Dinge, die Sie für die Gottesdienstleitung brauchen, wie Bibel, Gesangbuch, Programmablauf usw. sollten Sie möglichst schon vorher auf dem Pult platziert haben. Sie müssen dann nicht schwer beladen nach vorne gehen und den Eindruck erwecken, als seien Sie zum Lastesel geworden. Wenn Sie auf der Ablagefläche Ordnung halten, haben Sie alles griffbereit und müssen keine langen Pausen für Sucharbeiten einlegen. Nehmen Sie deshalb nicht zu viel mit und schichten Sie die Dinge möglichst nicht in mehreren Lagen übereinander. Auf die Dauer werden Sie Ihr eigenes System entwickeln: Liederbuch links, Konzept in der Mitte, Bibel rechts - oder wie immer Sie es am praktischsten finden.

2) Ohne Netz und doppelten Boden

Gelegentlich werden Sie in die Situation kommen, völlig frei stehen zu müssen. Den Blicken der Gemeinde ausgesetzt, arbeiten Sie gleichsam ohne Netz und doppelten Boden. Vielen ist diese Situation deshalb sehr unangenehm. Es fehlt ihnen die schützende Barriere zur Gemeinde. Aber gerade darin liegt der Vorteil des freien Stehens. Sie sind den Leuten näher und in ganzer Körpergröße zu sehen. Außerdem wird Ihre Gestik durch keine Kanzel verstellt. Wenn es Ihnen möglich ist, kommen Sie doch einfach einmal probeweise aus Ihrer geschlossenen Kanzel heraus und machen Sie die Erfahrung einer unmittelbareren Nähe zur Gemeinde. Sie werden es auf die Dauer schätzen lernen.

Weil Sie beim freien Stehen keine Ablage zur Verfügung haben, kann Ihnen ein Ringbuch in DIN-A5-Format in dezenter Farbe weiterhelfen. Darin heften Sie alle nötigen Blätter ein. In diesem Ausnahmefall können Sie sogar Bibeltexte, die Sie vorlesen, in Ihr Manuskript übernehmen, damit Sie nicht Ringbuch und Bibel zusammen halten müssen. Weil man beim freien Stehen in ganzer Größe zu sehen ist, ist es besonders wichtig, nicht mit den Füßen und Beinen zu hampeln. Je weiter ein Körperteil vom Kopf entfernt ist, desto größer ist seine Neigung, sich unkontrolliert zu verhalten. Bleiben Sie einfach aufrecht auf Ihren beiden Füßen stehen.

3) »Eins, zwei, drei. Wer kann mich hören?«

Fast überall sind die Gemeinden heute mit einer Verstärkeranlage ausgerüstet. Sie sorgen dafür, dass der Prediger und der Gottesdienstleiter nicht zu laut und angestrengt reden müssen, um bis in die letzte Reihe hinein verstanden zu werden. Ein mehr oder weniger technisch kompetenter Mitarbeiter bedient die Maschinerie, dreht an den Knöpfen und bringt die Schieberegler in die richtige Position. Er überwacht die Anlage und stellt die passenden Mikrofone an der richtigen Stelle auf. Wenn er auf Draht ist, müssen Sie sich wenig Sorgen machen. Er hat die Dinge im Griff.

Trotzdem kann man einen immer wiederkehrenden Kampf des Gottesdienstleiters mit der Technik beobachten. Er schraubt und dreht, zischt, klopft und zählt, stolpert über Kabel, reißt Steckverbindungen aus der Wand und schleudert dem Techniker vor versammelter Mannschaft wenig geistgeschwängerte Blicke an den Kopf. Der Gemeinde fällt dieser Kleinkrieg meist schon nicht mehr auf. Er gehört zum sonntäglichen Ritual, an das man sich gewöhnt hat. Dabei wären viele Missgeschicke zu vermeiden, wenn man sich nur ein wenig umsichtiger verhalten würde. Was also kann und sollte man tun?

Zuerst würde ich empfehlen, vor dem Gottesdienstbeginn kurz mit dem Zuständigen zu sprechen: »Ist alles in Ordnung?« Meistens wird er bejahen. Vielleicht weist er Sie aber auch auf ein Problem hin, auf das Sie sich nun rechtzeitig einstellen können. »Das Kanzelmikro ist ausgefallen. Könntest du die Leitung auch von einer anderen Stelle aus machen?« Kein Problem, es bleibt Ihnen genügend Zeit, sich am neuen Standort einzurichten. Vielleicht weist er Sie auch auf einen Wackelkontakt hin. Dann wissen Sie, dass Sie auf alle Fälle Ihre Finger vom Mikrofon lassen müssen, damit es nicht knirscht und knackt. Weil Sie alles das nun im Vorfeld wissen, müssen Sie später kein öffentliches Fachgespräch mit dem Techniker in Gegenwart der Gemeinde führen.

Danach folgt die Stehprobe. Sie prüfen dabei, ob das Mikrofon auf Ihre Körpergröße eingestellt ist. Es sollte etwas niedriger sein als Mundhöhe und etwa 20 bis 30 Zentimeter vom Mund entfernt. Wenn Sie diese Höheneinstellung vor dem Gottesdienst prüfen, müssen Sie nachher nicht vor vielen Zeugen am Stativ herumfingern. Vergessen Sie nicht, die

Schrauben fest anzuziehen. Es ist äußerst interessant zu beobachten, wie der Mikrofonständer während Ihrer Begrüßung langsam wie eine welke Blume dahinsinkt. Und noch interessanter ist es zu sehen, wie Sie damit umgehen! Ein wichtiger Grundsatz lautet: Das Mikrofon hat sich nach Ihnen zu richten, nicht umgekehrt! Manchmal erlebt man einen Gottesdienstleiter, der wie ein Schluck Wasser in der Kurve hängt, damit er den Mund in die Nähe des 50 Zentimeter zu tief angebrachten Schwanenhalses bringt. Sie müssen unverkrampft und gerade stehen können.

Wenn das Mikrofon die richtige Höhe und Entfernung hat, sollten Sie auch gleich testen, ob es eingeschaltet und die Lautstärke richtig eingestellt ist. Ich finde es nicht gut, wenn der Gottesdienst mit Pusten, Klopfen und »Eins, zwei, drei. Können Sie mich verstehen?« beginnt. Im schlimmsten Fall zuckt die Gemeinde unter einem schrillen Pfeifton und Geheule zusammen, weil es zu einer akustischen Rückkopplung gekommen ist. Wenn Sie sich der Sache nicht sicher sind, sprechen Sie die ersten Worte ein kleines bisschen leiser. Wenn dann keine Rückkopplung auftritt, wechseln Sie sofort zu normaler Lautstärke über. Sie müssen aber sicher sein, dass schon Ihre ersten Worte richtig bei den Zuhörern ankommen.

Während Sie nun zur Gemeinde sprechen, brauchen Sie Mikrofon und Ständer in der Regel nicht mehr zu berühren. Es wirkt seltsam, wenn jemand ständig mit seinen Händen an der Gerätschaft herumfingert und womöglich noch unnötige Nebengeräusche produziert. An manchen Stellen im Programmablauf gibt der Gottesdienstleiter nur ganz kurze Anweisungen: »Zum letzten Vers stehen wir auf.« Es lohnt sich fast nicht, sich dafür zum Mikrofon zu bemühen. Ich würde trotzdem nach vorne gehen. Einige werden Ihre Ansage sonst nämlich nicht verstehen, auch wenn Sie laut gesprochen haben. Deshalb kommt es oft zu unnötigen Nachfragen. Außerdem klingt Ihre Stimme, wenn Sie laut rufen, durchdringender und härter, als wenn Sie durchs Mikrofon sprechen. Und schließlich halte ich es nicht für einen guten Leitungsstil, aus der ersten Sitzreihe heraus durch laute Zurufe die Gemeinde zu dirigieren. Gerade auf Gäste wirkt das sehr befremdlich. Wenn man ein Mikrofon aufgestellt hat, sollte man es auch durchgängig verwenden.

4) Vom Gottesdienstleiter zum Bühnentechniker

Im Verlauf des Gottesdienstes kann es vorkommen, dass Ihr Stehpult mitsamt dem Mikrofon zur Seite gestellt und danach wieder neu aufgebaut werden muss. Der Chor braucht Platz und der Chorleiter nutzt den Notenständer, auf dem Sie Ihre Siebensachen liegen haben, als Dirigentenpult. Wenn Sie dann wieder an der Reihe sind, muss die Technik wieder aufgebaut und neu eingestellt werden. Je nach den Möglichkeiten der Gemeinde kann man solche Umbauten vermeiden. Vielleicht gibt es mehrere Mikrofone. Oder der Chorleiter hat einen eigenen Notenständer, der bisher unauffällig an der Seite stand. Dann bleibt Ihre Ablage in der Höhe unverändert. Mit einem Handgriff sind Sie wieder einsatzbereit. Ich empfinde es als sehr mühsam, wenn ich einen Gottesdienst leiten und mich gleichzeitig als Bühnentechniker betätigen soll. Die schönste Lösung ist es, wenn die Gemeinde jemanden gebeten hat, während des ganzen Gottesdienstes auf die technischen Utensilien zu achten. Wenn Sie mit dieser Person den Ablauf kurz durchsprechen, wird er Ihnen zur rechten Zeit und an den rechten Ort alles so stellen, wie Sie es brauchen. Wenn Sie einen solchen Mitarbeiter nicht haben, bleibt Ihnen nichts anderes übrig, als beständig ein Auge auf diese Dinge zu werfen: »Nach dem Lied singt der Chor. Also muss ich jetzt mein Mikro und den Ständer an die Seite stellen. Wenn dann das Lied vorbei ist, muss ich beides ganz schnell wieder an die richtige Stelle bringen. – Na so was; jetzt hat einer vom Chor die Notenkiste auf das Kabel gestellt!« Je besser Sie die Dinge im Vorfeld regeln und je wacher Sie das Geschehen während des Gottesdienstes beobachten, desto größer ist Ihre Chance, Pleiten, Pech und Pannen rechtzeitig und für die Gemeinde unbemerkt zu vermeiden. Für einen Gottesdienst, der mit einem inneren Spannungsbogen aufgebaut werden soll, gibt es nichts Tödlicheres als endlos wirkende Technikpausen! Sie sollten alles tun, um sie ganz zu vermeiden oder so kurz wie möglich zu halten. Das erfordert aber Ihre volle Konzentration und eine große Umsicht.

Das »Bühnenbild«

Wenn ich eben schon einige Hinweise zur »Technik« gegeben habe, will ich auch noch einige Überlegungen zur Bühne allgemein anschließen. Das Wort »Bühne« ist natürlich in doppelter Hinsicht nicht ganz passend. Zum einen ist ein Gottesdienst ja keine Theateraufführung, die von einer wirklichen Bühne aus geschieht. In einer altehrwürdigen Kirche sprechen wir eher vom Altarraum oder ansonsten einfach von »vorne«. Zum anderen gibt es nur wenige Gemeinden, die über eine wirkliche Bühne mit starker Erhöhung und eventuell auch noch einem Vorhang verfügen. Meistens handelt es sich um einen bühnenartigen Absatz, der nicht höher als einige Stufen ist, damit der Prediger und der Gottesdienstleiter nicht zu sehr abgehoben wirken und trotzdem etwas über die Gemeinde herausragen. Um den Sprachgebrauch zu vereinfachen, verwende ich einfach pauschal den Begriff »Bühne«. Für die Gemeinde ist die Bühne der Bereich, auf den sie während des ganzen Gottesdienstes schaut und auf dem sich die Dinge abspielen. Für den Gottesdienstleiter ist es der Arbeitsplatz, von dem aus er den Gottesdienst leitet.

1) Wie bei Hempels unterm Sofa

Das allgemeine Aussehen des Bühnenbereichs werden Sie als Gottesdienstleiter nicht neu definieren können. Sie gehen von dem aus, was vorhanden ist. Wenn die Beleuchtung Defizite aufweist, die Kanzel unzweckmäßig in die Ecke gezwängt ist oder die Holzverkleidung an der Wand nach Urgroßmutters Zeiten aussieht, ist das eher ein Fall für die Gemeindeleitung oder den Bauausschuss. Worauf Sie aber achten können, ist, dass der Bühnenbereich ordentlich und sauber aussieht. Wenn niemand darauf ein Auge wirft, schaut es bald aus wie bei Hempels unterm Sofa. Hier hat einer seinen Gitarrenkasten abgelegt. Dort liegt das Notenmaterial des Chors in einem Stapel zusammengeschichtet auf dem Boden. Über die Bühne verstreut stehen noch zwei Notenständer, die niemand braucht, ein Stuhl und ein alter Blumenübertopf, der vom Saalschmuck der letzten

Evangelisation vor vier Wochen übrig geblieben ist. Die drei Tesastreifen am Holzkreuz an der Wand machen sich zwar ebenfalls nicht gut, aber sie fallen kaum auf, weil sie durchsichtig sind. Eher schon das Bild daneben, das vor Urzeiten schief aufgehängt wurde und – warum auch immer – nie zurechtgerückt wurde. Die Gemeinde hat sich an diese interessante Optik gewöhnt, so dass die spezielle Form der »Ordnung« auf der Bühne niemandem mehr auffällt. Zum Nachdenken kommt man erst, wenn sich jemand Mühe gegeben, aufgeräumt und für eine schöne und angenehme Bühnengestaltung gesorgt hat: »Stimmt, das sieht ja viel schöner aus als sonst!« Besonders auf Gäste macht es einen schlechten Eindruck, wenn sie ihre Augen mehr als eine Stunde lang auf einer unordentlichen Bühne ruhen lassen müssen. Ein schönes Bühnenbild dagegen schafft eine angenehme Atmosphäre und es macht wieder Freude, nach vorne zu schauen.

2) Ordnung ist das halbe Leben

Zu Ihrem »Pflichtenkatalog« als Gottesdienstleiter gehört deshalb immer auch ein Blick auf das Umfeld. Am besten ist es, wenn Sie wie ein Pilot vor dem Start der Maschine anhand einer inneren Checkliste alles kurz kontrollieren: Ist die Bühne ordentlich aufgeräumt? Ist sie für den Gottesdienstablauf zweckmäßig hergerichtet? Steht alles an seinem richtigen Platz? Ist die Beleuchtung eingeschaltet? Herrscht Ordnung auf dem Klavier? Sind die Blumen frisch und stehen sie am richtigen Ort? Hängt das Kreuz gerade? Ist die Ablage auf der Kanzel frei, damit der Prediger nicht die ersten Minuten damit beschäftigt sein muss, sich für Bibel und Manuskript ein freies Plätzchen zu schaffen? Ist der Overheadprojektor für die Folienlieder aufgebaut und eingerichtet? Sicherlich gibt es die eine oder andere Frage mehr, die aus Ihrer ganz speziellen Situation heraus erwächst. Wer sich für diese Dinge verantwortlich fühlt und einen Blick für sie entwickelt, wird meistens nicht viel Zeit auf sie verwenden müssen. Mit wenigen Handgriffen können Sie das Aussehen der Bühne entscheidend verbessern und es den Leuten leicht machen, gerne nach vorne zu schauen.[7]

[7] Eine ausführliche Checkliste, die um zusätzliche Fragen erweitert ist, finden Sie im Anhang.

Wenn Sie die Bühne für einen speziellen Gottesdienst besonders gestaltet haben möchten, sollten Sie sich rechtzeitig mit den Verantwortlichen in Verbindung setzen. Es macht sich nicht gut, wenn Sie im Angesicht der sich versammelnden Gemeinde und Gäste anfangen, Kanzel und Abendmahlstisch zu verschieben und mit Hilfe von fünf starken Männern das Klavier vom Podest zu heben. »Last minute« ist höchstens für kurz entschlossene Reiselustige ein Vorteil; für den Gottesdienst nie. Noch eine Warnung zum Schluss. Nicht alles, was auf der Bühne herumzustehen scheint, ist auch wirklich überflüssig. Wenn die Anspieltruppe ihre Requisiten frühzeitig aufgebaut hat und Sie lassen das vermeintliche »Gerümpel« kurzerhand entfernen, werden Sie ein Problem bekommen. Und wenn Sie den prächtigen Blumenschmuck von der Kanzel in eine unauffällige Ecke verschwinden lassen, weil er Ihnen störend für den Prediger erscheint, werden Sie vermutlich Ihres Lebens nicht mehr froh. Deshalb: Übereifer tut selten gut!

Unarten und Ticks

Wir selbst merken es nur selten. Aber wir haben so unsere kleinen Macken und Unarten. Leider lassen wir sie am Sonntag nicht zu Hause; wir nehmen sie mit in die Gemeinde und tragen sie vor die Gemeinde, wenn wir den Gottesdienst leiten. Manche dieser Unarten – oder sollte ich lieber sagen: Eigenarten? – sind so nett und liebenswürdig, dass Ihre Gemeinde sehr betrübt wäre, wenn Sie sie ablegen würden: »Der lächelt immer so verschmitzt, wenn er den Chor nach vorne bittet.« »Ist es dir schon aufgefallen? Immer wenn er zum Gebet auffordert, hat er einen besonders heiligen Ton drauf.« Es gibt aber auch Unarten, die einfach nur stören und ablenken. Und dagegen sollte man etwas tun.

1) »Was machst du mit dem Knie, lieber Hans?«

Sogenannte Ticks können Gesten, aber auch stimmliche oder sprachliche schlechte Gewohnheiten sein. So nimmt einer ständig die Brille von der Nase, spielt mit ihr und setzt sie wenig später wieder auf. Die Gemeinde freut sich, wenn der Gottesdienstleiter sich dabei nicht ins Auge sticht. Andere überprüfen regelmäßig, ob die Krawatte noch sitzt. Wieder einem anderen ist der Gedanke, dass die gute Sonntagshose nach unten gerutscht sein könnte, derart unerträglich, dass er sie in exakt gleichmäßigen Abständen wieder in die Ausgangsposition nach oben zieht. Ein anderer wackelt ständig mit den Knien. Meistens sind es Verlegenheitsbewegungen, die wir da vollziehen. Wir wollen damit unsere Nervosität abbauen. Aber was uns beruhigt, macht andere nervös - nämlich die Zuhörer. Erst fällt es niemandem auf, dann wird es plötzlich bewusst: »Er kratzt sich ständig am Ohr.« Dann wird beobachtet, und schließlich wird gezählt: ». . . 97 . . . 98 . . . 99. Schade, jetzt ist der Gottesdienst zu Ende. Er hat es nicht bis auf 100 geschafft.« Mit einem ausgeprägten Tick können Sie die Gedanken der Gemeinde gründlich ablenken.

2) Von Lieblingsworten und Dauerseufzern

Tickverhalten gibt es aber nicht nur im Bereich der Gestik. Man kann auch einen »sprachlichen« Tick haben oder einen »stimmlichen«, der genauso störend wirkt. Das können beispielsweise immer wiederkehrende Lieblingsworte sein, die sich im Laufe eines Gottesdienstes hundertfach wiederholen. Nichtssagende Füllwörter wie »wohl«, »gell«, »nicht wahr«, »oder?« und das beliebte »äh« können wie Heuschrecken über die Gemeinde herfallen. Besonders das so positiv klingende »ja« muss an dieser Stelle erwähnt werden: »Ja, liebe Gemeinde. Ich möchte alle herzlich begrüßen. Ja, wir sind im Namen Jesu hier versammelt. Und, ja, das finde ich wunderbar. Ja, dann singt uns zunächst der Chor ein Lied. Ja, seid ihr so nett!« Auf die Dauer kann sich keiner gegen diesen Dauerbeschuss wehren. Am besten ist es, wenn man sich das »Ja« gleich gänzlich abgewöhnt. Manche Gottesdienstleiter nehmen ihre Aufgabe so schwer, dass sie regelmäßig ins Mikrofon seufzen und stöhnen oder die Luft geräuschvoll aus ihren Lungen herausströmen lassen, so dass es klingt, als ob der Organist das letzte Quäntchen Luft aus dem Blasebalg seiner alten Kirchenorgel herausquetschen wollte. Die Gemeinde ist zu bewundern, die sich von solchen Unarten nicht ablenken lässt!

Weil man seine eigenen Unarten selbst nur sehr schwer erkennt, sollten wir uns in christlicher Nächstenliebe gegenseitig helfen und uns in Liebe darauf aufmerksam machen. Es fällt sehr schwer, sich einen Tick abzugewöhnen. Aber wenn man ihn erst einmal als solchen erkannt hat, ist schon viel gewonnen. Mit einem kleinen »Denkzettel« auf dem Pult oder der liebenswürdigen Hilfe eines vertrauten Menschen, der Ihnen aus der letzten Reihe den Rückfall signalisiert, sollte es Ihnen gelingen, sich Ticks und Unarten auf die Dauer abzugewöhnen.

Das Konzept

Unter dem Stichwort »Programmplanung« haben wir bereits gesehen, wie ein Gottesdienst sinnvoll und ansprechend aufgebaut werden kann. Das Ergebnis wird in einem Raster zusammengefasst, in dem der Inhalt, die jeweils Verantwortlichen und die Zeiten eingetragen sind. Dieses Programmraster enthält zwar alle wesentlichen Daten, es reicht aber für die eigentliche Leitungsarbeit in vielen Fällen noch nicht aus. So steht im Raster ganz allgemein: »2.: Vorstellung von Gästen«. Wenn Sie aber schon wissen, dass dieser oder jener am Gottesdienst teilnimmt und wenn Sie diese Personen dann in der Hitze des Gefechts nicht vergessen wollen, sollten Sie in Ihr Programm auch gleich die Namen eintragen: »2.: Vorstellung von Gästen: Michael Müller aus Düsseldorf, Friedrich Fröhlich aus Worms . . .«. Vielleicht wollen Sie auch zu einem gemeinsamen Lied ein paar hinführende Sätze sagen. Damit Sie es nicht vergessen, können Sie sich Ihre Gedanken dazu ebenfalls notieren. Und falls Sie die Ansagen machen, brauchen Sie vermutlich sogar noch ein gesondertes Blatt, auf dem alles der Reihe nach vermerkt ist, was Sie der Gemeinde mitteilen wollen. Auf diese Weise erweitert sich das allgemein gehaltene Programmraster zu einem detaillierten Programmablauf einschließlich kleiner Regieanweisungen wie: »Die Gemeinde bei der letzten Strophe aufstehen lassen.« Dieses Detailprogramm und eventuelle Zusatzblätter bilden Ihr Konzept, mit dem Sie ähnlich umgehen müssen wie ein Prediger mit dem seinen auf der Kanzel.

1) So viel wie nötig, so wenig wie möglich

Im Blick auf das Konzept gilt der allgemeine Grundsatz: so viel wie nötig, und so wenig wie möglich. Sie wollen ja nicht mit einem Stapel Papier nach vorne gehen und ständig darauf achten müssen, dass die zahlreichen Seiten nicht durcheinander kommen. Außerdem macht es keinen guten Eindruck, wenn Sie eine Bibel im Westentaschenformat in der Hand haben und ein Konzept in Zeitungsgröße. Dafür werden Sie auf Ihrer Ablage vermutlich nicht einmal ausreichend Platz finden. Großformatige Ringbücher oder Aktenordner sollten Sie auf alle Fälle zu Hause lassen. Ein normales DIN-A4-Format, vielleicht noch in der Mitte zu A5 geknickt, reicht in der Regel aus. Meistens muss es auch nicht mehr als ein einziges Blatt sein, das hinten und vorne beschrieben ist. Wenn Sie mehrere Blätter verwenden, sollten Sie sie einseitig beschriften und unbedingt mit Seitenzahlen versehen. Wenn Ihnen die Blätter durch einen unglücklichen Umstand durcheinander geraten, können Sie sie dann schnell wieder in die richtige Reihenfolge bringen.

2) Übersicht auf den ersten Blick

Achten Sie darauf, dass Sie ausreichend groß und gut leserlich schreiben, damit Sie auch bei schlechter Beleuchtung und niedriger Ablage alles noch gut erkennen können. Bleistift hat sich nicht bewährt, weil er im Licht spiegelt. Um den Inhalt des Konzepts auf einen Blick schnell erfassen zu können, muss es großzügig abgefasst sein und große Zwischenräume lassen.

Wenn Sie mit einem Computer arbeiten, können Sie Ihr Konzept in die Form einer Tabelle mit Gitterlinien bringen. Sie fügen dann jeden Programmpunkt übersichtlich in eine abgegrenzte Zeile ein. Je kleiner und unübersichtlicher Sie schreiben, desto länger muss Ihr Blick auf dem Konzept verweilen, um die jetzt aktuelle Stelle zu finden. Das verunsichert und erschwert Ihnen den Blickkontakt zur Gemeinde. Besonders wichtige Programmpunkte kann man durch Unterstreichungen und Farben hervorheben. Sie dürfen dabei aber des Guten nicht zu viel tun, weil ein Farbenwirrwarr auch kein Mehr an Übersichtlichkeit bringt. Das gesunde Mittelmaß ist richtig.

3) Wenn Stichworte nicht mehr weiterhelfen

Wenn Sie im Laufe des Programms einen etwas längeren Wortbeitrag haben, beispielsweise beim thematischen Anriss oder bei einem Interview, können Sie anstelle von Stichworten auch ganze Sätze aufschreiben. Manchmal wird Ihnen ein kurzer Satz schneller weiterhelfen als ein Stichwort. Sie sollten aber keinen langen Text vom Blatt ablesen. Vermutlich verfallen Sie dann in einen anderen Sprachstil, als wenn Sie frei formulieren würden, und verlieren den Augenkontakt zur Gemeinde.

Weil das Konzept eine stille Hilfe für Sie ist, muss es die Gemeinde gar nicht zu Gesicht bekommen. Blättern und lesen Sie möglichst unauffällig und fuchteln Sie nicht mit ihm in der Luft herum. Am Ende des Gottesdienstes lassen Sie Ihr Konzept und die Bibel am besten noch auf dem Pult liegen. Es sieht merkwürdig aus, wenn der Gottesdienstleiter zum Segen schon einmal alles fertig gepackt in den Händen hält.

4) Jedem das Seine

Bei besonderen Gottesdiensten, an denen viele beteiligt sind, kann es hilfreich sein, wenn Sie für jeden eine Kopie des Programmablaufes bereithalten. Sie ersparen sich im Vorfeld viele unnötige Fragen. »Wann ist unser Chor dran?« »Wird die Kollekte heute an der üblichen Stelle eingesammelt?« »Ist das Anspiel vor oder nach den Ansagen eingeplant?« Wenn Sie jedem Frager schnell ein Blatt in die Hand drücken, können Sie sich wieder den anderen Dingen widmen, die Sie im Vorfeld des Gottesdienstes noch zu bedenken haben. Weil es regelrechte »Programmjäger« gibt, die Ihnen auch ohne tatsächlichen Bedarf gerne ein Blatt entreißen, machen Sie lieber ein paar Kopien mehr, als Sie vermutlich brauchen.

Ein guter Rat zum Schluss: Ein Konzept ist nur dann etwas wert, wenn Sie es sich durch mehrmaliges Durchdenken und Durchlesen so eingeprägt haben, dass Sie notfalls darauf verzichten könnten. Machen Sie es sich deshalb inhaltlich und optisch zum festen Besitz.

Ideensammlung:

- Sie können statt eines Blattes Papier auch kleine Karteikarten verwenden. Jeder Programmpunkt wird auf einem solchen Kärtchen vermerkt. Die Karten werden gut sichtbar nummeriert und der Reihenfolge der Programmpunkte nach sortiert. Der Vorteil ist, dass Sie diese Karten sehr unauffällig in der Innenfläche der linken Hand halten können und die Gemeinde so gut wie nichts von Ihrem Konzept mitbekommt. Eine Karte, die abgearbeitet ist, wird zur Seite gelegt, nach hinten gesteckt oder unauffällig in der Tasche verstaut.
- Halten Sie immer einen Kugelschreiber griffbereit, damit Sie Spontanes schnell notieren können.

Vom Umgang mit Gefühlen

Auch als Gottesdienstleiter bleibt man ein Mensch mit Empfindungen und Gefühlen. Man spult nicht einfach wie eine leblose Maschine ein Programm ab, das einen selbst unberührt lässt, egal was passiert. Wer sensibel für seine Aufgabe und für die Gemeinde ist, wird innerlich engagiert dabei sein und emotional mitgehen.

Weil unsere Gefühle unmittelbar auf die Art und Weise unseres Leitungsstils zurückwirken, muss sich jeder bewusst machen, was in ihm abläuft. Er muss seine eigenen Reaktionsmuster kennen lernen und damit in einer angemessenen und der Leitungsaufgabe würdigen Weise umgehen. Die Ursachen für die unterschiedlichen Empfindungen liegen zum einen in uns selbst, zum anderen aber auch im Verhalten der Gemeinde. Ich möchte die beiden Emotionen herausgreifen, die einem in der Praxis am meisten Sorgen bereiten können: das Gefühl der Unsicherheit und Angst und das Gefühl des Unmuts.

1) »Ich fühle mich so elend!«

Wie bereits erwähnt gibt es für die meisten Menschen kaum eine beängstigendere Vorstellung als die, alleine vor Menschen zu stehen und eine Rede halten zu müssen. Die auslösenden Faktoren für dieses Gefühl der Ängstlichkeit sind sehr unterschiedlich. In den meisten Fällen spielen alle unten aufgeführten Aspekte eine gewisse Rolle. Je nach Persönlichkeit und Erfahrung treten einzelne Gesichtspunkte besonders hervor:
- das Unterlegenheitsgefühl: »Andere können das besser als ich.«
- die Unerfahrenheit: »Das ist erst das zweite Mal, dass ich einen Gottesdienst leite. Beim ersten Mal habe ich schon ziemlich geschlottert.«
- das Gefühl der Überforderung durch die hohen Erwartungen der Zuhörer: »Die Gemeinde hat hohe Erwartungen an ihren Gottesdienstleiter. Hoffentlich kann ich die erfüllen.«
- Angst vor Reaktionen aus der Zuhörerschaft: »Ich weiß nicht, was die Leute von mir denken.«
- zu hohe Erwartungen an sich selbst: »Ich will meine Sache perfekt machen.«
- besondere Situationen: »Vor so vielen Leuten habe ich noch nie gesprochen. Heute sitzen ganz wichtige Leute im Gottesdienst.«

Auch erfahrene Gottesdienstleiter kennen das Gefühl der Ängstlichkeit, wenn die Rahmenbedingungen für solche Empfindungen entsprechend gestaltet sind. Die Phänomenologie des Angstgefühls enthält ein breites Spektrum möglicher Erscheinungsformen. Nicht jeder neigt zu jedem Symptom. Häufig aber treten auf: trockener Mund, unnatürliches Schwitzen, Schluckbeschwerden (Kloß im Hals), Verlegenheitsbewegungen, Flimmern vor den Augen, Schwindelgefühl oder gar der Gedankenkollaps.

Weil jeder mit Angstgefühlen anders umgeht, ist es sehr schwer, eine sichere »Methode« zu beschreiben, mit der Sie Ihre Ängstlichkeit und Unsicherheit abbauen können. In den meisten Fällen helfen aber folgende Überlegungen und Praktiken:

Zunächst sollten Sie sicher sein, dass Sie sich gründlich vorbereitet haben. Es kann schon gar nicht mehr so viel schief gehen, wenn Sie alles, was in Ihrer Hand liegt, geplant haben. Wenn Sie jetzt den Programmentwurf Zeile für Zeile durchgehen und sich den Ablauf genau einprägen, müssen Sie auch wenig Sorge haben, dass Sie etwas vergessen oder verdrehen. Um die innere Unruhe niedrig zu halten, atmen Sie noch auf Ihrem Platz bewusst und langsam durch. Sie werden spüren, wie die Nervosität schon etwas weicht. Wenn Sie dann vorne stehen, tragen Sie Ihre ersten Sätze besonders klar und deutlich vor, um schnell in den Redefluss hineinzufinden. Auf keinen Fall sollten Sie Ihre Unsicherheit zum Thema erheben: »Liebe Gemeinde. Entschuldigen Sie bitte, wenn ich etwas unbeholfen wirke. Aber ich leite heute zum ersten Mal einen Gottesdienst.« Auch wenn das tatsächlich stimmt, müssen Sie es der Gemeinde nicht ausdrücklich sagen. Vermutlich hätte niemand etwas Auffälliges bemerkt. Wenn Sie wieder eine »Kraftspritze« brauchen, schauen Sie einfach Leute an, die Ihnen ermutigend zulächeln. Das wirkt Wunder.

Ein gewisses Gefühl der Ängstlichkeit, besser der Nervosität, ist übrigens durchaus hilfreich. Dadurch wird die körpereigene Droge Adrenalin ins Blut ausgestoßen und sorgt durch ihre stimulierende Wirkung für höchste Konzentrationsbereitschaft und geistige Leistungsfähigkeit. Außerdem bewahrt eine gesunde Nervosität vor geistlich lähmender Selbstsicherheit und Routine. Beginnen Sie den Gottesdienst lieber mit Zittern und Zagen und ernstem Gebet als selbstsicher und leichtfertig.

2) »Jetzt platzt mir gleich der Kragen!«

Leider verhält sich die Gemeinde nicht immer so, dass im Gottesdienstleiter nur freudige Empfindungen aufsteigen. Es können sich auch Verärgerung und Unmut breit machen, die einen innerlich hemmen. Vielleicht wird es sogar so schlimm, dass man seinem Ärger mit Worten Luft macht.

Unmutsgefühle werden meistens dadurch ausgelöst, dass man sich bei seiner Arbeit gestört oder behindert fühlt. Die Toleranzgrenze dafür liegt bei jedem anders. Was den einen aufregt, veranlasst den anderen nicht einmal zum Nachdenken. Ursachen für Störungen während des Gottesdienstes sind . . .

- große Unruhe, obwohl man schon am Mikrofon steht und beginnen will;
- Personen, die zu spät kommen und sich eventuell noch sehr geräuschvoll geben;
- Leute, die miteinander reden oder sich gegenseitig Zeichen geben;
- Zuhörer, die offensichtlich desinteressiert sind und eventuell sogar schlafen;
- Lärm von Kindern;
- störende Geräusche von außerhalb des Gottesdienstraumes.

In vielen Fällen ist es nicht möglich, die Quelle der Störungen und damit des Unmuts schnell zu beseitigen. Natürlich kann man durch ein paar Worte direkte Abhilfe schaffen: »Könnt Ihr jetzt bitte endlich still sein. Ich will anfangen.« Sie können auch die volle Leistung der Verstärkeranlage ausnutzen und sich Ihren Weg »freibrüllen«. In den meisten Fällen ist aber von solchen Verfahrensweisen sehr abzuraten. Es schleicht sich leicht ein unguter Unterton in die Stimme ein, so dass die Worte spitz und unbeherrscht klingen. Solche »Entgleisungen« wirken auf die Gemeinde sehr ungünstig und gefährden das Vertrauen, das sie zu Ihnen hat. Was kann man aber guten Gewissens tun?

Mit einem gewissen Maß an Störungen muss man einfach leben lernen, weil man sie nicht abschalten kann. Man kann sie aber dadurch weitgehend »ausblenden«, dass man konzentriert bei seiner Aufgabe bleibt. Wenn Sie das nicht tun und sich stattdessen auf den Unruheherd fixieren, wird die Sache immer unerträglicher. In vielen Fällen hilft auch ein gezielter Blick in die Richtung der Störenfriede. Sie signalisieren damit, dass Sie genau bemerkt haben, von wem die Unruhe ausgeht. In den meisten Fällen wirkt solch ein freundlicher, aber bestimmter Blick Wunder. Das gleiche Mittel können Sie einsetzen, wenn am Anfang des Gottesdienstes einfach keine Ruhe einkehren will. Mit einem freundlichen Lächeln schauen Sie in die Gemeinde und machen so deutlich: »Ich erwarte jetzt, dass Ruhe einkehrt.« Wenn das nicht hilft, können Sie auch so leise ins Mikrofon hineinsprechen, dass man zwar hört, dass Sie etwas sagen, aber nicht versteht, was Sie sagen. Weil der Mensch von Natur aus neugierig ist, wird es in den meisten Fällen recht schnell still. Risikoreich ist diese Vorgehensweise nur in einer Hinsicht. Der Mann an der Technik könnte Sie »hochregeln«, weil er denkt, dass seine Anlage falsch eingestellt ist. Wenn Sie dann normal sprechen, entsteht ein großes Getöse.

Wenn das alles nicht hilft, dann bleibt Ihnen als letzter Ausweg wirklich nur noch, mit deutlichen Worten einzugreifen und für Ruhe zu sorgen. Sie sollten sich aber gut überlegen, was und wie Sie es sagen. Bleiben Sie immer freundlich und einfühlsam, und werden Sie auf keinen Fall aggressiv oder verletzend! Wenn Sie eine junge Mutter barsch anfahren, ihren Säugling doch endlich zur Ruhe zu bringen, wird die Gemeinde auch Ihre geistliche Kompetenz für die Gottesdienstleitung in Frage stellen. Am besten ist es, wenn Sie die Betreffenden nicht anklagen, sondern Ihre eigene Unfähigkeit und Begrenztheit zum Ausdruck bringen und um Hilfe bitten: »Liebe Gemeinde. Ich habe ein Problem. Ich kann mich ganz schlecht konzentrieren, wenn es so laut ist. Es tut mir Leid. Aber könnt Ihr mir helfen und mir etwas mehr Ruhe geben? Das wäre wirklich nett.« Wenn Sie die Gemeinde auf diese Weise zur Ordnung mahnen, wird Ihnen keiner böse sein.

Ein Wort zum Schluss

Nach allem, was ich bisher geschrieben habe, könnte bei Ihnen der Eindruck entstanden sein, es gebe keine schwerere Aufgabe als die der Gottesdienstleitung. Tausend Kleinigkeiten sollen Sie beachten und gleichzeitig die große Linie nicht aus den Augen verlieren. Sie werden sich fragen: »Wer kann das? Ist es wirklich nötig? Machen nicht gerade die kleinen Pannen und Ungeschicklichkeiten unsere Zusammenkünfte erst menschlich? Und überhaupt: Ich habe gar nicht die Zeit, mich auf alles bis ins Detail vorzubereiten.« Diese Rückfragen sind nur zu verständlich. Nach jedem Gottesdienst, den ich geleitet habe, fällt mir ein, was ich noch besser hätte machen können. Eine perfekte Moderation gibt es nicht. Manche Ungeschicklichkeiten, die ich begangen habe, sind niemandem aufgefallen, genauso wenig wie die Zeit, die ich in die Vorbereitung investiert habe. Aber trotzdem lohnt es sich, sich die größtmögliche Mühe zu geben. Ich will einen Gottesdienst nicht »hinter mich bringen«, sondern ihn aktiv gestalten und im Rahmen meiner Einflussmöglichkeiten, das Beste daraus machen.

Vieles von dem, auf das ich Ihr Augenmerk gelenkt habe, tun Sie bereits, weil es Ihnen selbstverständlich erscheint oder Sie es bei anderen abgeschaut haben oder genügend eigene Erfahrung besitzen. Andere Tipps und Hinweise spielen in Ihrer speziellen Gemeindesituation vielleicht gar keine Rolle. Das, was neu für Sie war, können Sie Stück für Stück ausprobieren und sehen, ob und wie Sie damit zurechtkommen. Nehmen Sie sich dieses Buch später noch einmal kapitelweise vor und achten Sie bei der nächsten Gelegenheit nur auf einen einzigen Punkt. Wer zu viel will, überfordert sich; wer kleine Schritte geht, kommt weiter.

Eine große Hilfe kann es sein, wenn alle, die in Ihrer Gemeinde Gottesdienste zu leiten haben, sich in regelmäßigen Abständen zum Erfahrungsaustausch treffen. Es ist ermutigend zu sehen, dass andere ähnliche Probleme und Fragen haben wie man selbst. Es ist befruchtend, von ihnen zu hören, wie sie mit diesen Dingen umgehen. Und es ist wichtig, dass trotz individueller Unterschiede der Leiter eine erkennbare Linie in den Gottesdiensten der Gemeinde zu finden ist. Absprachen und gemeinsam entwickelte Konzepte bringen die Sache spürbar vorwärts. Wenn jeder als

Einzelkämpfer auftritt, wird es dagegen mühsam. Vielleicht lassen sich sogar noch die Prediger und die Musiker in das Gespräch mit einbeziehen. Dann können alle gemeinsam darüber nachdenken, wie der Gottesdienst Ihrer Gemeinde noch mehr dem Lob Gottes dienen, der Gemeinde zum Segen werden und Nichtchristen einen Glaubensanreiz bieten kann. Die Mühe lohnt sich!

Zum Abschluss noch ein Gedanke: Es ist eine sehr schöne und herausfordernde Aufgabe, durch den Gottesdienst zu führen. Sie sollten es als Privileg ansehen, der Gemeinde auf diese Weise dienen zu dürfen.

ANHANG

Checkliste für den Gottesdienstleiter

Diese Checkliste enthält die wichtigsten Dinge, die vom Gottesdienstleiter unmittelbar vor dem Gottesdienst abgeklärt werden sollten. Je nach örtlicher Situation, besonderen Programmpunkten oder Anlässen muss sie abgewandelt bzw. erweitert werden.

Checkliste

- ☒ Liegen die Liederbücher aus?
- ☒ Liegen die richtigen Liederbücher aus?
- ☒ Ist die (Bühnen-)Beleuchtung (richtig) eingeschaltet?
- ☒ Ist der Bühnenbereich aufgeräumt?
- ☒ Steht der Bühnenschmuck an der richtigen Stelle?
- ☒ Ist die Kanzel aufgeräumt?
- ☒ Steht das Pult für die Leitung am richtigen Ort?
- ☒ Ist die Ablagefläche des Pultes in der richtigen Höhe und Neigung?
- ☒ Sind die Mikrofone aufgebaut, eingestellt und eingeschaltet?
- ☒ Ist der Overheadprojektor aufgebaut, überprüft und eingerichtet?
- ☒ Ist die Projektionswand für den Overheadprojektor aufgestellt und ausgerichtet?
- ☒ Hat der Chor, das Ansingteam oder die Anspielgruppe genügend Platz auf der Bühne?
- ☒ Treffen alle am Programm Beteiligten nach und nach ein?
- ☒ Hat jeder, der es braucht, eine Kopie des Programmablaufs?
- ☒ Sind alle letzten mündlichen Absprachen mit Mitarbeitern und dem Prediger getroffen?
- ☒ Kommen Besucher in den Gottesdienstraum, die besonders gegrüßt werden müssten?
- ☒ Sind alle für die Leitung notwendigen Unterlagen griffbereit und geordnet?

Literaturhinweise

Die hier aufgeführte Literatur stellt eine kleine Auswahl brauchbarer Hilfsmittel für die Gottesdienstgestaltung dar.

Literatur zum Thema »Erneuerung des Gottesdienstes«

Clemens Bittlinger und Fabian Vogt: *Die Sehnsucht leben. Gottesdienste neu entdeckt.* München: Kösel, 1999.

Jörg Knoblauch und Heiko Bräuning: *Gottesdienst à la carte - Warum wir zielgruppenorientierte Gottesdienste brauchen.* Asslar: Projektion J, 1999.

Oliver Kohler und Manfred Siebald (Hrsg.): *Gottesdienst feiern - Ein Werkbuch aus der Gemeindepraxis.* Gießen: Brunnen, 1995.

Klaus Douglass: *Gottes Liebe feiern. Aufbruch zum neuen Gottesdienst.* Emmelsbüll: C&P, 2. Aufl. 1999.

Literatur zum Thema »Gottesdienstentwürfe«

Hans-Jörg Käsch: *Praxisbuch Familiengottesdienst.* Stuttgart-Neuhausen: Hänssler, 1998.

Manfred Beutel und Carmen Heinze: *Gottesdienste kreativ gestalten.* Wuppertal und Kassel: Oncken, 2. Aufl. 1998. *Gottesdienste kreativ gestalten II.* Wuppertal und Kassel: Oncken, 1999.

Manfred Bletgen: *Gott feiern. Gottesdienste für junge und andere Leute.* Stuttgart: ejw-Service, 1997.

Claudia Filker (Hrsg.): *Von Gott in bunten Farben reden. Quicklebendige Gottesdienste für Leute von 0 bis 99.* Wuppertal: R. Brockhaus, 2. Aufl. 1998.

Knut Ahlborn: *Familien willkommen. 20 Entwürfe für Familienstunden und Familiengottesdienste.* Kassel: Born, 1997.

Literatur zum Thema »Lieder«

Wolfgang Heiner: *Bekannte Lieder - wie sie entstanden.* Stuttgart: Hänssler, 1979.

Beate und Winrich Scheffbuch: *Den Kummer sich vom Herzen singen. So entstanden bekannte Lieder.* Stuttgart: Hänssler, 4. Aufl. 1998.

Martin Rössler: *Liedermacher im Gesangbuch.* 3 Bände, Stuttgart: Calwer Verlag, 1990ff (zum Evangelischen Gesangbuch).

Ernst Lippold und Günter Vogelsang (Hrsg.): Handbuch zum Evangelischen Gesangbuch. Band I: *Konkordanz zum Evangelischen Gesangbuch.* Göttingen: Vandenhoeck & Ruprecht, 1998 (Sonderausgabe).

Literatur zum Thema »Gebete im Gottesdienst«

Jörg Buchna: *Gebete für Gottesdienst und Kasualien.* Loseblatt-Ausgabe. Neukirchen-Vluyn: Edition Sonnenweg, 1999.

Holger Tietz: *Begegne uns, Herr! Kollekten und Fürbittengebete im Kirchenjahr.* Loseblatt-Ausgabe. Neukirchen-Vluyn: Edition Sonnenweg, 1999.

Literatur zum Thema »Anspiele und christliches Theater«

André Wilkes: *MerkBar. Ansprechend schauspielern und mehr.* Wiedenest: Material und Buch Wiedenest, 1997.

Eva-Maria Admiral und Eric Wehrlin: *Vorhang auf!, Ein Handbuch für die Praxis.* Witten: Bundes-Verlag, 1998.

Literatur zum Thema »Kinder im Gottesdienst«

Reiner und Sigrid de Vries: *Erzählbuch Gottesdienst. Geschichten für Kinder und Familie.* Wuppertal und Kassel: Oncken, 2. Aufl. 1997 (DIN-A4-Format mit Bildern als Kopiervorlage). *Erzählbuch Gottesdienst II. Neue Geschichten für Kinder zu vielen Anlässen und Themen.* Wuppertal und Kassel: Oncken, 1998.

Literatur zum Thema »Rhetorik«

Rolf Dieter Wiedenmann: *Der Rhetorik-Trainer. Reden lernen für Gemeinde und Beruf.* Wuppertal: R. Brockhaus und Wetzlar: ERF-Verlag, 1999.

Eberhard Wagner: *Rhetorik in der christlichen Gemeinde.* Stuttgart: Christliches Verlagshaus, 1992.

Helmut Wenz: *Körpersprache im Gottesdienst.* Stuttgart: Evangelische Verlagsanstalt, 2. erw. Aufl., 1996.